民航空中交通管理系列丛书

航空情报服务

主　编　陶　媚

副主编　徐戍平

清华大学出版社

北京交通大学出版社

· 北京 ·

内 容 简 介

本书主要根据《国际民用航空公约》附件 15 中规定的各缔约国提供航空情报服务的要求，以及我国实施航空情报服务的具体情况，按照航空情报信息的生命周期，围绕航空情报数据的收集、整理、设计、发布和应用，详细阐述了各航空情报信息产品的特点和相互关系，以及在飞行组织与实施过程中的作用。本书共 13 章，具体包括航空情报服务概述，我国发布的航空情报资料，航空情报原始资料的提供、收集和处理，航空资料汇编和中国民航国内航空资料汇编，航空资料通报，航行通告，雪情通告，火山通告，校核单和明语摘要，飞行前资料公告，飞行前和飞行后航空情报服务，导航数据库和电子飞行包。

本书内容详尽，不仅提供了各类航空情报信息的发布要求和内容，还提供了丰富的航空情报发布和运行案例，并介绍了航空情报服务向航空情报管理过渡的发展趋势及航空公司中导航数据库和电子飞行包的应用，便于读者深度理解航空情报信息的管理模式及其在飞行组织与实施过程中的作用。本书各章均附有习题，便于读者思考和复习。

本书可作为高等院校民航交通运输专业、交通管理专业学生的航空情报服务课程教材，也可以作为一线航空情报员、签派员、管制员等相关运行人员的参考书籍。

图书在版编目（CIP）数据

航空情报服务 / 陶媚主编. —北京：北京交通大学出版社：清华大学出版社，2021.1
（2025.3 重印）
ISBN 978-7-5121-4377-7

Ⅰ. ①航…　Ⅱ. ①陶…　Ⅲ. ①民用航空-情报服务-教材　Ⅳ. ①F56 ②G252.8

中国版本图书馆 CIP 数据核字（2020）第 247709 号

航空情报服务
HANGKONG QINGBAO FUWU

责任编辑：谭文芳

出版发行：清 华 大 学 出 版 社　　邮编：100084　　电话：010-62776969　　http://www.tup.com.cn
　　　　　北京交通大学出版社　　邮编：100044　　电话：010-51686414　　http://www.bjtup.com.cn
印 刷 者：北京鑫海金澳胶印有限公司
经　　销：全国新华书店
开　　本：185 mm×260 mm　　印张：20.25　　字数：515 千字
版 印 次：2021 年 1 月第 1 版　　2025 年 3 月第 4 次印刷
定　　价：69.00 元

本书如有质量问题，请向北京交通大学出版社质监组反映。对您的意见和批评，我们表示欢迎和感谢。

投诉电话：010-51686043，51686008；传真：010-62225406；E-mail：press@bjtu.edu.cn。

前　言

　　航空情报是保证现代民用航空安全运行的数据基础。任何一个航班的正常运行都离不开及时、准确、完整的航空情报信息，掌握航空情报信息的获取和解读方法，熟练应用航空情报信息分析运行限制、寻求可行方案，对航空领域工作的飞行员、签派员、管制员和航空情报员非常重要。随着近些年科技的发展与进步，国际民航组织不断扩展航空情报工作的业务范围，我国的航空情报规章建设持续完善，因此在相关的专业人才培养中需要一本与实际密切联系、紧跟航空情报服务发展的教材。

　　本书围绕航空情报的发布和应用两条主线，详细阐述了航空情报的收集、整理、设计、发布和应用的过程和要求，介绍了各类航空情报信息产品的特点和相互关系，以及在飞行组织与实施过程中的作用。本书涉及的各类航空情报产品示例仅适用于教学，其中所涉及的坐标、高度等数据均进行了处理。读者可通过扫描二维码获取本书部分附录的电子资源，该电子资源视实际情况随时更新、补充。

　　本书由中国民航大学和民航华北空管局联合编写，充分发挥了院校和一线运行单位强强联合的优势。全书由陶媚（中国民航大学）任主编，徐戍平（民航华北空管局）任副主编。参与各章节编写的人员有：中国民航大学的陶媚、宋晔、侯红英、吴维、卢婷婷、王金龙；民航华北空管局的徐戍平、田亚琳、庞艺。本书在编写过程中得到了中国民用航空局空中交通管理局航行情报服务中心、中国国际航空公司、厦门航空公司、山东航空公司、东方航空公司西北分公司、天津航空公司等单位的大力支持。在编写过程中，本书参考了国际民航组织和中国民航管理部门最新颁布的有关管理规章、标准和规范，同时还参阅了大量公开出版的有关书籍和文献，在此，编者一并向相关文献的作者致以诚挚谢意。

　　由于编者水平所限，书中难免存在不妥之处，恳请有关专家和读者指正，以便再版时修改补充。

编　者

2020 年 8 月

目　　录

第1章 航空情报服务概述

航空情报服务（AIS）是指在划定区域内负责提供航行安全、正常和效率所必需的航行资料/数据的服务。国际民航组织（ICAO）要求其缔约国有责任提供航空情报服务，为规范各缔约国提供航空情报服务工作的质量，在《国际民用航空公约》附件 15《航空情报服务》、附件4《航图》、国际民航组织文件《航空情报服务手册》（ICAO Doc 8126）、国际民航组织文件《空中航行服务程序-航空情报管理》（ICAO PANS-AIM, Doc 10066）、国际民航组织文件《航图手册》（ICAO Doc 8697）等法规文件中对民用航空情报工作进行了相应的规定。中国民用航空局依据《中华人民共和国民用航空法》和《中华人民共和国飞行基本规则》，参照国际民航组织的相关要求，结合我国的实际情况，构建了涉及运行管理、人员资质能力管理、质量安全管理、数据管理、产品管理、自动化系统管理六个方面的航空情报服务规章体系，以保证我国航空情报服务工作的顺利开展和实施。

1.1 我国航空情报服务的发展历程

航空情报服务是保证现代民用航空安全运行的一个重要方面。中国民航的航空情报服务在中华人民共和国成立之后，已经走过了 70 年的发展历程。航空情报服务队伍从小到大；提供的情报和服务从简到繁；提供的手段从手工到电子；采用的技术标准从国内走向国际，不断发展，保证了飞行安全、正常和效率的需要，为中国民航的发展做出了贡献。

民航局航行情报室于 1980 年 8 月成立，设有航行资料室，其主要任务是编辑出版民航机场使用细则、绘制机场穿云图、编辑制作供外国航空公司使用的航行资料、收发国内外航行通告、负责订购国外航行资料，共有工作人员 17 人。航行资料室作为民航制作航行资料的总部，当时唯一的先进设备是一台静电复印机。制作航行资料靠手写编辑和铅字排版，修改稿样需要五六次，绘制航图基本靠曲线笔、小刀和浆糊，图上的注记用手写。在地区管理局和少数机场内设立了领航室，主要向机组提供地面领航记录表和航行资料，少数机场可以接收外国航行通告。1988 年 5 月 16 日，中国民用航空局正式发布了中国民用航空局第 93 号令《民用航空航行情报工作规则》（CCAR-175 TM），它是组织实施民用航空情报服务和对民用航空情报工作进行监督管理的依据。该规则对于规范民用航空情报工作，保障空中航行的安全、正常和效率起到了重要的作用。

1990 年民航局进行体制改革，在民航局设立航行司和民航局航务管理中心，航行司下设领航情报处，在民航局航务管理中心设立民航局航管中心航行情报室。民航加强了航行情报系统的基本建设，从完善航行情报系统的组织机构，充实航行情报的技术人员，提高人员的基本素质，到投入大量资金建设航行情报自动化系统，使航空情报服务工作从手段到方式有了很大改善。该系统由航行通告和制图两部分组成，这也是航行情报历史上第一次利用计算机系统进行服务和管理，是航行情报史上的一座里程碑。

　　1994年民航总局空管局成立，随之成立了航行情报处。互联网技术的迅速推广，使航行情报的服务质量上升到一个新的高度。情报资料通过高速数据网络的传递，真正意义上实现了即时处理、瞬间传送、实时使用，符合情报服务"及时、准确、完整"的服务宗旨。航行情报服务网络系统包括一级中心、二级中心和远程节点用户。一级中心为系统枢纽，设在民航总局空管局。二级中心向本地区管理局管辖地区提供服务，分别设在民航华北、华东、中南、西南、西北、东北、新疆7个地区管理局的航行情报部门。远程节点设在飞行繁忙的省（区）、市局和国际航站，系统通过中国民航的航空固定电信网（ATFN）和X.25通信网连接，组成中国民航航空情报处理系统。此外，航空公司用户逐步入网。机场航行通告的接收、处理、发布、检索以及飞行前资料公布（PIB）的提取实现了计算机化。重要资料的修订也实现了换页修订与电子版修订同时进行。

　　1999年4月6日，民航总局空管局下发文件《关于成立航行情报服务中心及职责调整的通知》（总局空人发〔1999〕62号文件），文件的核心内容是"为加强航行情报业务建设，适应航行情报业务的迅速发展，进一步理顺工作关系，使管理职能与运行职能分开，经空管局党委研究决定，成立航行情报服务中心。情报中心下设办公室、财务部、销售发行部、航图制作部、国际资料部、国内资料部、航行通告室"。1999年12月航行情报服务中心决定成立国际资料订购部。

　　进入21世纪，我国的民航事业又迎来了蓬勃发展的大好时机，2004年我国的航空运输总周转量已跃居世界第三。新形势对空中交通管理工作提出了更高的要求，在这种情况下，民航总局决定将空中交通服务报告室（以下简称报告室）与航行情报室（以下简称情报室）实施合并，地区空管局成立飞行服务中心，空管分局（站）或机场管理机构成立飞行服务报告室，这是我国空中交通服务工作的一项重大改革，牵涉全国140余个大小机场。从2002年开始，民航总局决定在各方面都比较成熟的华东地区进行改革试点，这项试点改革在华东地区顺利进行，2005年底前华东地区所有的空中交通服务报告室与航行情报室合并完毕，一切工作运行正常。随后民航局在全国推行了此项重大改革。

　　随着航空情报业务的发展和相关《国际民用航空公约》附件的修订，1988年版的《民用航空航行情报工作规则》的许多内容已经不适应航空情报工作发展的需要，部分内容也不符合《国际民用航空公约》附件的要求。为了保证《民用航空航行情报工作规则》的有效性和可适用性，民航局组织相关人员对《民用航空航行情报工作规则》进行了全面的分析和研究，重新编写了此规章，同时为了与国际民航组织的名称和相关业务范围保持一致，将规章名称修改为《民用航空情报工作规则》（CCAR-175TM-R1），于2010年8月以中国民用航空局第198号令正式发布。2016年3月17日《民用航空情报工作规则》以中华人民共和国交通运输部令2016年第12号进行发布，生效时间为2016年4月17日。

　　随着全球空中交通管理以及机载设备的发展，国际民航组织对航空数据的重要性有了新的认识，2003年9月国际民航组织在蒙特利尔召开了第11次空中航行会议，指出在全球空中交通管理（GATM）系统中，航行情报服务（AIS）将成为最有价值和最重要的服务之一。2006年6月国际民航组织在马德里召开了第1届全球AIS大会，提出了以产品为中心的航行情报服务（AIS）向以数据为中心的航空情报管理（AIM）过渡的相关策略，确定了由国际民航组织牵头，领导全球AIS向AIM过渡。2008年国际民航组织AIS-AIM研究小组制定了全球"AIS向AIM过渡路线图"。2010年6月国际民航组织在北京召开了第5届全球AIS大会，包括国际民航组织官员和51个国家的392名代表参会，这是中国民航历史上规模最大的国际航行情报服务大会。会议期间各国代表就如何执行国际民航组织"AIS向AIM过渡路线图"进行了讨论，我国代表介绍了中国新一代空管发展战略和 AIS 向 AIM 过渡总体规划，此次会议推动了我国航空情报服务工作的进一步深化和完善，向 AIM 迈出了坚实的一步。航空情报服务工作方式发展历程如图 1-1 所示。

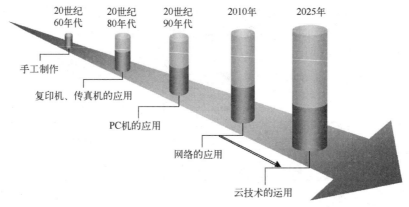

图 1-1　航空情报服务工作方式发展历程

1.2　我国航空情报服务的主要工作任务

我国民用航空情报服务的工作任务是收集、整理、编辑民用航空资料，设计、制作、发布有关中华人民共和国领域内以及根据我国缔结或者参加的国际条约规定区域内的航空情报服务产品，提供及时、准确、完整的民用航空活动所需的航空情报。航空情报服务产品分为基本服务产品和非基本服务产品。基本服务产品包括《中华人民共和国航空资料汇编》《中国民航国内航空资料汇编》《军用备降机场手册》及其修订、航空资料汇编补充资料和航空资料通报。非基本服务产品是指根据民航发展和用户需要制作或者发布的专用航空资料。

民用航空情报工作的基本内容包括收集、整理、审核民用航空情报原始资料和数据；编辑出版一体化航空情报资料和各种航图等；制定、审核机场使用细则；接收处理、审核发布航行通告；提供飞行前和飞行后航空情报服务以及空中交通管理工作所必需的航空资料与服务；负责航空地图、航空资料及数据产品的提供工作；组织实施航空情报人员的技术业务培训。

1.3　我国提供航空情报服务的组织机构与职责

民用航空情报服务机构由民航局设立或者批准设立。民用航空情报服务工作由民用航空情报服务机构实施，民用航空情报服务机构在指定的职责范围内提供民用航空情报服务。航空情报服务机构是一个完整的系统，与空中交通管制机构协同工作，为航空器的正常、高效和安全运行提供服务。各级航空情报部门利用航空情报服务系统接收、处理、发布各种情报信息，航空情报服务系统是一个为民用航空运行提供信息的网络，它把各级航空情报单位关联在一起，可以把民航运行过程中所需的各种信息提供给管制员、机组人员及其他相关工作人员。

1.3.1　民航局设立的航空情报服务机构

由民航局设立的民用航空情报服务机构，在我国分为三级，包括全国民用航空情报中心、地区民用航空情报中心、机场民用航空情报单位，如图 1-2 所示。以华北地区为例，其航空情报服务运行机构包括华北地区飞行服务中心，大兴空管中心飞行服务报告室，天津空管分局飞行服务报告室，山西空管分局飞行服务报告室，内蒙古空管分局飞行服务报告室，呼伦贝尔空管站飞行服务报告室和河北省的唐山、张家口等 5 个机场飞行服务报告室，山西省的大同、临汾等 6 个机场飞行服务报告室，内蒙古自治区的鄂尔多斯、赤峰等机场飞行服务报告室，运行机构图如图 1-3 所示。

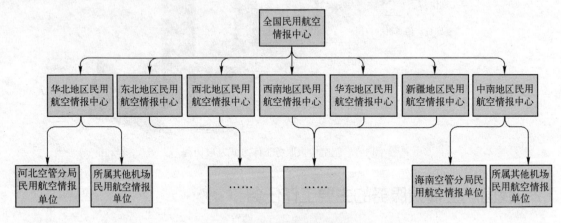

图 1-2　航空情报服务机构结构图

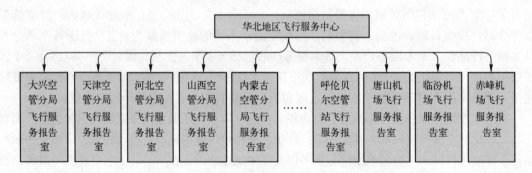

图 1-3　华北地区航空情报服务运行机构图

1.3.2　各级情报机构的职责

1. 全国民用航空情报中心

全国民用航空情报中心成立于 1999 年 4 月 6 日，是民航局空管局直属事业单位，实行自收自支，企业化管理，负责航空情报业务的服务运行工作，在业务上接受民航总局空管局空管部的领导。全国民用航空情报中心应当履行以下职责：

（1）协调全国民用航空情报的运行工作；

（2）负责与联检单位、民航局有关部门、民航空管局有关部门等原始资料提供单位建立联系，收集航空情报原始资料；

（3）审核、整理、发布《中国民航国内航空资料汇编》《中华人民共和国航空资料汇编》、航空资料汇编补充资料、航空资料通报、《军用备降机场手册》，负责航图的编辑出版和修订工作；

（4）提供有关航空资料和信息的咨询服务；

（5）负责我国航空情报服务产品的发行；

（6）负责国内、国际间航行通告、航空资料和航空数据的交换工作，审核指导全国民航航行通告的发布；

（7）负责航行通告预定分发制度的建立与实施；

（8）承担全国航空情报自动化系统的运行监控；

（9）向各地区民用航空情报中心提供航空情报业务运行、人员培训等技术支持。

另外，《民航局关于印发民航空管系统通用航空运行管理办法的通知》（民航发〔2020〕5号），规定了民航局空管局航行情报服务中心负责组织制作并提供通用航空相关的航空情报产品与服务，具体包括：

（1）组织收集全国通用航空情报原始资料，汇总地区空管局上报的辖区范围内的通用机场航空情报资料；

（2）制作并发布全国范围内的通用航空情报产品，包括目视飞行航图和通用机场航空情报资料汇编等，发布并监控通用航空航行通告；

（3）提供通用航空情报服务；

（4）组织建设和管理维护通用航空情报服务系统；

（5）组织开展通用航空情报服务质量管理工作；

（6）对地区空管局、空管分局（站）以及所属飞行服务站的通用航空情报服务保障工作进行业务指导和技术支持。

2. 地区民用航空情报中心

我国有 7 个地区民用航空情报中心，分别隶属于 7 个地区空管局，负责本地区航空情报业务的服务运行工作，在业务上接受地区空管局空管部和全国民用航空情报中心的领导。地区民用航空情报中心应当履行下列职责：

（1）协调本地区民用航空情报的运行工作；

（2）收集、初步审核、上报本地区各有关业务部门提供的航空情报原始资料；

（3）接收、处理、发布航行通告，指导检查本地区航行通告的发布工作；

（4）组织实施本地区航空资料和数据的管理；

（5）负责本地区航空情报自动化系统的运行监控；

（6）向本地区机场航空情报单位提供航空情报业务运行、人员培训等技术支持。

另外，《民航局关于印发民航空管系统通用航空运行管理办法的通知》，规定了地区空管局飞行服务中心负责收集、整理、审核辖区范围内的通用航空情报原始资料，包括通用机场、起降点及人工障碍物信息，制作辖区范围内的通用机场航空情报资料，审核、发布辖区范围内的通用航空航行通告，提供通用航空飞行前和飞行后情报服务。

3. 机场民用航空情报单位

机场民用航空情报单位包括地区空管分局（站）航空情报室和机场航空情报室，负责属地机场或机场航空情报业务的服务运行工作，在业务上接受空管分局（站）管制运行部和地区民用航空情报中心的领导。机场民用航空情报单位应当履行下列职责：

（1）收集、初步审核、上报本机场及与本机场有关业务单位提供的航空情报原始资料；

（2）接收、处理、发布航行通告；

（3）组织实施本机场飞行前和飞行后航空情报服务；

（4）负责本单位及本机场空中交通管理部门所需的航空资料、航空地图的管理和供应工作。

地区民用航空情报中心所驻机场不再单独设置机场民用航空情报单位，其情报服务功能由地区民用航空情报中心承担，如华北地区空管局所驻的机场为首都国际机场，该机场的情报服务工作由华北地区空管局设置的地区民用航空情报中心承担，不再单独设置首都国际机场民用航空情报单位。

全国民用航空情报中心、地区民用航空情报中心、国际机场民用航空情报单位应当提供24 小时航空情报服务；其他航空情报服务机构应当在其负责区域内航空器飞行的整个期间及前后各 90 分钟的时间内提供航空情报服务。航空情报服务机构的办公场所应当设在便于机组接受航空情报服务的位置。民用航空情报服务机构应当安排航空情报员在规定的服务时间内值勤，并且航空情报服务机构应当制定相应的应急预案，并应当每年组织应急演练。

1.3.3　民用航空情报服务机构应具备的基本条件

为了保证民用航空情报服务工作的准确性、完整性、及时性，由民航局批准的民航民用航空情报服务机构应当具备下列基本条件：

（1）航空情报服务机构应使用配置统一的航空情报自动化处理系统和连接航空固定电信网的计算机终端；

（2）要配备符合提供航空情报服务工作需要的、持有有效航空情报员执照的专业技术人员；

（3）要设有值班、飞行准备和资料存储等功能的基本工作场所；

（4）在工作场所配备满足工作所需的办公、通信和资料存储等基本设施设备和工具；

（5）配备本单位所需的民用航空情报服务产品，与航空情报工作紧密相关的法规标准和规定，供咨询和飞行前讲解使用的参考图表和文件等；

（6）国际机场及其他对外开放机场的航空情报服务机构应当配备与之通航国家的航空资料以及相关的国际民航组织出版物；

（7）在不同地区和机构还需要配备航空情报服务需要的其他设施和设备。

1.4　我国航空情报服务的法规体系建设

我国航空情报法规体系为金字塔形结构，从塔尖到塔基分布着法规层文件、规范层文件、执行层文件，涉及运行管理、人员资质能力管理、质量安全管理、数据管理、产品管理、自动化系统管理六个方面，目前共包含 31 部文件，以规章、管理程序（AP）、咨询通告（AC）、行业标准（MH）、管理文件（MD）、工作手册（WB）、信息通告（IB）的形式发布，如图 1-4 所示。其中《民用航空情报工作规则》（交通运输部令 2016 年第 12 号）、《民用航空情报员执照管理规则》（交通运输部令 2016 年第 13 号）、《民用航空情报培训管理规则》（交通运输部令 2016年 第 61 号）为中华人民共和国交通运输部令，《航空企业申请提供航行资料的暂行规定》（CCAR-176TM）为中国民航局民用航空规章；《民用航空航行通告编发规范》（MH/T 4030—2011）、《民用航空航行通告代码选择规范》（MH/T 4031—2011）、《民用航空图编绘规范》（MH/T

4019—2012)、《世界大地测量系统—1984(WGS-84)民用航空应用规范》(MH/T 4015—2013)、《中国民航国内航空资料汇编编写规范》(MH/T 4044—2015)、《民用航空目视航空图(1：500 000)及目视终端区图 1：250 000)编绘规范》(MH/T 4048—2017)为 6 个民航推荐类标准。

交通运输部令和中国民航局规章

《民用航空情报工作规则》(运行管理)

《民用航空情报员执照管理规则》(人员)

《民用航空情报培训管理规则》(人员)

《航空企业申请提供航行资料的暂行规定》(产品)

AP 和 AC

《中国民用机场原始资料提供及上报规程》(数据管理)

《航空情报工作特情处置管理办法》(质量安全)

《民用航空情报员执照管理办法》(人员)

《民用航空情报员执照技能考核管理办法》(人员)

《民用航空情报检查员管理办法》(人员)

《关于航行通告国际系列划分的通告》(数据管理)

《民用航空航行通告发布规定》(数据管理)

行业标准 (MH)

《民用航空航行通告编写规范》(运行管理)

《民用航空航行通告代码选择规范》(人员)

《民用航空图编绘规范》(数据管理)

《中国民航国内航空资料汇编编写规范》(产品)

《世界大地测量系统—1984(WGS-84)民用航空应用规范》(数据管理)

《民用航空目视航空图(1:500000)及目视终端区图(1:250000)编绘规范》(数据管理)

MD、WB、IB

《民航空管系统航空情报运行管理规程》(运行管理)

《民用航行情报处理系统管理规定》(自动化系统)

《民用航行情报工作定期汇报制度》(数据管理)

《民航空管系统管制员和情报员资质信息系统管理规定》(人员)

《航行情报人员技术档案管理暂行规定》(人员)

《民用航空空中交通管制和情报基础专业培训大纲》(人员)

《民用航空情报员执照理论考试大纲》(人员)

《民用航空图编绘图示》(产品)

《中国民航航空情报管理(AIM)实施指南》(运行管理)

《民用航空情报航行通告代码选择指南》(数据管理)

《民用航空情报航行通告 E 项要素编写指南》(数据管理)

《民航空管系统航空情报原始资料上报及审核程序指导手册》(数据管理)

《民用机场障碍物图-A 型(运行限制)编绘规范》(数据管理)

《民用机场精密进近地形图编绘规范》(数据管理)

图 1-4　我国目前航空情报服务相关的法规体系

　　完善的航空情报法规标准体系能确保优秀的人员队伍,有序、高效的航空情报运行管理体系能为中国民航现代空中交通管理系统(CAAMS)提供所需的航空情报数据并保证数据质量符合应用需求。未来的法规标准体系应涵盖发展规划、机构职责(包括数据测绘和设计机构、数据提供机构、数据处理机构、数据使用机构、数据质量监管机构)、数据收集、数据管理、人员资质能力、质量安全、自动化系统、产品和服务等八个方面,我国未来十年航空情报服务相关的法规体系如图 1-5 所示。

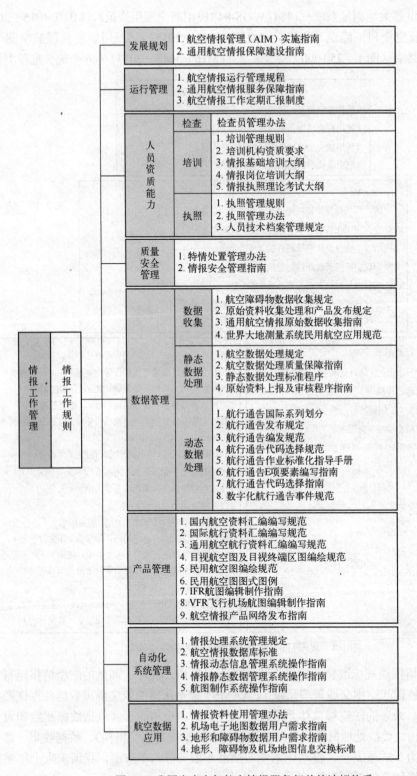

图1-5 我国未来十年航空情报服务相关的法规体系

1.5　航空情报服务的主要用户

航空情报服务的目标是为飞行人员和飞行有关人员建立一个统一、准确、符合时效规定的信息平台，作为保证民用航空飞行安全、顺畅和效率的基础依据。其主要用户是航空公司、空管部门和机场管理部门。

航空公司接受航空情报服务的人员主要包括情报员、签派员和飞行员。航空公司情报员负责接收、处理、分拣航行通告，维护航行通告数据库的准确完整；按放行航班评估航行通告，确定航线的可实施性，并填写评估意见；通报飞行签派影响有关所涉及放行航班正常运行的雪情通告、机场关闭、跑道关闭的航行信息；情报人员还要处理影响航班正常运行的台风、火山通告及其他特殊情况，监控后续台风与火山的后续发展，并向相关运行部门提供处置方案；向相关运行部门提供改航航路、备降航路、备降场及航线高度，实时维护飞行计划通报模板和通告模板，必要时提供紧急包机、救援航班的航线、备降场及航线高度，向飞行机组和相关人员提供航空情报讲解服务；收集、分析、处理通过各种渠道得到的与航行有关的信息，将影响公司航班运行的重要信息及时向相关业务部门发布提供。签派员按照航空公司的飞行任务，根据航空公司航空情报员整理、提供的航空情报资料，特别是经过分析、评估的动态信息，如可能影响放行航班正常运行的雪情通告、机场关闭、跑道关闭、航路禁航、火山灰动向等，制订申请飞行计划、调配运力、与机长共同做出放行决定等。飞行员在飞行准备阶段和飞行实施阶段使用由航空公司航空情报员整理、提供的航空情报资料，如起飞/降落机场和备降机场资料、航线手册（各种航图）、航行通告、雪情通告等，了解、熟悉、掌握涉及飞行任务的机场道面、离场程序、航路走向和高度限制、区域限制、导航设施状况、进场程序、进近程序、复飞程序等信息，以安全、顺畅地完成飞行任务。

空管部门接受航空情报服务的人员主要是管制员。管制员对航班飞行计划进行审批以及在地面放行、滑行起飞、航路飞行、进近着陆等各个阶段实施管制指挥时都需要依据航空情报员提供的航空情报资料。当获得航空情报员通报的重要航行通告时，如跑道关闭、机场关闭、航路关闭、导航设施不提供使用、临时限制区和禁飞区、炮射活动、机场不接收备降等，空管部门会分析制定合理的管制预案，采取相应的管制措施，对地面和空中的航班实施管制指挥，以保证航班安全、有序地运行。

机场管理部门也是航空情报服务的用户，目前我国正在推行机坪管制服务，要求机场管理部门在机坪场地范围内提供管制服务。机坪管制员在对航空器进出机位、地面滑行实施管理时需使用航空情报资料。

1.6　航空情报服务的未来发展趋势

为加强航空情报业务建设，适应航空情报业务的迅速发展，航空情报服务需要从理念、制度上进行提升，国际民航组织提出了未来航空情报服务（AIS）要向航空情报管理（AIM）进行转变。航空情报管理以数据为切入点、着眼于全球对航空数据进行管理，通过与所有各方协作提供和交换符合质量要求的数字航空数据，以安全、经济和高效的方式对航空情报服务进行动态和综合管理，可满足现在以及未来 ATM 系统和飞行全过程对航空数据的需要。

1.6.1　AIS 向 AIM 转变的必要性

1）无法满足用户的最新需求

随着运行环境的复杂化，作为航空情报用户的机场、航空公司、空管部门，为了实现各自的安全目标、提高运行效率，对航空情报服务提出了新的需求，这也是 AIS 向 AIM 过渡的根本原因。AIS 时期的航空情报产品主要是针对人工阅读的纸质资料（如图 1-6 所示）。近年来，用户正在减少纸质产品需求量，转向使用电子化产品（如 EFB），尤其需要数字化产品（AIM 时期的航空情报产品如图 1-7 所示）支持其地面运行系统和机载系统。

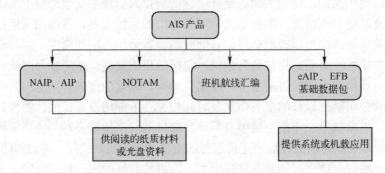

图 1-6　AIS 时期的航空情报产品

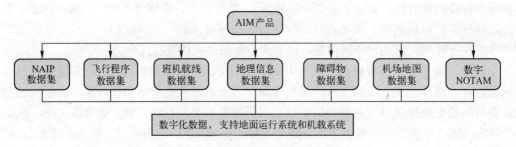

图 1-7　AIM 时期的航空情报产品

目前用户在日常运行过程中，必须将 NAIP 与 NOTAM 结合使用。为此，用户需要随时跟踪 NOTAM，读懂 NOTAM 文本，然后自行修订 NAIP 中的对应数据，这个过程不仅费时、费力，更容易产生人为差错。在 NOTAM 数量逐年递增的情况下，用户迫切需要航空情报机构能够提供成品式服务，比如图形化的 NOTAM 而不是文本 NOTAM。用户希望航空情报服务机构通过网络或专线传递航空情报产品。通过数字化、网络化服务，消除航空情报产品的印刷、邮递环节，确保用户有足够的时间提前收到最新航空情报数据，更新其自动化系统数据库，并做好数据生效前的各项准备工作。当用户使用航空情报纸质产品时，能够通过阅读发现其中的差错，因此对纸质产品的质量要求并不严格。数字化产品是供自动化生产系统使用的数据包，用户无法识别其质量，因此，需要航空情报服务机构提供质量可信的数字化产品。用户还希望航空情报机构能够提供满足其特殊需要的定制产品和服务。在产品种类方面，分别满足管制运行、公司航路等专属需求，同时需要航空情报服务机构具有客户化的服务保障机制，实现"定制化"服务。

2）未来 ATM 运行的需求

国际民航组织《全球空中航行计划》（Doc 9750）是《全球 ATM 运行概念》（Doc 9854）的实施指导文件，其核心内容是航空系统组块升级（ASBU），而 ASBU 的第二个绩效改进领域，即全系统信息管理（SWIM），是信息共享的解决方案。SWIM 第一阶段工作内容是通过数字化航空情报管理（AIM）提高运行效率和服务质量。从国际民航组织对 AIM、SWIM、信息管理（IM）的关系定义（如图 1-8 所示）可知，AIM 是 SWIM 最重要的组成部分，而 SWIM 是 IM 的必经阶段。

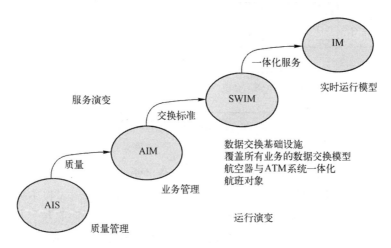

图 1-8　AIM 是 SWIM 和 IM 的基础

国际民航组织在《全球 ATM 运行概念》（Doc 9854）中提出：未来 ATM 系统由七个部分组成，即空域组织和管理、机场运行、需求和容量平衡、交通同步、冲突管理、空域用户运行和 ATM 服务移交管理，特别强调信息管理（IM）处于核心位置，是 ATM 系统所有功能的黏合剂（如图 1-9 所示）。AIM 是实现 SWIM 和 IM 的基础，是支撑未来全球空中交通管理系统运行的基础。

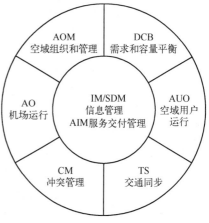

图 1-9　ATM 系统的七个组成部分

1.6.2　航空情报管理实施的路线图

为了实现全球信息管理（IM）目标，确保未来 ATM 系统的有效运行，国际民航组织出台了《航空情报服务（AIS）向航空情报管理（AIM）的过渡方案》，强调航空情报机构应提供数字化航空数据和信息，实现航空数据国际间交换，以便支持全球信息共享环境建设。从航空情报服务向航空情报管理过渡的路线图，分为三个阶段的行动，包括 21 项具体措施，如图 1-10 所示，指明了全球航空情报业务发展的技术路线。为实现 AIS 向 AIM 过渡，国际民航组织通过修订《国际民用航空公约》附件 15《航空情报服务》逐步提出了配套的管理要求和技术要求。

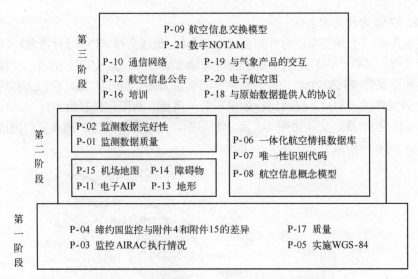

图 1-10　国际民航组织 AIS 向 AIM 过渡路线图

1）第一阶段：整合阶段

第一阶段，将通过提高现有产品的质量，采取分步实施的方案来巩固基础。需要对现行标准进行润色和强化，并确保其在所有国家都得到执行。这将主要涉及以下方面：质量要求、遵守 AIRAC（航行资料定期颁发制）、实施所采用的坐标标准参照系统（世界大地测量系统——1984）、提供地形和障碍物数据。将继续按照惯常方式对涉及现有产品的标准和建议措施做出调整和改进，以回应用户的近期需求。

鉴于电子版航空资料汇编将与纸版航空资料汇编具有完全相同的结构，因此各国必须尽一切努力按照《国际民用航空公约》附件 15 的规定发布其航空情报。需要对现有的航行通告（NOTAM）系统不断进行升级，以应对新的信息类型（例如全球导航卫星系统的导航），并回应用户所报告的问题。必须着重强调要求各国遵守航空资料定期颁发制。今后按照信息管理提供的服务质量取决于信息分配与同步化的适当机制。

2）第二阶段：数字化阶段

第二阶段，推行数据驱动的制作过程将提高现有产品的价值，提高其质量并使当前用户更易于获得这些产品。这将主要涉及建立一个国家数据库或地区数据库，以便制作现有产品和服务，但其质量及其可获得性优于以往的产品和服务，此外还将启动在全球范围部署新产品（例如电子版航空资料汇编）。

第二阶段，主要重点放在将各国现有航空情报产品数字化，鼓励那些尚未这样做的国家使用计算机技术或数字通信，将数据库中结构完整的数字数据纳入其产品制作过程。因此该阶段的工作重点不是推出新的产品或服务，而是推行结构高度完整的数据库和工具，例如地理信息系统。航空情报管理概念模式将为各国提供实施此类"数字化"的指导，指导材料将包括关于最小数据集的建议，分阶段开发数据库，实现在中期工作方案活动中提高现有产品的质量及其可获得性。

3）第三阶段：信息管理阶段

在第三阶段，将会发展新的产品和服务，并把质量控制以及员工培训和规划概念应用于现有的和新的产品和服务。这将支持空中航空服务提供者承担新的航空情报管理职能，使其能够提供未来空中交通管理各组成部分所需的新数据。第三阶段的项目旨在为新用户提供服务并推动研究界持续进行改进。

在第三阶段，将分步启动各国未来的航空情报管理职能，处理在网络中心信息环境中实施全球空中交通管理运行概念所需的新要求。将使用第二阶段内推行的数字化数据库，以数字数据形式传送信息。这需要采用航空数据交换模式标准，以确保各个系统之间的可互用性，不仅用于交换完整的航空数据集，也用于在较短时间内对变化做出通知。

对新的航空情报管理数据产品和服务的界定将基于空中交通管理的每个组成部分的要求。之后将采取结构性做法，制定航空情报管理新要求，以确保关于航空情报管理所建议的所有标准都源于商定的信息交换模式；这些模式将明确规定所需的最少信息，用以支持空中交通管理职能业务服务，实现性能要求方面期待的成果。这一自上而下的结构化做法从高层面目标衍生出具体数据标准，将确保在向航空情报管理过渡期间向各国提出的新要求与未来空中交通管理系统的能动因素明确相关。当 AIS 完全过渡至 AIM 时，航空情报部门将能够为飞行全过程提供无缝隙的空地一体化航空情报服务，保证航空情报的及时性、准确性和连续性。

1.6.3　航空情报管理实施现状

国际民航组织基于在航空情报服务（AIS）—航空情报管理（AIM）研究组第十二次会议（AIS-AIMSG/12）上的提案，于 2018 年 7 月发布了《国际民用航空公约》附件 15《航空情报服务》的第 16 版，于 2018 年 11 月 8 日取代之前的所有版本。在附件 15《航空情报服务》的第 16 版中为了便于纳入航空情报管理的内容，对附件 15《航空情报服务》的章节结构进行了调整，第 15 版和第 16 版的章节结构参见表 1-1。并于 2018 年 6 月 15 日批准了《空中航行服务程序（PANS）—航空情报管理》（PANS-AIM, Doc 10066），吸收了附件 15《航空情报服务》中过度详细的技术规范，PANS-AIM, Doc 10066 文件中的主要内容包括五个部分：航空情报管理、质量管理、航空数据要求、航空情报产品和服务，以及航空情报更新。在航空情报产品和服务中包括两部分：以标准格式呈现的航空情报、数字数据，其中以标准格式呈现的航空情报包括航空资料汇编（AIP）、航空资料通报（AIC）以及航行通告，数字数据以数据集的形式提供，包括航空资料汇编数据集、地形和障碍物数据集、机场地图数据集、仪表飞行程序数据集。《空中航行服务程序（PANS）—航空情报管理》公布的技术规范提供了在航空情报管理领域内进一步统一的工具，也为航空情报管理的新兴技术要求提供了一个载体。为了更好地指导各缔约国航空情报管理的推进和实施，国际民航组织将会更新相关辅助文件包括：《航空情报服务手册》（ICAO Doc 8126）、《航空情报管理服务质量管理系统手册》（ICAO Doc 9839）、《航空情报管理训练编排手册》（Doc 9991）。

表 1-1　附件 15《航空情报服务》第 15 版和第 16 版章节结构对比

第 15 版	第 16 版
第 1 章　总则	第 1 章　总则
第 2 章　义务和职责	第 2 章　义务和职责
第 3 章　航空情报管理	第 3 章　航空情报管理
第 4 章　航行资料汇编（AIP）	第 4 章　航空数据和航空情报的范围
第 5 章　航行通告	第 5 章　航空情报产品和服务
第 6 章　航行资料定期颁发制（AIRAC）	第 6 章　航空情报更新

续表

第 15 版	第 16 版
第 7 章 航行资料通报（AIC）	
第 8 章 飞行前和飞行后资料	
第 9 章 电信要求	
第 10 章 电子地形和障碍物数据	
第 11 章 机场地图数据	

在国际民航组织相关文件的指导下，中国民用航空局空管行业管理办公室和空中交通管理局联合发布了信息通告《中国民航航空情报管理（AIM）实施指南》（IB-TM-2018-01），对中国民航航空情报业务现状进行了评估，并提出了发展要求，阐述了 2017—2025 年期间航空情报业务发展的指导思想、发展愿景和达成既定目标的实施策略和实施方法，为民航空管系统建成基于航空情报交换模型（AIXM）的中国民航航空情报数据库和全球航空情报数据库，完成 AIS 向 AIM 过渡提供指导；为中国民航现代空中交通管理系统（CAAMS）提供数字化航空数据和信息，成为推动中国民航全系统信息管理（SWIM）建设的重要助力。其主要内容包括：航空情报业务发展现状、航空情报业务面临的挑战、中国民航 AIS 向 AIM 过渡展望、AIS 向 AIM 过渡措施，并描述了我国 AIM 的愿景，如图 1-11 所示，以及未来基于国际标准建立的中国民航航空情报数据库（AeroDB），如图 1-12 所示。

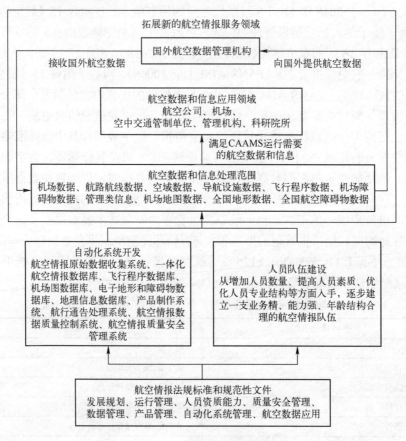

图 1-11　我国 AIM 的愿景

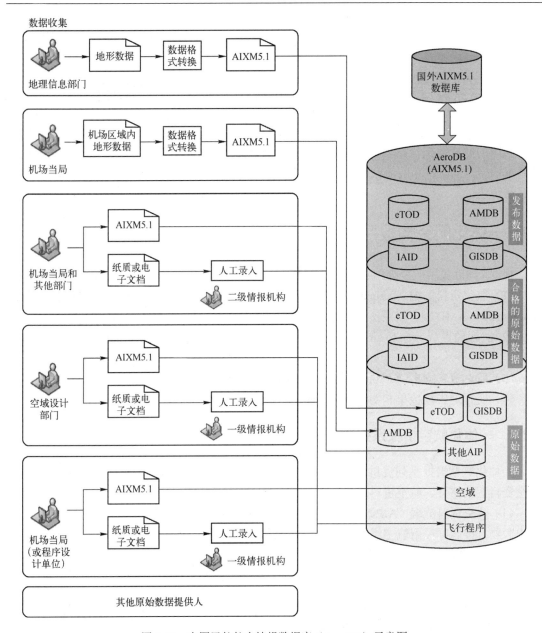

图 1-12　中国民航航空情报数据库（AeroDB）示意图

思　考　题

1. 我国航空情报服务的主要任务是什么？
2. 我国航空情报服务的组织机构是什么？
3. 请简述航空情报服务的发展趋势。

第2章　我国发布的航空情报资料

我国的航空情报资料以一体化航空情报系列资料为主要形式进行发布，是实施空中航行的基本依据。依法发布的航空情报资料，未经民航局批准，任何单位和个人不得翻印、交换、转售和转让。

2.1　一体化航空情报系列资料

根据《国际民用航空公约》附件 15 的规定，一体化航空情报系列资料包括以下几个部分：

（1）航空资料汇编（aeronautical information publication，AIP）、航空资料汇编修订（AIP amendment，AMDT）、航空资料汇编补充资料（AIP supplement，SUP）；

（2）航行通告（notice to airmen，NOTAM）、飞行前资料公告（pre-flight information bulletin，PIB）；

（3）航空资料通报（aeronautical information circulars，AIC）；

（4）航行通告校核单和明语摘要（checklists and summaries）。

2.1.1　一体化航空情报系列资料中的静态资料

一体化航空情报系列资料中具有持久性质的资料称为静态资料，主要包括航空资料汇编、航空资料汇编修订、航空资料通报。

（1）航空资料汇编（AIP）指由国家或国家授权发行、载有航行所必需的持久性航空资料的出版物。按国际民用航空组织（ICAO）的要求，AIP 提供民航当局认可的机场、气象、空中规则、导航设施、服务程序等基本情况，以及发布国的民航法规与国际民用航空组织（ICAO）的标准、建议措施和程序的差异，纸质版和光盘版航空资料汇编示例如图 2-1 所示。

（a）纸质版AIP　　　　　　　　　　　　　（b）光盘版AIP

图 2-1　航空资料汇编（AIP）示例

（2）航空资料汇编修订（AIP Amendment）指对航空资料汇编中的资料所做的永久性变更，AIP Amendment 示例如图 2-2 所示。

图 2-2　AIP Amendment 示例

（3）航空资料通报（AIC）指有必要发布航行资料而又不适合以 AIP 和 NOTAM 发布，但涉及安全、航行、技术、管理或者法律问题时需发布航空资料通报，一般包括需要发布有关法律、法规、程序或设施的任何重大变更的长期预报；或可能影响飞行安全的纯解释性或咨询性资料；再或者关于技术、法律或纯行政事务的解释性或咨询性资料或通知时，须签发航空资料通报。航空资料通报（AIC）示例如图 2-3 所示。

图 2-3　航空资料通报（AIC）示例

2.1.2　一体化航空情报系列资料中的动态资料

一体化航空情报系列资料中具有临时性特征的资料称为动态资料，主要包括航空资料汇编补充资料（SUP）、航行通告（NOTAM）、雪情通告（SNOWTAM）、火山通告（ASHTAM）、飞行前资料公告（PIB）。

（1）航空资料汇编补充资料（AIP supplement）指以彩色纸张公布的、对航空资料汇编中的资料所做的有效期在 3 个月以上的临时性变更，或者有效期不到 3 个月但篇幅大、图表多的临时性数据资料。航空资料汇编补充资料（SUP）示例如图 2-4 所示。

TELEGRAPHIC ADDRESS
AFTN: ZBBBYOYX
COMM: CIVIL AIR BEIJING
FAX: 8610 67347230

PEOPLE'S REPUBLIC OF CHINA
CIVIL AVIATION ADMINISTRATION OF CHINA
AERONAUTICAL INFORMATION SERVICE
P. O. BOX 2272, BEIJING

AIP CHINA
Supplement
Nr.48/19
NOV. 30, 2019

秦皇岛/北戴河　　　　　　　　　　　QINHUANGDAO/Beidaihe

秦皇岛/北戴河机场自即日起至202004301600（UTC）临时对外开放使用，有关机场、飞行程序等资料共 24 页附后。

QINHUANGDAO/Beidaihe airport will open to foreign flights from now on to 202004301600 (UTC). A total of 24 pages about relevant information with regard to the airport and flight procedures are attached herewith.

图 2-4　航空资料汇编补充资料（SUP）示例

（2）航行通告（NOTAM）是有关航行的设施、服务、程序等的设立、状况、变化，以及涉及航行安全的危险情况及其变化的通知。航行通告以报文的形式通过航空固定电信网（AFTN）发布。雪情通告（SNOWTAM）是航行通告的一个专门系列，是以特定格式拍发的，针对机场活动区内有雪、冰、雪浆及其相关的积水导致危险的出现和排除情况的通告。火山通告（ASHTAM）是航行通告的一个专门系列，是以特定格式拍发的，针对可能影响航空器运行的火山活动变化、火山爆发和火山烟云的通告。

① 航行通告示例：

```
GG   ZBYNOIXX
190416 ZBBBYNYX
(A1689/19   NOTAMN
Q)ZBPE/QSCCF/IV/BO/E/000/999/
A)ZBPE B)1904190400 C)PERM
E)TAIYUAN CONTROL AR02 FREQUENCY CHANGED FROM 128.75MHZ TO 127.1MHZ)
```

② 雪情通告示例：

```
DD ZBYNOIXX
040856 ZBBBYNYX
SWZX0433 ZYCC 03040825
(SNOWTAM 0433
A)ZYCC   B)03040825
C)06   F)NIL/NIL/NIL   G)XX/XX/XX   H)5/5/5   N)1
R)1
T)SNOW STOP)
```

③ 火山通告示例：

```
GG ZBAAOIXX ZBADOIXX
211003 WRRRYNYX
VAWR9388 WAAF 03210957
(ASHTAM 9388
A)WAAF   B)03170929   C)DUKONO 268010
D)N0141E12753
E)ORANGE ALERT
F)SFC/FL080 N0143E12756-N0037E12801-N0049E12714-N0144E12751
G)MOV SW 5KT
H)NIL
I)NIL
J)HIMAWARI-8
  K)VA TO FL080 MOV SW LAST OBS AT 21/0040Z FCST VA CLD +6 HR:21/1557Z  SFC/FL080
N0144E12756-N0045E12803-N0055E12716-N0145E12751......
  RMK:VA CURRENTLY NOT DISCERNIBLE ON SAT IMAGERY DUE TO MET CLOUD. VA HEIGHT
AND FORECAST BASED ON HIMAWARI-8, MENADO 21/000Z SOUNDING AND MODEL GUIDANCE.)
```

（3）飞行前资料公告（PIB）指在飞行前准备的、对运行有重要意义的有效航行通告资料。根据用户的不同需求，通过一系列标准和筛选条件在航行通告数据库中检索，针对每一次航班任务为用户提供定制的航行通告集合，把这个航行通告集合以文件形式提供给用户，这个文件称为飞行前资料公告。飞行前资料公告（PIB）示例如图 2-5 所示。

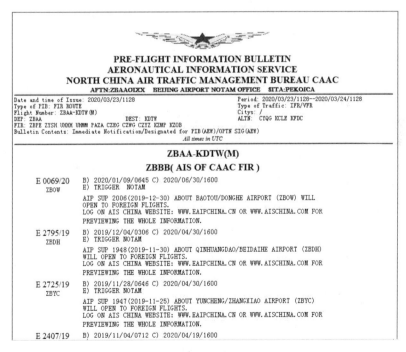

图 2-5　飞行前资料公告（PIB）示例

（4）校核单（checklists）是为了确保航行通告数据库的完整性和一致性，各级航空情报服务机构应当在每个日历月拍发一次规定格式的航行通告校核单，在校核单中列出现行有效的航行通告清单，航行通告的接收者根据校核单校对有效的航行通告，确保数据库中存在完整的有效航行通告。航行通告校核单示例如下：

```
(A0301/20 NOTAMR A0001/20
Q)ZBBB/QKKKK/K/K/K/000/999
A)ZBBB B)2002010057 C)2003010400 EST
E)CHECKLIST
YEAR=2012 0005
YEAR=2016 1554
YEAR=2017 1173
YEAR=2018 1251
YEAR=2019 1833 3419 4117 4119 4556 4574 4627 4628 4805 4806 4807 4808
4982 4997 5047 5048 5049 5057 5178 5580 5631 5636 5637 5638 5639 5640
5641 5668 5853 5993 6054 6071 6074 6075 6077
YEAR=2020 0013 0014 0015 0030 0054 0085 0086 0092 0231 0232 0274 0275
LATEST PUBLICATIONS
AIP-AMDT:NR.03/20（2020-1-15）
AIP-SUP:NR.07/20(2020-1-10)
AIC:NR.03/20(2020-1-15)
```

（5）明语摘要（summaries）是现行有效航行通告的汇总，通常与航空资料汇编修订一起分发。明语摘要示例如图 2-6 所示。

TELEGRAPHIC ADDRESS	PEOPLE'S REPUBLIC OF CHINA	Summary
AFS: ZBBBYNYX	AERONAUTICAL INFORMATION SERVICE	NOTAM
SITA: BJSYNCA	AIR TRAFFIC MANAGEMENT BUREAU	Series A
COMM: CIVIL AIR BEIJING	CIVIL AVIATION ADMINISTRATION OF CHINA	DEC16, 2019
FAX: 86-10-67337224	P.O.BOX2272 CHAOYANG DISTRICT BEIJING CHINA	

The following NOTAM were still in force on 2019-12-16 16:36. NOTAM not included have either been canceled, time expired or superseded by AIP supplement, or incorporated into the AIP CHINA.

A 0050/12   A) ZJSA
NOTAMR   B) 2012/01/30/0253 C) PERM
A 4567/07   E) 75KM(40NM) LONGITUDINAL SEPARATION SHALL BE APPLIED TO TRAFFIC
ON ATS ROUTE A202 AND A1 WHEN RADAR SURVEILLANCE IS AVAILABLE IN
SANYA AOR.
ALL ASSIGNED SSR CODES SHALL BE VERIFIED BY THE TRANSFERRING ACC
AND THE RECEIVING ACC SHALL BE INFORMED OF CASES OF:
(A)AIRBORNE TRANSPONDER FAILURE,
(B)WRONG CODE IF UNABLE TO CORRECT, AND
(C)NON-AVAILABILITY OF SSR EQUIPMENT TO VERIFY ASSIGNED CODES.

图 2-6 明语摘要示例

2.1.3　一体化航空情报系列资料各组成部分的关系

航空情报部门根据航空情报原始资料的性质、持续时间以及对运行的影响程度，来确定资料的不同公布方式。一体化航空情报系列资料的各组成部分之间相互补充，形成保证民航运行安全、及时、准确、完整的航空情报资料。一体化航空情报系列资料关系图如图 2-7 所示。

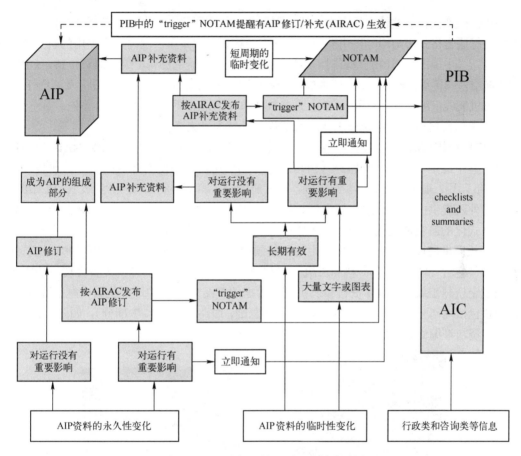

图 2-7　一体化航空情报系列资料关系图

2.2　我国的航空情报资料系列产品

针对国内外不同用户，我国提供不同的一体化航空情报系列资料。

2.2.1　对国际公布的资料

对国外用户提供的一体化航空情报系列资料包括《中华人民共和国航空资料汇编》《中华人民共和国航空资料汇编》修订资料、《中华人民共和国航空资料汇编》补充资料、航行资料通报、航行通告、航行通告校核单和明语摘要、飞行前资料公告。《中华人民共和国航空资料汇编》、光盘版 AIP 和 eAIP，光盘版 AIP 如图 2-1 所示，eAIP 通过网址 http://www.aipchina.org/home 读取。

国际系列航行通告（NOTAM）、雪情通告（SNOWTAM）和火山通告（ASHTAM）示例参见本书 2.1.2 节，向外籍机组提供的飞行前资料公告（PIB）示例如图 2-5 所示。国际系列航行通告校核单示例参见本书2.1.2节，全国民用航空情报中心会定期印发有效航行通告明语摘要，如图 2-6 所示，可通过网址http://www.aipchina.org/home下载。

2.2.2　对国内公布的资料

中国民航在国内航空情报服务中，逐步采用相关的国际标准。出版的航行资料种类、航图标准、航行通告格式等与国际民用航空组织基本一致。现行公布供国内用户使用的航空情报系列资料包括《中国民航国内航空资料汇编》《中国民航国内航空资料汇编》修订资料、《中国民航国内航空资料汇编》补充资料、国内航空资料通报 AIC、《军用备降机场手册》及其修订、《中国民航班机航线汇编》、航行通告、航行通告校核单和明语摘要、飞行前资料公告、航空地图。

1）《中国民航国内航空资料汇编》及其修订资料和补充资料

《中国民航国内航空资料汇编》包括纸质版 NAIP、光盘版 NAIP。纸质版 NAIP 一共包括十三册，其中总则（GEN）和航路（ENR）合订为一册，机场使用细则部分分六册装订，纸页为 A4 纸印刷；航图手册以 A5 纸印刷，分六册装订，如图 2-8 所示，光盘版 NAIP 如图 2-9 所示。另外还提供中国民航国内航空资料汇编（NAIP）数据版、网络浏览版和便携版。数据版提供格式化的航空情报数据及 NAIP 资料电子版文件（PDF），用于计算机业务系统集成。网络浏览版提供局域网多用户环境下中国民航国内航空资料汇编（NAIP）资料和班机航线数据的查询，包含 NAIP 所有资料和班机航线相关数据。便携版提供便携设备环境下的中国民航国内航空资料汇编（NAIP）资料和班机航线数据的查阅功能。《中国民航国内航空资料汇编》修订资料包括两部分：国内航空资料汇编修订（总则，航路，机场1、2 部分），如图 2-10 所示；国内航空资料汇编修订（航图手册），如图 2-11 所示。

（a）总则、航路、机场　　　　　　　　　　（b）航图手册

图 2-8　《中国民航国内航空资料汇编》（NAIP）

图 2-9　光盘版 NAIP

电话：010-67318524
传真：010-67347230
E-mail:naip@aischina.com
AFTN: ZBBBYNYX
邮编：100122

中国民用航空局
民航局空管局航行情报服务中心
北京市朝阳区十里河 2272 信箱

国内航空资料汇编
修订（总则航路机场 1、2）
编号:202003
2020-1-15
EFF:2020-2-27

一. 换入下列各页 　　　　　　　　　　二. 取消下列各页

页码	出版日期	生效日期	页码	出版日期
总则 GEN				
总则 2.4-1/2	2020-1-15	2020-2-27	总则 2.4-1/2	2019-9-1
总则 2.4-3/4	2020-1-15	2020-2-27	总则 2.4-3/4	2019-9-1
总则 2.4-5/6	2020-1-15	2020-2-27	总则 2.4-5/6	2019-11-1
总则 2.4-7/8	2020-1-15	2020-2-27	总则 2.4-7/8	2019-7-15
总则 2.4-9/10	2020-1-15	2020-2-27	总则 2.4-9/10	2019-11-1

图 2-10　国内航空资料汇编修订（总则，航路，机场 1、2 部分）

电话：010-67318524
传真：010-67347230
E-mail:naip@aischina.com
AFTN: ZBBBYNYX
邮编：100122

中国民用航空局
民航局空管局航行情报服务中心
北京市朝阳区十里河 2272 信箱

国内航空资料汇编
修订（航图手册）
编号:202003
2020-1-15
EFF:2020-2-27

一. 换入下列各页	出版日期	生效日期	二. 取消下列各页	出版日期
航图手册介绍 目录-1/BLK	2020-1-15	2020-2-27	航图手册介绍 目录-1/BLK	2019-12-1
地名代码-1/2	2020-1-15	2020-2-27	地名代码-1/2	2019-9-1
地名代码-3/4	2020-1-15	2020-2-27	地名代码-3/4	2019-7-15

图 2-11　国内航空资料汇编修订（航图手册）

国内航空资料汇编补充资料（总则，航路，机场 1、2 部分）如图 2-12 所示。

图 2-12　国内航空资料汇编补充资料（总则，航路，机场 1、2 部分）

国内航空资料汇编补充资料（航图手册）如图 2-13 所示。

电　话：010-67318524
传　真：010-67318524
E-mail:naip@aischina.com
AFTN: ZBBBYNYX
邮　编：100122

中国民用航空局
民航局空管局航行情报服务中心
北京市朝阳区十里河 2272 信箱

国内航空资料汇编
补充资料（航图手册）
编号：01/2020
2020-1-15

贵阳/龙洞堡

贵阳/龙洞堡机场飞行区进行改扩建施工，于现用跑道东侧新建跑道，特出版补充资料，施工说明如下：

1. 施工第一阶段起止时间：计划 2019 年 9 月至 2020 年 6 月。
2. 施工第二阶段起止时间：计划 2020 年 6 月至 2021 年 10 月。
3. 施工第二阶段将关闭现用跑道，启用新跑道。

图 2-13　国内航空资料汇编补充资料（航图手册）

2）国内航空资料通报（AIC）

对国内发布的航空资料通报与《国内航空资料汇编》一起发行。对国内发布的国内航空资料通报（AIC）如图 2-14 所示。

电　话：010-67318524
传　真：010-67318524
E-mail:naip@aischina.com
AFTN: ZBBBYNYX
邮　编：100122

中国民用航空局
民航局空管局航行情报服务中心
北京市朝阳区十里河 2272 信箱

国内航空资料汇编
航空资料通报（AIC）
编号：01/2020
2020-1-15

国内 133 个机场试点提供航班 CTOT/COBT 信息数据链点播服务的通告

1．简介

1.1 通告在国内 133 个机场试点提供航班计算起飞时刻（CTOT）和计算撤轮挡时刻（COBT）信息数据链点播服务的情况，航班 CTOT/COBT 点播服务基于空地数据链通信技术。

1.2 提供服务的机场

遵循 AEEC620、622 和 623 标准航空器可以通过数据链按照下列操作进行查询。

1.3 在国内建设的航班 CTOT/COBT 信息点播系统，能够通过民航数据通信有限公司（ADCC）数据链网络，与航空器间实现数据链通信，使航空器能够通过 VHF 数据链查询航班 CTOT/COBT 信息。

1.4 所有具备 AEEC623 机载设备的航空器通过使用 ATIS 选项中的 E 类请求，进行航班 CTOT/COBT 信息数据链点播服务。

1.5 在运行期间，航空器驾驶员依然可以通过语音通信方式向塔台问询有关信息。

图 2-14　国内航空资料通报（AIC）

3）《军用备降机场手册》及其修订

《军用备降机场手册》是《中国民航国内航空资料汇编》的补充，以满足我国民用航空器在军用机场备降的需要。编入《军用备降机场手册》的军用机场资料应当经有关军事单位批准。

4）中国民航班机航线汇编

为了有效地整合我国航线运行资料，方便航空情报用户，全国民用航空情报中心出版《中国民航班机航线汇编》，以光盘形式发布，如图 2-15 所示。该汇编资料以总参、空军和民航局颁发的文件为基础，由全国民用航空情报中心结合民航实际运行情况制作完成。主要信息源来自空军编制的《我国境内国际国内民航班机飞行航线和飞行高度层配备规定》（飞行管制一号规定）和修订文件。该汇编可作为航空公司、空管保障部门及有关部门组织飞行的基本依据，它的准确性和及时性直接影响到飞行安全，对民航空管保障和航空公司的安全运营起着重要的作用。根据用户需求，本着及时、准确、完整的原则，全国民用航空

图 2-15　中国民航班机航线汇编

情报中心开发了"中国民航班机航线汇编"软件，采用每 28 天为一个周期的修订方式，向各航空公司和空管部门提供及时、准确、完整的航路和班机航线数据，以提高工作质量和工作效率。

《中国民航班机航线汇编》的主要内容包括：①航路（航线）代号表，包括航路（航线）代号、航路（航线）名称、航路（航线）走向及数据，航路（航线）数据可按航路的类型进行查询，航路的类型包括国内干线航路、国际航路、地区航路；②航路航段数据，包括各航路点经纬度坐标、航段距离、真航向、磁航向、航段最低安全高度等；③班机航线数据，包括航线名称、航线走向、总距离、最低安全高度、各类运输机飞行高度层等数据，班机航线的类型包括国际班机航线、过境班机航线、地区班机航线、国内班机航线；④机型分类表；⑤更改通知，提示每期光盘修改的内容，以及修改所依据的总参、空军、民航局等上级单位下发的文件；⑥使用说明包括出版说明，以及《中国民航班机航线汇编》与"飞行管制一号规定"差异对照；⑦帮助信息。

汇编中涉及航线走向的导航台以民航公布台名和呼号为准，进出国境点使用五字代码。仅为军航使用的航线只公布航线代号、航段名称及航线走向等内容，联航的班机航线资料不予公布，《中国民航班机航线汇编》光盘只修改永久性资料，临时性资料不予公布。

2020 年起，《中国民航班机航线汇编》单机版光盘、《中国民航国内航空资料汇编》单机版光盘、《中国民航班机航线汇编》网络版光盘和《中国民航国内航空资料汇编》网络版光盘整合成一张光盘《国内航空情报数据》，如图 2-16 所示，通过授权的方式

图 2-16　国内航空情报数据

来识别使用。

5）对国内发布的动态资料

① 航行通告示例：

GG ZBYNOIXX

200659 ZBAAOIXX

(C1472/19 NOTAMR C3451/18

Q)ZBPE/QNBAS/IV/BO/A/000/999/4004N11636E025

A)ZBAA B)1906201458 C)1912312359

E)怀柔 NDB 'OB'380KHZ 不提供使用，因地网及天线塔整修）

② 航行通告校核单示例：

GG ZBYNOIXX

010042 ZBAAOIXX

(C0283/20 NOTAMR C0001/20

Q)ZXXX/QKKKK/K/K/K/000/999

A)ZBPE ZYSH ZLHW ZHWH B)2002010841 C)2003011200 EST

E)CHECKLIST

YEAR=2012 0129 0130 0131

YEAR=2014 2332

YEAR=2017 2978

YEAR=2019 1001 2000 2001 2174 2438 2564 2590 2599 2603 2604 2633 2692 2694 2710

2711 2715 2716 2740 2776 2784 2815 2828 2835 2890 2900 2901 2972 3031 3059

YEAR=2020 0054 0096 0148 0155 0162 0164 0165 0166 0171 0208 0213 0224 0225 0228

0236 0246 0249 0251 0252 0253 0254 0255 0256 0257)

③ 雪情通告示例：

DD ZBYNOIXX

010945 ZBAAOIXX

SWZX0013 ZBHH 01010903

(SNOWTAM 0013

A)ZBHH   B) 01010903

C)08   F)5/5/5   G)30/28/28   H)3/4/4

T)SNOWING)

④ 明语摘要示例如图 2-17 所示。

中国民用航空局
空中交通管理局航行
情报服务中心
北京市朝阳区十里河 2272
信箱电　话:
010-67337224
传　真: 010-67337224
AFS: ZBBBYNYX
SITA: BJSYNCA
邮　编: 100021

航行通告明语摘要
C 系列
2020-03-22
所有时间采用北京时

　　截至 2020-03-22 01:35 下列航行通告仍然有效。已经失效、编入 NAIP 或 NAIP 补充资料的航行通告不再列入本摘要。

C 0504/19　A) ZSHA
NOTAMR　B) 2019/04/25/1018 C) PERM
C 1584/18　E) 1. 经上海情报区 IKEKA,A591AGAVO 向东去往仁川情报区 Y644RILRO 以远的航班,机组应在 A591
航线 IKEKA-AGAVO 航段实施向右偏置 6 海里飞行,AGAVO 后保持偏置听从管制员指挥归航
　　2. 经上海情报区 DONVO,G597AGAVO 向东去往仁川情报区 Y644RILRO 以远的航班,机组应接受管
制员雷达引导在 DONVO 后直飞 RILRO 并归航.

C 0557/19　A) ZSHC
NOTAMN　B) 2019/05/05/1649 C) PERM
　　E) 参阅 NAIP 补充资料 05/2018 (2018-5-15),杭州/ 萧山机场 ZSHC-5K ,IXX 的莫尔斯电码由' 点,点' ,'划,点,点,划', ' 点,点,点' 改为' 点,点' ,'划,点,点,划' ,' 划,点,点,划',其余不变。

C 0627/19　A) ZSHC
NOTAMN　B) 2019/06/20/0000 C) PERM
　　E) 取消杭州进近 05 号管制扇区. 其余不变.

C 0841/19　A) ZBTJ
NOTAMN　B) 2019/06/20/0000 C) PERM
　　E) 参阅 NAIP ,机场资料天津/ 滨海机场细则 AD2.6 停机坪、滑行道及校正位置数据:
A4 滑行道宽度为 23M。

C 1576/19　A) ZBAA
NOTAMN　B) 2019/10/10/0000 C) PERM
　　E) 参阅 NAIP 北京/ 首都机场航图 ZBAA-4Q(2019-8-20) ,RWY18L 进近, 在 AA508 与 AA506 之间插入一行编码,数据如下:航径描述 TF ,定位点标识 AA507 ,高度 240 ,VPA -3 度,导航性能 RNP0.3 。其余不变。

C 1577/19　A) ZBTJ

中国民用航空局 CAAC
1/8

图 2-17　明语摘要示例

⑤ 提供给国内机组的飞行前资料公告示例如图 2-18 所示。

图 2-18 飞行前资料公告示例

2.3 航图

航图是满足民用航空运行以及其他航空活动的需要为目的，表示各种航空要素以及必要的自然地理和人文要素的专用地图。航图分为特种航图和航空地图。

2.3.1 特种航图

特种航图包括机场障碍物 A 型图、机场障碍物 B 型图、精密进近地形图、航路图、区域图、标准仪表进场图、标准仪表离场图、仪表进近图、目视进近图、机场图、机场地面活动图、停机位置图、空中走廊图、放油区图等。特种航图都编入 AIP/NAIP 中进行发布，特种航图的具体内容参见陶媚主编的教材《航图》。

2.3.2 航空地图

航空地图包括世界航图、航空图和小比例尺航空领航图等。航空地图为特别制定的航图补充基础资料，按照规定和实际需要绘制、使用，主要用于目视飞行及制订飞行计划。

1）世界航图

采用 1∶1 000 000 比例尺，用于提供满足目视领航所需的资料，还可用作基本航图、飞行前计划图。

2）航空图

采用 1∶5 000 000 比例尺，用于提供为满足中、低空作低速、短程或中程飞行的目视空中领航要求的资料。国际民航组织规定陆地区域应绘制此种航空图。在这些地区，民航飞行需要这种比例尺的航空图，用于单独进行目视领航或辅助其他方式的空中领航。

3）小比例尺航空领航图

采用 1∶2 000 000 到 1∶5 000 000 的比例尺，用于提供远程航空器的飞行机组在高空飞行时实施空中领航；为高空高速飞行需要用目视地标证实位置时，在广域范围内提供可供选择的检查点；在长距离飞行中经过的地区缺乏无线电或其他电子导航设施，或飞越的地区目视领航更为理想或必要时，提供不间断的目视地面参考；为长距离飞行提供飞行计划和领航作业使用的一般用途的航图。

2.4　航空情报服务产品的制作、发布与订购

原始资料上报至全国航空情报服务中心后，由全国民用航空情报中心完成航空情报服务产品的制作、生产并发布，具体的步骤如下：①选择资料公布方式，确定资料生效时间；②选取、编辑、核实、汇总并发布待公布内容，必要时进行制图、翻译及坐标加密处理；③对编辑后的内容进行质量检查；④印刷资料；⑤制作电子产品（如 NAIP 单机版、网络版等光盘产品）；⑥分发前质量检查；⑦分发资料；⑧发布新资料通知等。

航空情报服务产品的用户通过全国航空情报中心官网的发行订购系统进行资料的订购，网址为 https://service.aischina.com/index/login.html。

<h1 style="text-align:center">思　考　题</h1>

1. 一体化航空情报系列资料包括哪几个部分？
2. 现行出版供国内用户使用的资料包括哪些？

第3章 航空情报原始资料的提供、收集和处理

3.1 概述

3.1.1 航空情报原始资料

民用航空活动应当接受和使用统一有效的航空情报资料。然而航空情报资料的来源往往不是航空情报服务部门本身，而是其他负责航行设施、服务和程序的相关部门，来自这些相关部门的资料不可以作为实施民用航空飞行活动的直接依据，这些资料被称为航空情报原始资料。航空情报部门收集、整理、编辑航空情报原始资料，由中国民用航空局正式公布或授权公布为一体化航空情报系列资料。组织实施民用航空飞行活动，必须依据一体化航空情报系列资料。航空情报资料的信息流如图3-1所示。

3.1.2 指导材料

我国开展航空情报原始资料提供、收集和处理工作，主要参照以下规章、标准和相关文件。

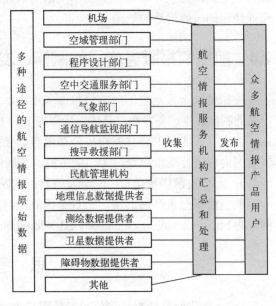

图 3-1　航空情报资料的信息流

（1）2009 年 1 月，中国民用航空局根据《中华人民共和国飞行基本规则》和《民用航空情报工作规则》制定了《民用航空机场原始资料提供及上报规程》（AP-175-TM-2009-01）。该规程明确了机场管理机构、机场空中交通管理机构（包括管制、气象、通导）向民用航空情报服务机构（民用航空情报服务机构是指空中交通管理机构中的航空情报部门）提供机场资料的内容和程序。适用于我国民用机场航空资料的提供、收集、编写、审核、上报、批准、发布、维护及相关活动。各级民用航空管理机构、空中交通管理机构、机场管理机构或管理者、航空器营运人以及其他民用航空活动的单位和个人均应遵守该规程。

（2）2012 年 1 月，中国民航局发布修订版《民用航空图编绘规范》（MH/T 4019—2012），代替了 2005 年发布的《民用航空图编绘规范》（MH/T 4019—2005）。民用航空图简称航图，是保证航空器运行以及其他航空活动所需要的有关规定、限制、标准、数据和地形等，以一定的图表形式集中编绘、提供使用的各种图的总称。航图的设计与编绘应精确，航图中所有

要素的标绘应准确、清晰、规范、布局合理；航图的设计与制作应满足航空器运行各个阶段的需要，每种航图应适用于相应的飞行阶段；航图的编排形式还应保证飞行人员在与其工作量和工作条件相适应的合理时间内获取有关资料等。因此该标准规定了航图的编绘要求，适用于各种航图的编制和出版。

（3）2015 年 11 月 30 日，民航局空管局根据《民用航空情报工作规则》第三章的规定，参考国际民航组织相关文件、附件，以及我国发布的民航推荐标准《世界大地测量系统——1984（WGS-84）民用航空应用规范》《民用航空图编绘规范》《目视和仪表飞行程序设计规范》，制定发布了《〈中国民航国内航空资料汇编〉编写规范》。该标准规定了《中国民航国内航空资料汇编》的编写结构内容、数据质量要求和出版规定。

（4）2017 年 6 月，为建立航空情报原始资料上报审核规范化工作流程，明确原始资料上报工作中各相关方的工作分工、各种情况下航空情报资料的发布方式、永久性资料中公布的各航空情报数据的关联性、原始资料的格式标准和所需的各种佐证材料，提高航空情报原始资料收集、审核、上报工作效率，确保航空情报资料公布的及时、准确、完整，依据《民用航空情报工作规则》《中国民用机场原始资料提供及上报规程》《〈中国民航国内航空资料汇编〉编写规范》，民航局空管局组织编辑发布了《民航空管系统航空情报原始资料上报及审核程序指导手册》（IB-ATMB-2017-002）。主要用于指导空管系统航空情报部门开展航空情报原始资料的收集、审核、上报工作，同时可供各原始资料提供部门和原始资料制作部门参考。

3.2　航空情报原始资料的提供

3.2.1　提供部门

航空情报原始资料的提供部门一般是具体规则、程序、设施、服务等设立、变更或撤销的责任单位，他们掌握这些规则、程序、设施和服务的最直接、最准确的情况。相关的业务部门主要包括空中交通管理机构（包括空域规划和空中交通管制部门、通信导航监视部门、气象服务部门）、机场管理机构、机场油料供应部门、国际运输管理部门、航行收费管理部门等。这些部门或者单位应当根据《民用航空机场原始资料提供及上报规程》的相关要求，向所在地的航空情报服务机构提供符合实际情况和数据质量要求的航空情报原始资料。

3.2.2　具体分工

《民用航空情报工作规则》对各航空情报原始资料的提供部门做出了具体的分工和规定，内容如下。

1. 空域规划和空中交通管制部门

（1）空中规则和空中交通服务的规定，以及与国际民航公约附件的差异；

（2）空中交通服务空域和航路的设立、变动或者撤销；

（3）空中交通管制、搜寻援救服务的规定及变动；

（4）空中走廊、禁区、限制区、危险区等特殊空域的设立、改变或者撤销；

（5）炮射、气球、跳伞、航空表演等影响飞行的活动；

（6）航路的关闭、开放；

（7）机场的进场和离场飞行程序；

（8）机场的仪表和目视进近程序；

（9）主要临近机场；

（10）噪声限制规定和减噪程序；

（11）机场地面运行规定；

（12）飞行限制和警告。

说明：

（1）现行《中国民航国内航空资料汇编》中"主要临近机场"的内容已不再公布。

（2）实际工作中机场飞行程序产权归属机场管理机构。"机场的进场和离场飞行程序""机场的仪表和目视进近程序""噪声限制规定和减噪程序"具体程序由机场管理机构负责提供，执行这些程序的特殊规定由空中交通管制部门负责提供。需要注意的是，有关管制运行的通则则不必说明。

示例一：某机场新增 HUD 特殊批准的 I／II 类运行程序。由空中交通管制部门与机场管理机构协商提供。机场管理机构应提供经所在民航地区管理局批复的关于机场程序改变的文件，空中交通管制部门提供机场运行要求的相关规定。

示例二：修订北京首都机场飞行规定部分内容为："因空域使用限制，使用 18 L/36R 跑道实施仪表离场时，要求飞机在高度 200 m 转弯，除非经管制员特别许可，应严格执行。"此原始资料由华北空管局空管部提供。

2．航务管理部门

（1）机场运行标准和航务管理的有关规定；

（2）机场起飞和着陆最低标准。

机场运行最低标准是机场可用于起飞和进近着陆的运行限制，包括机场起飞最低标准和机场着陆最低标准。"机场起飞和着陆最低标准"的原始资料，由机场管理机构负责提供，同时，还需提供经所在地民航地区管理局航务处审批后的批复文件。

3．通信导航监视部门

（1）通信导航监视规定，以及与国际民航公约附件的差异；

（2）机场或者航路的导航和地空通信设施的建立、撤销、工作中断和恢复，频率、识别信号、位置、发射种类和工作时间的改变及工作不正常等情况；

（3）地名代码、部门代号的增减或者改变。

通信导航监视设备的产权分属于空中交通管理机构和机场管理机构，其原始资料的提供由产权所属单位负责。

示例一：太原武宿机场 31 号跑道 ILS，因校验飞行后，限制使用说明改变，此原始资料由太原机场管理机构负责提供。

示例二：北京首都机场进近 01 号扇区备用频率变更。此原始资料由华北空管局技术保障部门提供。

4．机场管理机构

（1）机场地理位置和管理资料；

（2）机场地勤服务和设施；

（3）机场服务单位工作时间；

（4）跑道、滑行道、机坪、停机位的布局、数量、物理特性及其变化；

（5）机场跑道、滑行道、机坪、停机位的全部或者部分的关闭、恢复或者运行限制；

（6）直升机着陆区域；

（7）目视导航设施、机场助航灯光系统、风向标的设置及其主要部分的改变、中断和恢复、撤销；

（8）跑道、滑行道、机坪、飞机等待位置等道面标志和障碍物位置标志的设置、改变或者撤销；

（9）飞行区和障碍物限制面内影响起飞、爬升、进近、着陆、复飞安全的障碍物的增加、排除或者变动，障碍灯或者危险灯标设置、中断和恢复；

（10）飞行区内不停航施工及其影响跑道、滑行道、机坪、停机位使用的，其开工和计划完工时间、每日施工开始和结束时间、施工区域的安全标志和灯光的设置发生变化；

（11）机场救援和消防设施保障等级及其重要变动；

（12）跑道、滑行道、停机坪积雪、积水情况及其清除和可用状况等发布雪情通告的情报；

（13）扫雪计划，扫雪设备和顺序；

（14）鸟群活动。

一般由机场现场指挥部门指定相关人员负责收集该机场符合以上情况的原始资料，按照《民用航空机场原始资料提供及上报规程》的要求将资料提供给航空情报服务部门。其中"产权归属于机场管理机构的导航设施"，其建立、撤销、工作中断和恢复，频率、识别信号、位置、发射种类和工作时间的改变及工作不正常等情况，由机场管理机构负责提供。

5．机场油料供应部门

负责提供机场航空油料牌号和加油设备的可用情况。

6．气象服务部门

（1）气象规定，以及与国际民航公约附件的差异；

（2）机场气象特征和气候资料；

（3）气象设施（包括广播）及程序的建立、更改或者撤销。例如 RVR 设备的故障、机场的基准温度数据变更和机场的"VOLMET"服务的工作时间和频率变更等。

7．国际运输管理部门

（1）简化手续规定，以及与国际民航公约附件的差异；

（2）国际运输规定；

（3）海关、出入境有关规定；

（4）卫生检疫的规定。

8．航行收费管理部门

负责提供国际飞行的收费规定。

9．其他相关业务部门

负责提供与国际民航公约附件的差异。

以上这些航空情报原始资料提供部门或者单位指定机构或者专人，负责向航空情报服务机构提供航空情报原始资料，并与航空情报服务机构保持直接的、固定的联系。分工明细如图 3-2 所示。

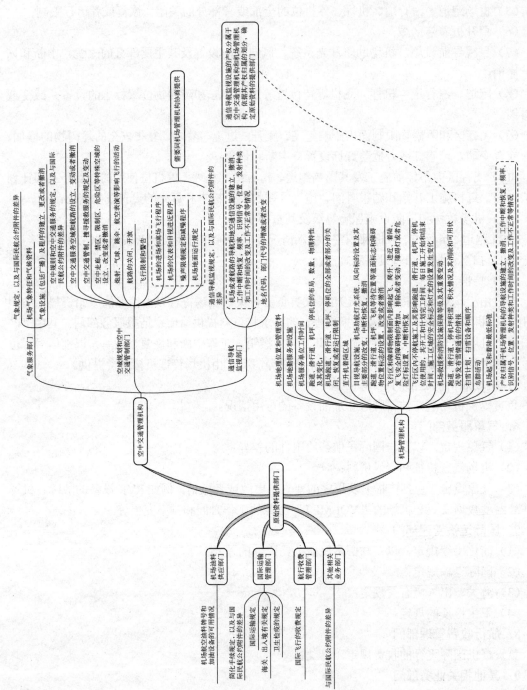

图 3-2　航空情报原始资料提供部门及其分工

3.3　航空情报原始资料的收集

3.3.1　航空情报原始资料的提供要求

1. 基本要求

航空情报原始资料提供部门或者单位应当与所在地的航空情报服务部门签订工作协议，明确责任、义务。航空情报服务部门不接受未签订协议的单位或个人递送的资料。航空情报原始资料提供部门或者单位应当对所提供的航空情报原始资料核证和审批，对资料的真实性和准确性负责，并保持可追溯性；涉及多个提供部门或者单位的，由主办部门协调一致后，统一提供给航空情报服务机构。为了保障发布航空情报的及时性和准确性，航空情报原始资料提供部门或者单位应当指定机构或者专人，负责向航空情报服务机构提供航空情报原始资料，并与航空情报服务机构保持直接的、固定的联系，使提供航空情报原始资料的渠道畅通。

民用航空情报工作中应当采用国家法定计量单位，根据需要可在公布的航空情报服务产品中添加英制注释；所涉及的地理位置坐标和高程数据应当基于国家规定或者批准的大地坐标系统及高程系统。民用航空情报工作涉及国家秘密的，应当按照国家法律、行政法规和有关规定执行。对外提供的地理坐标和所采用的坐标系统应当经国家测绘主管部门核准。对外提供的民用航空情报所涉及的时间参考系统应当采用协调世界时。

2. 航空情报原始资料所需相关附件、批复和佐证材料应当齐全

一些特定内容航空情报资料的公布，需要获得相应行业管理机构或行政主管部门的批准。例如：导航设施投产开放需提供民航局关于该导航设施通信频率和呼号的批复文件（含民航导航设备资料增改表）。

航空情报部门应基于原始资料的内容判断该航空资料的公布是否需要获得行业管理机构批准，如需要则要求原始资料提供部门提供航空情报原始资料相关的批复文件，并审核所需批准材料是否完整，批准内容与原始资料是否一致。

航空情报部门应要求原始资料提供部门提供重要原始资料的数据来源，例如相关测绘报告、校飞报告等，航空情报部门应审核确保原始资料与佐证材料内容一致。有关机场资料公布所需批复文件列表见表 3-1。

表 3-1　机场资料公布所需批复文件列表

序号	文件名称	批复单位
1	机场飞行程序批复	地区管理局
2	机场使用细则批复	地区管理局
3	飞行程序所用空域审核	地区空管局
4	进离场航线或空域批复	地区空管局—空管局—空军/军委联合参谋部
5	导航台投产开放批复（导航设备资料增改表）	民航局空管办
6	通信频率批复	民航空管局
7	机场名称核准	民航局机场司
8	机场四字代码批复	民航空管局
9	飞行区行业验收意见	地区管理局

序号	文件名称	批复单位
10	国际机场口岸开放批复	国务院口岸办
11	航路航线启用时间	民航空管局（可与空域批复合并）
12	机场使用许可证	民航局机场司
13	机场启用时间	地区管理局

3. 应提供航空情报资料变动所引发的关联性数据的变化及解决方案

一些航空情报资料数据的变动，会影响其他数据发生关联性的变化，应要求航空情报原始资料提供部门提供关联数据的变化情况及解决方案。例如：跑道方位、跑道长度、跑道净空道、跑道入口位置/标高、机场磁差发生变化，应要求航空情报原始资料提供部门提供对已公布飞行程序和运行标准的影响分析；助航灯光投产使用、不工作或部分不工作，对机场运行产生影响时，应要求航空情报原始资料提供部门提供对所有已公布运行标准的影响分析；无线电导航和着陆设施投产使用、不提供使用或限制使用，应要求航空情报原始资料提供部门提供对所有已公布飞行程序、运行标准和航路航线的影响分析等。

4. 航空情报原始资料应与相关资料保持一致

航空情报部门应检查航空情报原始资料是否已发布航行通告，若已发布航行通告，应核实原始资料内容与航行通告是否一致，同时上报原始资料应以现行有效的资料为基础进行修订。

5. 涉及多个运行部门的航空资料，相关方应对资料公布达成共识

原始资料内容、生效时间等如果涉及机场、管制等多个运行相关部门，航空情报部门应要求原始资料提供人提供相关部门达成共识的佐证材料。

6. 对外公布的航空情报资料应提供的特殊要求

涉及对外公布的航空资料，应提供英文译稿。航空情报部门应审核对外公布的航空资料是否允许对外提供，是否获得相关职能部门批准。例如：对外开放导航台，应提供中央军委联合参谋部关于导航台对外开放的批复文件；对外提供的坐标数据，应提供国家测绘局关于对外公布相关坐标批复文件；对外开放机场，应提供国务院口岸办关于对外开放机场口岸的批复文件等。

因临时客货运包机、表演飞行、航展及其他原因，需临时对外开放国际航线及国际航班运行的国内民用机场，其机场管理当局或指定的官方机构可向民航局空管局航行情报服务中心申请出版特供航空情报资料。该特供资料不收入正式的 AIP 中进行出版发行，仅限于该国内民用机场、空管部门及执行本场飞行计划的外国航空公司等指定的用户使用。

特供航空情报资料公布所需文件通常包括：

（1）中央军委联合参谋部关于导航台对外开放的批复文件。

（2）国务院口岸办关于对外开放机场口岸的批复文件。

（3）国家测绘局关于对外公布相关坐标的批复文件。

7. 重大改扩建项目的收集要求

各地区空管局航空情报部门和空管分局（站）航空情报部门对辖区范围内机场需要修订《中国民航国内航空资料汇编》的重大改扩建项目工程应做到全程的跟踪、掌握和必要的提醒。各级航空情报部门应于每年 11 月 30 日前收集辖区内机场下一年度重大改扩建项目计划，并逐级上报上级航空情报部门。如果有变化，需要及时更新，并完善后期跟踪机制。

重大变更计划涉及内容主要包括：空域的增设、调整或取消；空中交通服务航路的新辟、调整或取消；无线电导航设施的新增、迁址、调整或取消；重要点的增设、调整或取消；限制性区域的增设、调整或取消；其他危险性活动和其他潜在危险的情况；新、改、扩建跑道；新、改、扩建机坪、机位；新、改、扩建滑行道；新、改建无线电导航设备；新、改建机场助航灯光；新、改建气象 RVR 等设备；新增或优化调整飞行程序；终端区运行方式的重大调整。

3.3.2　航空情报原始资料通知单填写要求

向航空情报服务机构提供航空情报原始资料时，航空情报原始资料提供部门或者单位应当详细、准确地填写《航空情报原始资料通知单》（如图 3-3 所示）。该通知单是提供航空情报原始资料的唯一依据，应作为正式记录存档备查。必要时应当增加附图，需对外公布的法律、法规、规章和专用技术名词等航空情报原始资料应当附有英文译稿。航空情报服务机构依据《航空情报原始资料通知单》编辑修订航空情报服务产品或签发航行通告。

航空情报原始资料通知单

1. 航空情报原始资料提供人	
提供人：	联系电话：
提供单位：	提供日期和时间：
2. 航空情报原始资料收集人	
收集人：	联系电话：
收集单位：	联系传真：
3. 提供内容	
提供序列号：	生效日期和时间：
共　　　页	失效日期和时间：
公布方式　□ 航行通告　　　　　　□ 航空资料汇编修订 　　　　　　□ 航空资料汇编补充资料　□ 航空资料通报	
内容：	
4. AIRAC 事宜	
应采用 AIRAC 但未能实施的原因：	
5. 声明	
提供的航空情报原始数据内容真实，数据准确、全面。	
负责人签字	
6. 回执	
提供序列号：	
收集单位：	
收集人：	
收集时间：	
备注：	

图 3-3　航空情报原始资料通知单

3.3.3 提供航空情报原始资料的方式

各地上报的航空情报原始资料应以下列方式之一提供：

（1）专人投递；

（2）特快专递；

（3）传真；

（4）经批准的专用计算机上报软件及网络系统；

（5）电话，限于紧急情况，事后必须提供航空情报原始资料通知单。

向同级航空情报服务机构提供航空情报原始资料时，通常采用直接送达的方式。

3.3.4 提供航空情报原始资料的时限要求

航空情报原始资料分为基本资料和临时资料。基本资料是有效期在半年（含）以上较为稳定的资料，主要用于编辑《中华人民共和国航空资料汇编》（AIP）、《中国民航国内航空资料汇编》（NAIP）、各种航图以及航空资料通报（AIC）等长期性航空情报。临时资料是有效期在半年以内和临时有变更的资料，主要用于发布航行通告或航空资料汇编补充资料等临时性航空情报。针对不同性质的航空情报原始资料会采用不同的发布方式，不同的发布方式对航空情报原始资料的提供时限有不同的要求。

3.3.4.1 以航行通告方式发布的航空情报原始资料提供时限

以航行通告发布的航空情报原始资料的时限规定为：应当在生效时间 24 小时以前提供航空情报原始资料。临时性的禁区、危险区、限制区以及有关空域限制的，应当在生效日期 7 天前提供航空情报原始资料。不可预见的临时性资料应当立即提供。

3.3.4.2 以航空资料汇编修订和补充资料方式发布的航空情报原始资料提供时限

以航空资料汇编修订和补充资料的方式进行发布可分为按照航空资料定期颁发制（AIRAC）和不按照航空资料定期颁发制发布两种情况，针对这两种情况有不同的时限要求。

1. 航空资料定期颁发制（AIRAC）

AIRAC（aeronautical information regulation and control）是国际民航组织提出的措施，为各成员国规定了一系列航空资料共同生效日期和与之相关的航空资料出版标准程序。AIRAC 指针对运行活动需要做出重大调整的情况，应当按照共同生效日期提前发布通知的制度。关于设施、服务或程序的变更在很多情况下都需要修订航图或机载导航数据库等资料，而航空公司等用户对这类的修订需要提前进行安排，导航数据生产商也需要一定的时间进行数据库更新的准备。如果 AIP 修订或 AIP 补充资料按照不同的生效日期任意出版，则很难保障资料变更的及时性。因此，国际民航组织将重要资料的生效日期进行规定，以便这些资料的收集、编辑、发布等活动可以按照相应的时间安排进行。

2. 需要按照航空资料定期颁发制发布的航空情报资料内容

按照国际民航组织相关文件以及我国《民用航空情报工作规则》的要求，航空资料定期颁发制发布的航空情报资料包括下列各项的设置、撤销和预定的重要变更，含运行试验。

（1）涉及下列各项的水平和垂直界限、规章和程序的资料：

① 飞行情报区；

② 管制区；

③ 管制地带；

④ 空中交通服务航路；

⑤ 永久性危险区、禁区和限制区，包括已知活动的类别和期限；

⑥ 存在拦截可能的永久性区域或者航路、航段；

⑦ 影响航行的险情、军事演习和航空器的大规模活动。

（2）无线电助航设备和通信设施的位置、频率、呼号、已知不正常情况和维修期。

（3）等待和进近程序、进场和离场程序、减噪程序以及有关空中交通服务的其他程序。

（4）气象服务程序和设备，包括气象广播。

（5）机场、设施和服务的时间。

（6）跑道、停止道、滑行道和停机坪。

（7）过渡高度层、过渡高度和最低扇区高度。

（8）机场地面运行程序，包括低能见度程序。

（9）进近灯光和跑道灯光。

（10）机场运行最低标准。

（11）航行障碍物的位置、高度和灯光。

（12）海关、移民和卫生服务。

3. 航空资料定期颁发制的日期说明

航空资料定期颁发制有三个重要日期：生效日期、出版日期和航空情报原始资料到达航空情报部门的最晚日期。

（1）生效日期。生效日期是提前确定的、国际间共同认可的日期，以 28 天为一周期，AIRAC 航空资料只在生效日期内生效。生效后的 28 天内不得进行更改，除非该资料的持续时间不超过 28 天。可以由 1998 年 1 月 29 日这个生效日期来推算之后的生效日期，也可以查询 2018—2023 年航空资料定期颁发制的共同生效日期表（见表 3-2）获得生效日期。

表 3-2　2018—2023 年航空资料定期颁发制的共同生效日期表（年-月-日）

2018	2019	2020	2021	2022	2023
2018-01-04	2019-01-03	2020-01-02	2021-01-28	2022-01-27	2023-01-26
2018-02-01	2019-01-31	2020-01-30	2021-02-25	2022-02-24	2023-02-23
2018-03-01	2019-02-28	2020-02-27	2021-03-25	2022-03-24	2023-03-23
2018-03-29	2019-03-28	2020-03-26	2021-04-22	2022-04-21	2023-04-20
2018-04-26	2019-04-25	2020-04-23	2021-05-20	2022-05-19	2023-05-18
2018-05-24	2019-05-23	2020-05-21	2021-06-17	2022-06-16	2023-06-15
2018-06-21	2019-06-20	2020-06-18	2021-07-15	2022-07-14	2023-07-13
2018-07-19	2019-07-18	2020-07-16	2021-08-12	2022-08-11	2023-08-10
2018-08-16	2019-08-15	2020-08-13	2021-09-09	2022-09-08	2023-09-07
2018-09-13	2019-09-12	2020-09-10	2021-10-07	2022-10-06	2023-10-05

续表

2018	2019	2020	2021	2022	2023
2018-10-11	2019-10-10	2020-10-08	2021-11-04	2022-11-03	2023-11-02
2018-11-08	2019-11-07	2020-11-05	2021-12-02	2022-12-01	2023-11-30
2018-12-06	2019-12-05	2020-12-03	2021-12-30	2022-12-29	2023-12-28
		2020-12-31			

（2）出版日期。出版日期可以根据生效日期进行推算，出版日期一般提前于生效日期 42 天。这是为了保障有 14 天的分发时间进行快速分发，使得接收方能至少提前于生效日期 28 天收到该资料。这 28 天的时间满足了机载导航数据库生产、分发和更新的需要。出版日期和生效日期的关系如图 3-4 所示。

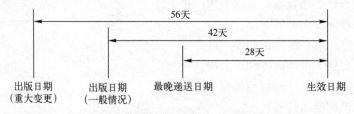

图 3-4　出版日期与生效日期的关系

在预计进行重大变更时，这些变更都会提前计划，更提前的通知是可取和可行的，因此出版日期要提前于生效日期 56 天（或更长）。重大变更一般是对于程序或者服务有大量修订并且会影响到国际航空运输的变更，例如：新建国际机场、国际机场引入新的进近或离场程序、新的 ATS 航路等。

（3）航空情报原始资料到达航空情报部门的最晚日期。AIRAC 实施的关键是负责向航空情报部门提供航空情报原始资料的各技术主管部门，这些部门应当十分熟悉 AIRAC 规定，熟知生效日期，而且知道航空情报原始资料必须送达航空情报部门的最晚日期，以便在印发 AIP 修订和 AIP 补充资料时，能使用户至少在生效日期前 28 天收到。

按航空资料定期颁发制颁发的航空情报基本服务产品，以纸张印刷形式颁发的，应当标注 "AIRAC"。共同生效日期无资料颁发的，应当在该生效日期的前一个周期内，以航行通告或者其他适宜的方式，颁发 "无资料" 通知。当按照 AIRAC 发布即将生效的航空资料汇编修订或对航空器的运行有重大意义的航空资料汇编补充资料时，应签发触发性航行通告（Trigger NOTAM），用于通知用户注意即将生效的航空资料汇编修订期号及其内容概述，或对航空器运行有重要意义的航空资料汇编补充资料，或其他重要的航空情报资料。

因此航空情报原始资料应该尽早提供给航空情报部门，以便航空情报服务部门可以对这些资料进行整理汇总、编辑排版等工作，并按时出版分发。

4. 我国航空资料定期颁发制的实施方法

（1）按照 AIRAC 生效的航空情报原始资料。对于按照 AIRAC 生效的航空情报原始资料的上报时限，规定航空情报原始资料提供部门或者单位应当在共同生效日期表中选择适当的生效日期，并在预计生效日期 80 天前提供航空情报原始资料。民航局情报中心以航空资料通报（AIC）的形式发布每年的 NAIP 资料修订计划表。2020 年度 NAIP 资料修订计划表如图 3-5 所示。

电　话：010-67318524
传　真：010-67318524
E-mail:naip@aischina.com
AFTN: ZBBBYNYX
邮　编：100122

中国民用航空局
民航局空管局航行情报服务中心
北京市朝阳区十里河 2272 信箱

国内航空资料汇编
航空资料通报（AIC）
编号：06/2019
2019-11-1

2020 年度 NAIP 资料修订计划表

航空资料定期颁发制（AIRAC）可以有效地控制影响航空器运行所需定期资料的出版工作，为保障资料发布的及时、准确、完整，现将 2020 年 NAIP 资料修订计划表公布如下，包括资料生效日期、资料公布日期和民航局空管局航行情报服务中心原始数据收集截稿日期。

修订期号	资料生效日期	资料公布日期	原始数据收集截稿日期
Nr.1/20	2020-01-02	2019-12-01	2019-10-14
*Nr.2/20	2020-01-30	2020-01-01	2019-11-11
Nr.3/20	2020-02-27	2020-01-15	2019-12-09
Nr.4/20	2020-03-26	2020-02-15	2020-01-06
*Nr.5/20	2020-04-23	2020-03-15	2020-02-03
Nr.6/20	2020-05-21	2020-04-15	2020-03-02
Nr.7/20	2020-06-18	2020-05-15	2020-03-30
*Nr.8/20	2020-07-16	2020-06-15	2020-04-27
Nr.9/20	2020-08-13	2020-07-15	2020-05-25
Nr.10/20	2020-09-10	2020-08-01	2020-06-22
*Nr.11/20	2020-10-08	2020-09-01	2020-07-20
Nr.12/20	2020-11-05	2020-10-01	2020-08-17
Nr.13/20	2020-12-03	2020-11-01	2020-09-14
*Nr.14/20	2020-12-31	2020-12-01	2020-10-12

注："*"代表航线图计划修订期。

图 3-5　2020 年度 NAIP 资料修订计划表

（2）不按照 AIRAC 生效的航空情报原始资料。不按照 AIRAC 生效的航空情报，应当至少在生效日期 56 天前提供航空情报原始资料，但用于拍发航行通告的除外。

3.4　航空情报原始资料的处理

3.4.1　原始资料的审核

航空情报服务机构应当对收到的航空情报原始资料及时进行审核，审核的主要内容包括：是否来源于规定的原始资料提供部门；是否符合规定的格式；是否正确执行航空资料定期颁发制；是否满足航空情报原始资料的质量要求；是否有必要发布一体化民用航空情报系列资料。

经审核符合资料发布条件的，航空情报服务机构对资料进行发布或上报，并将资料录用情况通知原始资料提供部门。经审核不符合以上要求的航空情报原始资料，航空情报服务机构应当将其退回并说明原因，并与航空情报原始资料提供单位进行协调，直至符合要求。此外，航空情报服务机构与航空情报原始资料提供部门或者单位应当建立定期协调、定期培训和资料定期符合性检查机制，每年不少于一次。

1．是否有必要发布一体化航空情报资料

公布航空情报资料应与运行和安全有关，当航空情报部门对是否应公布资料产生疑问时，可要求原始资料提供部门提供必要的影响说明材料。

原始资料应在航空资料汇编中有合适的章节公布，当原始资料确实对运行和安全产生影响但在航空资料汇编中没有合适的章节公布时，可与上级航空情报部门协商是否对航空资料汇编章节和公布内容进行扩展，以公布相关资料。如某机场新增跑道摩擦系数测量车，该信息在《中国民航国内航空资料汇编》中并无章节可公布，故不必发布。

2．资料公布方式的确定

航空情报原始资料的公布方式有四种：航行通告、航空资料汇编补充资料、航空资料汇编修订和航空资料通报。如前所述，依据原始数据有效期限的长短，把航空情报原始资料分为临时资料和基本资料。基于航空情报原始资料的不同性质和有效时间，来确定航空情报原始资料的公布方式。临时资料以航行通告和航空资料汇编补充资料的方式公布；基本资料以航空资料汇编修订和航空资料通报的方式公布。

不同类型的航空情报原始资料，所选择的公布方式不同，其在提供时限、数据的格式和质量等方面的要求也不同。不同类型航空情报原始资料与相应公布方式的选择如图 3-6 所示。

3．航空情报原始资料的质量控制

1）《航空情报原始资料通知单》的填报要求

原始资料提供部门应当按照要求提供《航空情报原始资料通知单》，且各项内容填写应符合要求。《航空情报原始资料通知单》的格式应符合相关规定要求，并至少包含生效日期和时间、失效日期和时间、修改资料内容、提供单位负责人签名和单位公章，修改内容可用附件形式提供并加盖公章。

2）机场原始资料数据格式和质量要求

中国民用机场资料内容包括机场基本状况、运行规定和有关航空服务。机场原始资料的提供在主要内容和编制方面都有具体要求。我国机场原始资料数据格式和质量要求主要参考《民用航空机场原始资料提供及上报规程》《世界大地测量系统——1984（WGS-84）民用航空应用规范》《中国民航国内航空资料汇编编写规范》《民用航空航行通告编发规范》《民用航空情报航行通告 E 项要素编写指南》《民航空管系统航空情报原始资料上报及审核程序指导手册》。具体需提供的原始资料条目、资料提供单位和内容包括：

（1）机场地名代码和名称。由机场管理机构提供民航局批准的机场地名代码和机场名称。

例：ZSNB/NGB-宁波/栎社。

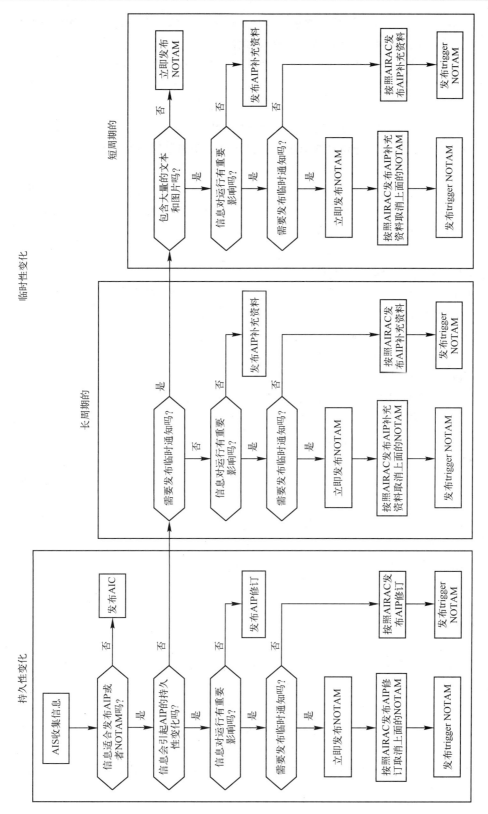

图 3-6　航空情报原始资料公布方式的选择

（2）机场地理位置和管理资料。由机场管理机构提供，其中机场基准温度由机场空中交通管理机构的气象部门提供。具体内容和编制要求包括：

① 机场基准点坐标及其在机场的位置。机场基准点的地理坐标必须测定，用经、纬度表示，精确至秒。如果基准点不在跑道中心，应公布基准点与跑道中心或某一跑道入口的相对位置。

例：N281111E1131212（跑道中心磁方位180°，300 m处）。

② 与城市的位置关系。方位为真方位，精确至度，距离精确至0.1 km。

例：长沙市五一广场真方位091°，24.4 km。

③ 机场标高/基准温度。机场标高指主跑道中线上最高点的标高，精确至0.1米/1英尺；机场必须确定一个机场基准温度，以摄氏度计，并注明月份。机场基准温度应为一年内最热月（指月平均温度最高的月份）的日最高温度的月平均值。该温度宜取五年以上的平均值。

例：66.9 m（219ft）/34℃（七月）。

④ 机场标高位置/高程异常。精确至0.1 m/1 ft。我国暂时不提供高程异常。

例：18号跑道入口（跑道北端）/—。

⑤ 磁差/年变率。磁差应注明测定的年份，磁差用度、分表示，精确至分，年变率用分、秒表示，精确至秒。我国暂时不提供磁差年变率。

例：3°06′W（2008）/—。

⑥ 机场开放时间。时间的填写方式应为具体开放时间段（若使用UTC时间，应注明）、全天开放（H24）、按航班时间开放（HS）、按飞行需要开放（HO）、按申请开放（O/R），或上述两者的综合，如"HS或O/R"。

例：H24。

⑦ 机场管理部门、地址、电话、传真、航空固定服务（AFS）地址、电子邮箱或网址。

例：

机场管理部门：广东省机场管理集团公司

地址：广州市机场路282号，邮编：510406

电话：020-86636728

传真：020-86636728

AFS：ZGGGYDYX

电子邮箱：123abc@111.com

网址：www.aischina.com

⑧ 允许飞行种类。仅允许仪表飞行填"IFR"，仅允许目视飞行填"VFR"，二者都允许填"IFR/VFR"。

⑨ 机场性质/飞行区指标。机场性质填写民用机场或军民合用机场。飞行区指标参见《民用机场飞行区技术标准》，多跑道机场，当各条跑道的飞行区指标不一致时，应分别公布。

例：民用机场/4E；民用机场/4F（RWY06/24）和4E（RWY07/25）。

⑩ 备注。指对上述项需要特殊说明的补充项。机场地理位置和管理资料上报示例如图3-7所示。

1	机场基准点坐标及其在机场的位置	N294936E1212748(跑道中心磁方位 128°，275m 处)
2	与城市的位置关系	城市中心点（凌江铭庭，真方位 239°，10.5km）
3	机场标高/基准温度	3.7m(12ft)/34.7℃(七月，2006—2010 年)
4	机场标高位置/高程异常	跑道中心线任一点/
5	磁差/年变率	4°16′ W
6	机场开放时间	H24
7	机场管理部门、地址、电话、传真、AFS 地址、电子邮箱或网址	中国宁波栎社国际机场 宁波栎社国际机场 电话：0574-89006326 传真：0574-87427089 E-mail：nbairport@nbairport.com 网址：http://www.ningbo-airport.com
8	允许飞行种类	IFR/VFR
9	机场性质/飞行区指标	民用机场/4E
10	备注	

图 3-7　机场地理位置和管理资料上报示例

（3）地勤服务和设施。由机场管理机构负责收集提供；其中有关燃油/滑油牌号及加油设施等资料由驻场油料公司提供；涉及驻场航空公司的设备设施，由航空公司协助机场管理机构提供。具体内容和编制要求包括：

① 货物装卸设施。当办理货物的设施有限时，设备的种类和数量及搬运能力应一一注明。如果设备足以满足预计的要求，应简要说明。

例：平台式装卸车（30 t）、叉式装卸车（7 t）、行李运输车、货盘牵引车、货物处理系统（1.5 t）、集装箱散装处理系统（13.6 t）。

② 燃油/滑油牌号。国内航空燃油通常为 3 号喷气燃油（国产燃油）或 JetA-1（进口燃油），中小机场通常提供 3 号喷气燃油，如果国产燃油与进口燃油混合，按国际标准检测应标注 JetA-1。

例：Jet A-1/—。

③ 加油设施/能力。注明可提供的加油设备的种类和服务项目，以及加油设备的喷射能力。如果没有限制，应注明"无限制"。加油能力单位为 L/s。

例：加油车（65 000 L 和 45 000 L）、管线加油车；喷射能力：17 L/s；机坪管网加油井。

④ 除冰设施。包括航空器专用除冰坪、除冰设备（注明设备的型号和数量）和除冰液型号。

例：除冰坪（D01-D05 机位）、除冰车 8 辆、除冰液型号：KLA-1。

⑤ 过站航空器机库。说明可接收某种机型的架次限制，或者列出可提供的机库及其面积。注明机库是否有供暖设备及其他重要情况。

例：一个机库分为维修区和喷涂区。

维修区可停放 1 架宽体飞机（A380）、2 架宽体飞机（B747）和 2 架窄体飞机（B737、A320）。

喷涂区可停放 1 架宽体飞机（A380）、2 架窄体飞机（1 架 B757 和 1 架 B737，头尾排列）。

⑥ 过站航空器的维修设施。可提供的维修种类（根据民用航空器维修单位合格审定规定中"维修类别"界定）；能维修的机型；可提供的零部件；可供换发动机使用的设备。

例：一般维护，根据要求可更换多种飞机发动机，经预先安排可提供备用件和其他维修服务。

⑦ 备注。注明上述项没有涵盖的任何其他信息。例如电源车、气源车、空调车以及可供使用的地面电源、气源和空调设备等。地勤服务和设施上报的综合示例如图 3-8 所示。

1	货物装卸设施	牵引车、铲车、行李传送带车、平台车、集装箱拖车
2	燃油/滑油牌号	3 号喷气燃油
3	加油设施/能力	罐式加油车（双罐49 000L 和单罐65 000L、 45 000L、 35 000L），单管20L/s。管线加油车（单管20L/s，供17～26号停机位使用）
4	除冰设施	除冰车 3 辆、除冰液(KHF-1、 Cleanwing-I、 Cleanwing-Ⅱ)
5	过站航空器机库	无
6	过站航空器的维修设施	提供 A319/320/321、B737-300/500/700/800、B757-200、CRJ-200 航线维修，A330-200/300（东航）航线维修； B737-400（海技）航线维修；A319/320/321 机型 3000FC/3600FH/16MO（含）以下定期检修（东航）；A319/320/321 机型 CFM56-5B 发动机更换（东航）；A319/320/321 APU 更换；无损探伤（磁粉检测、涡流检测、渗透检测）（东航）
7	备注	电源车、气源车、空调车、飞机牵引车、维修平台车

图 3-8　地勤服务和设施上报的综合示例

（4）救援与消防服务。由机场管理机构提供：

① 机场消防等级。

② 救援设备。说明可提供的救援和消防车辆、设备。

例：消防车辆：快速反应车、主力泡沫车、重型水罐车、多功能破拆车。

救援设备：残损飞机应急救援搬移设备 1 套，吊车、叉车、后援运输车及通信指挥。

③ 搬移受损航空器的能力。说明如果航空器在活动区或其附近抛锚，是否有搬动能力。搬动能力应以能搬动最大的机型或飞机重量为准。列出主要的搬运设备，如顶升气囊、活动道面、千斤顶等。

④ 备注。注明上述项没有涵盖的任何其他信息。救援与消防服务上报的示例如图 3-9 所示。

1	机场消防等级	8 级
2	援救设备	消防车辆：泡沫车、灭火水罐车、破拆抢险车、药剂补充车、火场照明车
3	搬移受损航空器的能力	能搬动最大机型为 A320-200，搬运设备：钢板、钢索、活动道面、牵引挂具（B737-300、 600、 700、 800、 A320-200、 A319-100、 MD82、MD90）
4	备注	无

图 3-9　救援与消防服务上报的示例

（5）可用季节——扫雪。由机场管理机构提供：

① 扫雪设备类型。需注明机场是否一年四季均可用。如果不是四季可用，应注明哪些时间段不能使用或使用时需特别注意事项，注明不能使用的原因和应采取的防范措施。如果有扫雪设备，注明设备类型；如果无扫雪设备但冬天可能会下雪，注明"无扫雪设备"；如果冬天不会下雪，不需扫雪设备，注明"不适用"。

② 扫雪顺序。如果需扫雪，注明跑道、滑行道和停机坪的优先顺序。

③ 备注。注明上述项没有涵盖的任何其他信息。可用季节——扫雪上报的示例如图 3-10 所示。

1	扫雪设备类型	四季可用 推雪车、撒布车、推雪板（自制）
2	扫雪顺序	跑道、滑行道、停机坪
3	备注	无

图 3-10　可用季节——扫雪上报的示例

（6）停机坪、滑行道及校正位置数据。由机场管理机构提供：

① 停机坪道面和强度。注明道面的种类和采用航空器等级序号—道面等级序号（ACN-PCN）方法表示的停机坪强度，尽量按停机坪编号顺序填写，同时按 PCN 从大到小排序。

例：道面：　水泥

　　强度：　东机坪：

　　　　　　PCN109/R/B/W/T(106、117)

　　　　　　PCN98/R/B/W/T(101～105、107～116、118～130、GY11、GY12)

　　　　　　西机坪：

　　　　　　PCN98/R/B/W/T(206、207、218～220、GY01、GY02、货机坪、联邦快递机坪)

　　　　　　PCN85/R/B/W/T(401～410)

　　　　　　PCN79/R/B/W/T(201～205、208～217、221～229、232～239)

② 滑行道宽度、道面和强度。注明滑行道宽度、道面的类型和采用 ACN-PCN 方法表示的强度。宽度精确至 1 米，尽量按滑行道编号顺序填写，同时强度按 PCN 从大到小排序。

③ 高度表校正点的位置及其标高。如果有，应说明位置（如停机坪编号、停机位编号或其他能校正高度表的地方），标高精确至 0.1 m/ft。

④ 甚高频全向信标（VOR）/惯性导航系统（INS）校正点。VOR 校正点应描述其所在位置。如果所有的停机位都是 INS 校正点，注明"全部停机位，坐标参见《航图手册》"；如果部分停机位是 INS 校正点，填写停机位编号；坐标精确至 0.01 s。

⑤ 备注。如果检查位置在航图上有注明，则应在此处说明。此处可公布滑行道道肩宽度。停机坪、滑行道及校正位置数据的示例如图 3-11 所示。

（7）地面活动引导和管制系统与标识。由机场管理机构提供：

① 航空器机位号码标记牌、滑行道引导线、航空器目视停靠/停放引导系统的使用。注明上述设施的设置情况，以及相关特殊情况的说明。

② 跑道和滑行道标志及灯光。列出标志和灯光的名称。根据《民用机场飞行区技术标准》，跑道标志主要包含跑道号码、跑道中线、跑道入口、瞄准点、接地带、跑道边线、掉头坪标

志；跑道灯光主要包含跑道中线灯、跑道边线灯、跑道入口灯、跑道入口翼排灯、跑道接地带灯、跑道入口识别灯、跑道末端灯、跑道掉头坪灯；滑行道标志主要包括滑行道中线、滑行道边线、跑道等待位置标志、中间等待位置标志、禁止进入标志；滑行道灯光主要包含滑行道中线灯、滑行道边线灯、跑道警戒灯、中间等待位置灯、停止排灯、快速出口滑行道指示灯。

1	停机坪道面和强度	道面：	水泥
		强度：	PCN 66/R/B/W/T
2	滑行道宽度、道面和强度	宽度：	A 平滑宽23m；A 滑(两端)、C 滑宽 28.5m；B、D、E、F 滑宽34m
		道面：	水泥
		强度：	PCN 66/R/B/W/T
3	高度表校正点的位置及其标高	跑道中心线任一点，3.7m	
4	VOR/INS 校正点	所有停机位	
5	备注	无	

图 3-11　停机坪、滑行道及校正位置数据示例

③ 停止排灯。如果有停止排灯，注明位置。

例：按设计要求，设置停止排灯（共 32 排）。A1～A10 滑行道、F1～F10 滑行道、CB 滑行道、Z1 滑行道停止排灯设置于跑道等待位置处，Y 滑行道停止排灯设置于 Y 滑两端跑道等待位置处，W、H、G、V 联络道停止排灯设置于联络道直线段部分的两端。

④ 备注。地面活动引导和管制系统与标识示例如图 3-12 所示。

1	航空器机位号码标记牌、滑行道引导线、航空器目视停靠/停放引导系统的使用	所有跑道和滑行道交界及所有等待位置都有滑行引导标记；停机坪上有引导线；航空器停机位上有滑入引导，1～7 号机位装有目视停靠引导系统	
2	跑道和滑行道标志及灯光	跑道标志	跑道入口、跑道识别、接地带、跑道中心圆、跑道中线、跑道边线、瞄准点标志
		跑道灯光	跑道中线灯、跑道边线灯、跑道入口灯、跑道末端灯、跑道入口识别灯
		滑行道标志	中间等待位置标志、跑道等待位置标志、滑行道中线、滑行道边线、滑行道道肩
		滑行道灯光	滑行道边线灯、滑行道中线灯、中间等待位置灯、跑道警戒灯
3	停止排灯	无	
4	备注		

图 3-12　地面活动引导和管制系统与标识示例

（8）地形特征和障碍物由机场管理机构提供：

① 地形特征。机场周围地形的描述。

② 半径 15 km 内主要障碍物。

③ 半径 15～50 km 范围内主要障碍物。

满足以下条件之一的障碍物才需要在障碍物列表中公布：

① 超过附件 14 中规定的重要障碍物；

② 超过起飞航径区且未被阴影遮蔽的障碍物；

③ 决定进场航线 OCA(H) 的控制障碍物以及影响进场航线走向设计的重要障碍物；

④ 决定离场爬升梯度（穿透 OIS 面）、转弯高度或转弯点的控制障碍物以及影响离场航线走向的重要障碍物；

⑤ 等待程序控制障碍物；

⑥ 决定起始、中间、最后进近程序 OCA(H) 和最后进近梯级下降定位点的控制障碍物；

⑦ 决定 DA(H) 或 MDA(H) 的最后进近控制障碍物和复飞控制障碍物（包括传统、VNAV/LNAV、LNAV）；

⑧ 决定复飞爬升梯度、转弯高度或转弯点的控制障碍物；

⑨ 决定 GP 不工作最后进近 OCA(H) 或 MDA(H) 的控制障碍物；

⑩ 决定各类飞机目视盘旋最低标准的控制障碍物；

⑪ 最低雷达引导高度控制障碍物（超出 50 km 范围的控制障碍物可在航路障碍物公布）；

⑫ 最低扇区高度控制障碍物；

⑬ 沿离场航迹 ±900 m 宽度内（除起飞航径区外）超过 2.5% 梯度的障碍物（计算单发失效性能）；

⑭ 其他认为对飞行安全构成威胁的障碍物。

其中，半径 15 km 内主要障碍物以及半径 15～50 km 范围内主要障碍物以表格形式列出，表中包括以下内容：

① 障碍物序号。按相对位置基准的磁方位由小到大排序。

② 障碍物名称。如果有障碍物灯，名称前加注 "*"。

③ 相对位置。需注明相对位置基准，磁方位精确至度，距离精确至米。

④ 障碍物坐标。半径 15 km 范围内主要障碍物精确至 0.1 s，半径 15～50 km 范围内主要障碍物精确至秒。

⑤ 海拔或场压高。半径 15 km 范围内主要障碍物海拔或场压高精确至 0.1m，半径 15～50 km 范围内主要障碍物海拔或场压高精确至米，向上取整。

⑥ 控制障碍物及涉及航段/起飞航径区重要障碍物。若是控制障碍物需注明，并说明涉及的程序和航段名称；若是机场障碍物 A 型图上的重要障碍物需注明 "××号跑道起飞航径区重要障碍物"；穿透 VSS 的障碍物应注明跑道号和对应进近程序。

⑦ 备注。在每项障碍物右方备注处，如果障碍物是山，注明是否实测，有无高大植被。在表格下方备注处，若跑道两端的起飞航径区内无重要障碍物，不需公布机场障碍物 A 型图，在此注明 "××/××号跑道起飞航径区无重要障碍物"。地形特征和障碍物的示例如图 3-13 所示。

（9）气候特征和气候资料由机场空中交通管理机构的气象部门提供：

① 气候特征。

② 气候资料。需注明资料参考年份。

其中，气候资料以表格列出，表中包括以下内容：

① 月份。

② 月平均气温。包括最高月平均气温和最低月平均气温，精确至 0.1℃。

③ 平均相对湿度。精确至 1%。

1.地形特征

本地区地势为西部高、东部低。以机场为中心，北有余姚江、肖甬铁路；东北10千米为市区，在15千米处有庄桥机场；东临东海、舟山群岛；南依象山港、三门湾，紧挨奉化江；西靠西明山、天台山区。

2.半径15千米内主要障碍物

序号	障碍物名称 (*代表有灯光)	位置 (相对机场基准点)		坐标	海拔/m	控制障碍物及涉及航段/起飞航径区重要障碍物	备注
		磁方位/°	距离/m				
1	*通信塔	017	1920		48	目视盘旋 A、B 类保护区控制障碍物	
2	*通信塔	038	2820		48		

3.半径15～50千米内主要障碍物

序号	障碍物名称 (*代表有灯光)	位置 (相对机场基准点)		坐标	海拔/m	控制障碍物及涉及航段	备注
		磁方位/°	距离/m				
1	山	016	28600		435		
2	仙人山	066	49000		455		

图 3-13　地形特征和障碍物的示例

④ 平均气压。应注明是 QNH 还是 QFE，精确至 0.1 hPa。

气候特征和气候资料示例如图 3-14 所示。

1.气候特征

宁波栎社机场位于东海之滨、长江三角洲的东南隅，地处宁绍平原，主要受季风环流影响，处在北亚热带季风环流区，属海洋性湿润季风气候。本场常年受海洋性气候影响，气候温和湿润，气温适中，酷热与严寒期不长，四季分明，雨量充沛。春季天气转换快，阴雨天较多，伴随着阴雨天产生的低云、低能见度较多，天气不稳定时也有雷雨产生；夏季盛行偏南风，潮湿、闷热，多对流天气，多台风活动，降水量大，是一年中灾害性天气最频繁的季节且影响较大；秋季气候相对凉爽，温差大，但有时也出现秋老虎现象，初秋时台风、对流活动仍比较频繁，深秋晨晚多烟雾，能见度差；冬季盛行偏北风，气温明显下降，常受冷空气侵袭，有时有寒潮天气过程。雨势相对较弱，早晨多雾，当冷空气过境时，多伴有低云和降水出现，云中常有结冰。影响航空器及飞行活动的天气形势和天气要素主要有春季静止锋、切变线、气旋等天气系统造成的低云、低能见度、大风；夏季对流天气、台风等造成的强降水、大风、低云、对流云、低能见度；秋季的烟雾；冬季弱天气系统控制下的恶劣能见度及冷锋过境时伴随的大风、降温、低云、低能见度等。

2.气候资料(2001—2010)

月份	月平均气温/℃		平均相对湿度/%	平均气压(QNH)/hPa
	最高	最低		
一月	12.4	-0.3	70	1026.2
二月	16.1	-0.7	70	1023.6

图 3-14　气候特征和气候资料示例

（10）机场天气观测和报告由机场空中交通管理机构的气象部门提供：

① 观测站名称/地名代码。

② 观测类型与频率/自动观测设备。观测类型包括整点和半点例行观测、整点例行观测、特殊观测，按实际情况填写；自动观测设备按实际情况填写"有自动气象观测系统"或"有

自动气象站"或"无自动观测设备"。

③ 机场天气报告类型及是否有趋势预报。机场天气报告类型包括机场例行天气报告（METAR）、机场特殊天气报告（SPECI），按实际情况填写；按实际情况填写"有趋势预报"或"无趋势预报"。

④ 观测系统及安装位置。按实际情况以跑道中心线和跑道入口为基准填写 RVR 设备、测风仪、云高仪的安装位置，精确至 1 m，RVR 若指配了编号，应按编号顺序公布。

⑤ 工作时间。应填写具体工作时间段或全天开放（H24）、按飞行需要开放（HO）。

⑥ 气候资料。按实际情况填写"有气候资料表"或"无气候资料表"，以及相关说明。机场天气观测和报告示例如图 3-15 所示。

观测站名称/地名代码	观测类型与频率/自动观测设备	机场天气报告类型及是否有趋势预报	观测系统及安装位置	工作时间	气候资料
1	2	3	4	5	6
宁波/栎社 ZSNB	整点例行观测及特殊观测/有自动观测系统	METAR、SPECI、有趋势预报	RVR 设备： 13：跑道中心线东侧 100m，北端内 440m； 31：跑道中心线东侧 100m，南端内 310m。 测风仪： 13：跑道中心线东侧 106m，北端内 446m； 31：跑道中心线西侧 90m，南端内 320m。 云高仪：四台云高仪分别安装在西北航向台及东南近台	H24	有气候资料表

图 3-15 机场天气观测和报告示例

（11）提供的气象情报由机场空中交通管理机构的气象部门负责：

① 相关气象台的名称。

② 气象服务时间；服务时间以外的责任气象台。填写具体服务时间，若不是 H24 开放，公布在本气象台关闭期间能代为提供气象情报的气象台（如果有）名称。

③ 负责编发机场预报（TAF）的气象台；有效时段；发布间隔。

例：中国民用航空中南地区空中交通管理局气象中心；

有效时段：9 小时、间隔 3 小时；24 小时、间隔 6 小时。

④ 趋势预报；发布间隔。如果无趋势预报，填写"无"；如果有趋势预报，填写发布间隔：30 分钟或 1 小时或其他实际情况。

⑤ 所提供的讲解/咨询服务。一般包括面对面讲解、电话讲解、视频讲解和自助讲解。

⑥ 飞行文件及其使用语言。飞行文件一般有图、表、报文。

⑦ 讲解/咨询服务时可利用的图表和其他信息。一般包括以下图表和信息：天气图、重要天气预告图、高空风/温度预告图、数值预报产品图、卫星和雷达信息、气象自动观测系统（AWOS）实时数据、重要气象情报（SIGMET）、机场警告信息。

⑧ 提供气象情报的辅助设备。一般包括传真、气象服务终端、气象雷达回波显示器、卫星云图显示器、AWOS 数据显示器等。

⑨ 接收气象情报的空中交通服务单位。

⑩ 其他信息。可公布有关服务限制的信息，以及其他未公布的信息，如气象室的电话号码等。提供的气象情报的示例如图 3-16 所示。

1	相关气象台的名称	中国民航宁波空中交通管理站气象台
2	气象服务时间；服务时间以外的责任气象台	H24
3	负责编发 TAF 的气象台；有效时段；发布间隔	中国民航宁波空中交通管理站气象台；9 小时，24 小时
4	趋势预报；发布间隔	有；1 小时
5	所提供的讲解/咨询服务	面对面讲解、电话讲解
6	飞行文件及其使用语言	图、表、报文；中文、英文
7	讲解/咨询服务时可利用的图表和其他信息	天气图、重要天气预告图、高空风/温度预告图、卫星和雷达信息、AWOS 实时数据
8	提供气象情报的辅助设备	传真、气象服务终端
9	接收气象情报的空中交通服务单位	TWR
10	其他信息	无

图 3-16　提供的气象情报的示例

（12）跑道物理特征由机场管理机构提供：

① 跑道号码。

② 真方位和磁方位。真方位精确至 0.01°，磁方位精确至度。

③ 跑道长宽。

④ 跑道强度（PCN），跑道/停止道道面性质。

⑤ 跑道入口坐标及高程异常。无跑道入口内移时，直接提供跑道入口坐标；若有跑道入口内移，除提供跑道端坐标外，还应提供跑道内移入口坐标，并在坐标前注明"DTHR"。高程异常前注明"GUND"；坐标精确至 0.01 s，非精密进近跑道高程异常精确至 0.1 m/1 ft，精密进近跑道高程异常精确至 0.1 m/0.1 ft。

⑥ 跑道入口标高和精密进近跑道接地带最高标高。跑道入口标高前注明"THR"，精密进近跑道接地带最高标高前注明"TDZ"；若有跑道入口内移，除提供跑道端标高外，还应提供跑道内移入口标高，并在前注明"DTHR"。非精密进近跑道精确至 0.1 m/1 ft，精密进近跑道精确至 0.1 m/0.1 ft。

⑦ 跑道坡度。如果有机场障碍物 A 型图，在该图上公布变坡点的标高及分段坡度，此处填写"见 AOC"；若无机场障碍物 A 型图，则在备注中详细描述分段坡度，此处填写"见备注"。

⑧ 停止道长宽。

⑨ 净空道长宽。

⑩ 升降带长宽。即使不满足标准要求，也需提供实际的尺寸。

⑪ 跑道端安全区长宽。

⑫ 无障碍物区。注明"有"或"无"。

⑬ 备注。若无机场障碍物 A 型图，此处公布详细的跑道分段坡度及相对应的分段距离，沿跑道方向高度上升坡度为正，反之为负，括号中为分段距离；需说明跑道入口内移及部分

跑道长度不能用于起飞或着陆的情况；跑道道肩宽度在此说明；跑道刻槽情况在此说明；迫降地带在此说明；如果有拦阻系统，应公布拦阻系统的位置（哪一跑道端）、尺寸（长度、宽度）。

例：

备注：东跑道坡度 02R-20L 有效坡度 0.3684‰，横向坡度 1.5%。

THR02R→THR20L 0.7‰(1960 m)/-1.1‰(1120 m)/-0.0‰(120 m)/1.2‰(600 m)。跑道道肩各 7.5 m，跑道刻槽 6 mm×6 mm×32 mm。

西跑道坡度 02L-20R 有效坡度 0.1667‰，横向坡度 1.5%。

THR02L→THR20R 0.4‰(920 m)/0.0‰(760 m)/0.3‰(640 m)/0.0‰(1280 m)。跑道道肩各 7.5 m，跑道刻槽 6 mm×6 mm×32 mm。

东跑道与西跑道间距 2200 m；西跑道南端相对东跑道南端向南错开 400 m；西跑道北端相对东跑道北端向南错开 600 m。20 L 跑道着陆入口内移 200 m，20 L 跑道北端标高 14.7 m。

东跑道中心圆标志距东跑道南端 1800 m，距东跑道北端 2000 m。

跑道物理特征示例如图 3-17 所示。

跑道号码	真方位和磁方位	跑道长宽/m	跑道强度(PCN)，跑道/停止道道面性质	跑道入口坐标及高程异常/(m/ft)	跑道入口标高和精密进近跑道接地带最高标高/(m/ft)
1	2	3	4	5	6
13	124°GEO 128°MAG	3200×45	66/R/B/W/T 水泥		THR 3.7/12 TDZ 3.7/12
31	304°GEO 308°MAG	3200×45	66/R/B/W/T 水泥		THR 3.7/12 TDZ 3.7/12

跑道号码	跑道坡度	停止道长宽/m	净空道长宽/m	升降带长宽/m	跑道端安全区长宽/m	无障碍物区
1	7	8	9	10	11	12
13	0%	无	无	3320×300	225×150	
31	0%	无	无	3320×300	225×150	

备注：13 号跑道入口内移 150 米；跑道两端有沥青混凝土结构防吹坪 60 米×60 米

图 3-17　跑道物理特征示例

（13）公布距离（包括全跑道和非全跑道运行）。由机场管理机构提供：

① 跑道号码。

② 可用起飞滑跑距离。

③ 可用起飞距离。

④ 可用加速停止距离。

⑤ 可用着陆距离。

⑥ 备注。如果跑道某一方向不能用于起飞或着陆，则在备注里说明情况，在相应的起飞或着陆距离表格内填写"不能使用"。公布距离的示例如图 3-18 所示。

（14）进近和跑道灯光。由机场管理机构提供：

① 跑道号码。

② 进近灯类型、长度、强度，是否有顺序闪光灯（SFL）。如有 SFL，填写"SFL"；如无 SFL，不需填写。

跑道号码	可用起飞滑跑距离/m	可用起飞距离/m	可用加速停止距离/m	可用着陆距离/m	备注
1	2	3	4	5	6
02L	3600	3600	3600	3600	
02L	3380	3380	3380	3600	由 F9 进入
20R	3600	3600	3600	3600	
20R	3380	3380	3380	3600	由 F2 进入
02R	3800	3800	3800	3800	
02R	3580	3580	3580	3800	由 A9 进入
20L	3800	3800	3800	3600	
20L	3580	3580	3580	3600	由 A2 进入

图 3-18　公布距离的示例

③ 入口灯颜色，翼排灯。如果有翼排灯，注明"有翼排灯"；如果无翼排灯，不需填写。

④ 坡度灯类型、位置、仰角、MEHT（过入口最低眼高）。

⑤ 接地带灯长度。

⑥ 跑道中线灯长度、间隔、颜色、强度。颜色为沿本跑道方向看到的灯光颜色；如果强度可调，注明"可调高强度"。

⑦ 跑道边线灯长度、间隔、颜色、强度。颜色为沿本跑道方向看到的灯光颜色；如果强度可调，注明"可调高强度"。

⑧ 跑道末端灯颜色。

⑨ 停止道灯长度、颜色。

⑩ 备注。注明进近灯布局，包括中线灯类型（单灯或是短排灯）、横排灯位置、SFL 的位置等。如果与《民用机场飞行区技术标准》（MH 5001—2013）中规定的标准布局一致，应按标准注明灯光类型。进近和跑道灯光的示例如图 3-19 所示。

跑道号码	进近灯类型、长度、强度、是否有SFL	入口灯颜色，翼排灯	坡度灯类型位置、仰角、MEHT	接地带灯长度	跑道中线灯长度、间隔、颜色、强度	跑道边线灯长度、间隔、颜色、强度	跑道末端灯颜色	停止道灯长度、颜色
1	2	3	4	5	6	7	8	9
13	PALS CAT I 900m 高强度	绿色入口灯，有翼排灯	PAPI 跑道左侧内移入口内330m 3°	无	3200m 间隔30m 白色，最后900~300m红白相间，最后300m红色 可变高强度	3200m 间隔60m 白色，最后600m黄色 可变高强度	红色	无
31	PALS CAT I 900m 高强度	绿色入口灯，有翼排灯	PAPI 跑道左侧入口内330m 3°	无	3200m 间隔30m 白色，最后900~300m红白相间，最后300m红色 可变高强度	3200m 间隔60m 白色，最后600m黄色 可变高强度	红色	无
备注：								

图 3-19　进近和跑道灯光的示例

（15）其他灯光，备份电源。由机场管理机构提供：

① 机场灯标/识别灯标位置、特性和工作时间。

② 着陆方向标位置和灯光。

③ 滑行道边灯和中线灯。

④ 备份电源/转换时间。

⑤ 备注。其他灯光、备份电源的示例如图 3-20 所示。

1	机场灯标/识别灯标位置、特性和工作时间	无
2	着陆方向标位置和灯光	无
3	滑行道边灯和中线灯	所有滑行道：蓝色边灯和绿色中线灯
4	备份电源/转换时间	两路供电、柴油发电机/15 秒
5	备注	无

图 3-20　其他灯光、备份电源的示例

（16）直升机着陆区域。由机场管理机构提供：

① 接地和离地区（TLOF）坐标或最后进近和起飞区（FATO）入口坐标及高程异常。坐标精确至 0.01 s，非精密进近跑道高程异常精确至 0.1 m/1 ft，精密进近跑道高程异常精确至 0.1 m/0.1 ft。

② TLOF 和/或 FATO 标高。非精密进近跑道精确至 0.1 m/1 ft，精密进近跑道精确至 0.1 m/0.1 ft。

③ TLOF 和 FATO 区域范围、道面、强度和标志。应说明用于接地或离地的承重区的大小、坡度（足以防止积水，但在任何方向不超过 2%）、道面类型（如铺筑道面、水泥、草地）以及有关的承重强度（单位用千克）。并应说明 FATO 计划服务的直升机的性能等级、FATO 类型（表面、高架或水上平台）、长度、宽度、坡度以及道面类型。

④ FATO 的真方位和磁方位。真方位精确至 0.01°，磁方位精确至度。

⑤ 公布距离。公布已设定可用距离，精确至米。包括可用起飞距离（TODAH）、可用中断起飞距离（RTODAH）、可用着陆距离（LDAH）。

⑥ 进近灯光和 FATO 灯光。如果有，应详述以下区域的灯光：

a）瞄准点；

b）进近灯光系统；

c）最后进近和起飞区（FATO）；

d）障碍物；

e）滑行道；

f）接地和离地区（TLOF）；

g）目视进近坡度指示系统（如 PAPI、APAPI、HAPI）；

h）悬停操作区。

⑦ 备注。

（17）空中交通服务空域。由机场空中交通管理机构的管制部门提供：

① 名称。此处所列的空域是指与终端区飞行有关的空域，包括机场管制地带、塔台管制区、航站区域、放油区、特殊空域（如训练空域、试飞空域等）、使用机场 QNH（或 QFE）区域及过渡高度层/过渡高度（或过渡高）等，进近管制区不需在此公布。

② 横向界限。以坐标形式表示的应精确至 1 s。

③ 垂直界限。对使用机场 QNH（或 QFE）区域及过渡高度层/过渡高度（或过渡高）而言，此处公布过渡高度层/过渡高度（或过渡高）的数值。

④ 备注。对使用机场 QNH（或 QFE）区域及过渡高度层/过渡高度（或过渡高）而言，有关本机场高度表拨正程序的特殊规定在此公布，通用的高度表拨正程序不需公布。空中交通服务空域的示例如图 3-21 所示。

名称	横向界限	垂直界限	备注
1	2	3	4
塔台管制区	大隐—石岭—潘溪—桐照—管江—大隐之连线范围	地面-3000m（MSL）	
使用机场 QNH 区域及过渡高度层/过渡高度	点(N300456E1211619)、点(N294501E1205854)、点(N292600E1210643)、点(N301509E1214543)与以宁波 VOR/DME 测距 30 海里为半径的圆弧连线之范围内	过渡高度层 3600m 过渡高度 3000m 2700(QNH＜979hPa) 3300(QNH＞1031hPa)	调整后的宁波机场 QNH 区域内，高度 3000 米（含）以下高度表拨正值统一使用宁波机场 QNH 值
航站区域	宁波市（中心）—余姚—嵊县—新昌—象山—牛鼻山—宁波市（中心）之连线内		

图 3-21 空中交通服务空域的示例

（18）空中交通服务通信设施。由机场空中交通管理机构的通导部门提供：

① 服务名称。根据实际情况，按顺序公布自动终端情报服务（ATIS）、进近（APP）、进场（ARR）、离场（DEP）、塔台（TWR）、地面（GND）、指挥中心（OP-CTL）、紧急频率（EMG）等。

② 呼号。应有中、英文。

③ 频率。OP-CTL 只公布公用频率，若只限个别航空公司使用，不需在此公布。

④ 工作时间（如果使用 UTC 时间，应注明）。

⑤ 备注。若机场提供数字化 ATIS 服务，在此注明"提供 D-ATIS 服务"。若机场提供数字化放行服务（DCL），在此注明"提供 DCL 服务"；或视情况在 TWR/GND 栏备注项注明。空中交通服务通信设施综合示例如图 3-22 所示。

服务名称	呼号	频率/MHz	工作时间	备注
1	2	3	4	5
ATIS		126.45		
TWR	宁波塔台 Ningbo Tower	118.35(130.0、118.7)	H24	
GND	宁波地面 Ningbo Ground	121.95	0730-2100	
OP-CTL	宁波指挥中心 Ningbo Operation Center	131.7	H24	

图 3-22 空中交通服务通信设施综合示例

（19）无线电导航和着陆设施。由设施产权所在单位的通导部门提供：

① 设施名称及类型。公布和终端区飞行有关的导航设施，其中指点标和航向信标（LOC）、下滑道（GP）需注明相关跑道号，LOC 需注明类别（ILSCAT Ⅰ、CAT Ⅱ 或 CAT Ⅲ）。排列顺序为 VOR/DME，NDB，按跑道号码从小到大的顺序公布与该跑道相关的内容：①LOM 或 OM 或 LO；②LMM 或 MM 或 LM；③IM；④LOC；⑤GP；⑥DME（按编号顺序填写）。

② 识别。

③ 频率。

④ 坐标。精确至 0.1 s。

⑤ 相对位置。指点标需以跑道入口为基准，LLZ 以跑道末端为基准，GP 以跑道入口和跑道中线为基准，其他台以跑道中心或机场基准点（ARP）为基准；相对位置应用磁方位和距离表示，精确到度和米。

⑥ 测距仪（DME）发射天线标高。精确至米。

⑦ 备注。覆盖范围在此注明，GP 需注明下滑角度和 RDH 数值。无线电导航和着陆设施示例如图 3-23 所示。

设备名称及类型	识别	频率	坐标	相对位置	DME 发射天线标高	备注
1	2	3	4	5	6	7
宁波 VOR/DME	NGB	116.3MHz CH110X	N294948.6 E1212748.7	距机场基准点 331°MAG/493m	15m	
栎社 NDB	BK	227kHz	N295341.8 E1211942.2	距机场基准点 306°MAG/14877m		280°方位3.4～4.1 海里之间、308°方位 2.0～3.5 海里之间、5.0～6.5 海里之间、8.0～10.0 海里之间、12.5～14.0 海里之间、进离场程序241°方位 5.0～11.0 海里之间、13.0～14.0 海里之间、16.0～17.0 海里之间、25.0～27.0 海里之间、28.0～30.0 海里之间不提供使用

图 3-23　无线电导航和着陆设施示例

（20）本场飞行规定。由机场管理机构协助，机场空中交通管理机构的管制部门提供：

① 机场使用规定。通常描述机场对起降航空器的机型、设备及技术要求，特殊飞行的申请及审批要求，以及本场特殊运行规定，其中不包含飞行程序的要求。

② 跑道和滑行道的使用。描述跑道和滑行道使用规定，其中不包括空中运行要求。

③ 机坪和机位的使用。

④ 机场的Ⅱ/Ⅲ类运行。公布实施Ⅱ/Ⅲ类运行时本机场的特殊规定，通用规定不用在此叙述。如果设立了低能见度程序，详细描述该程序，包括以下几个方面：

a）在低能见度程序下准许使用的跑道和相关设施；

b）限定的气象条件，根据该气象条件启动、使用和终止低能见度程序；

c）在低能见度程序下使用的地面标志/灯光的描述。

⑤ 警告。在此公布有可能危及飞行安全，需提醒机组注意的一些事项。

⑥ 直升机飞行限制，直升机停靠区。

（21）噪声限制规定及减噪程序。由机场空中交通管理机构的管制部门协助，机场管理机构提供：

① 噪声限制规定。

② 减噪程序。

（22）飞行程序。由空中交通管理机构提供：

① 总则。公布对飞行程序和管制的运行要求。

② 起落航线。

③ 仪表飞行程序。公布仪表飞行时的等待、进/离场程序、进近程序的规定，优先着陆程序的说明在进近程序中公布。

④ 雷达程序和/或 ADS-B 程序。

⑤ 无线电通信失效程序。

⑥ 目视飞行规定。公布目视飞行时的等待、进/离场程序、进近程序的规定。

⑦ 目视飞行航线。

⑧ 飞越规定。

（23）其他资料。根据具体内容，由机场管理机构或空中交通管理机构提供，列出机场的其他情况，例如在机场鸟群的集结情况，以及尽可能详细地介绍鸟群在栖息地和觅食区之间每日的重要活动情况及主要驱鸟措施。其他资料示例如图 3-24 所示。

鸟类主要活动见下表，机场当局采取了驱赶措施，以减少鸟群活动。

鸟种名	主要活动时间地点	飞行高度/m
白鹭	每年 6 月底—9 月底，5:00—7:00、16:00—17:00，在升降带北侧及杂草中觅食	10～15

图 3-24 其他资料示例

3）《中国民航国内航空资料汇编》中总则（GEN）和航路（ENR）数据质量要求

这两部分内容主要是民航局航行情报服务中心根据我国相关法规、法则的要求进行制定和编写，其中涉及原始资料提供部门上报资料的内容，如航路（ENR）部分的空中交通服务空域、空中交通服务航路航线，以及用于航路上的无线电导航设施/系统等，这些原始资料提供的具体内容和编制要求参见《〈中国民航国内航空资料汇编〉编写规范》（MH/T 4044—2015）。

4）《中华人民共和国航空资料汇编》国际机场数据资料提供要求

国际机场原始资料除上述内容外，还应提供以下内容：

（1）需提供机场各相关单位工作或提供服务的时间（由机场管理机构负责收集提供），包括以下相关单位：机场当局（机场开放时间）、海关和移民、卫生健康部门、航行情报服务讲解室、空中交通服务报告室、气象讲解室、空中交通服务、加油、地勤服务、保安、除冰以及备注，工作时间示例如图 3-25 所示。

1	机场当局(机场开放时间) AD Administration (AD Operational Hours)	H24
2	海关和移民 Customs and Immigration	H24
3	卫生健康部门 Health and Samitation	H24
4	航行情报服务讲解室 AIS Briefing Office	H24
5	空中交通服务报告室 ATS Reporting Office (ARO)	H24
6	气象讲解室 MET Briefing Office	H24
7	空中交通服务 ATS	H24
8	加油 Fuelling	H24
9	地勤服务 Handling	H24
10	保安 Security	H24
11	除冰 De-icing	H24
12	备注 Remarks	Nil

图 3-25　工作时间示例

（2）需提供保障旅客出行的相关设施（由机场管理机构收集提供），包括宾馆的位置和数量、餐馆的位置和数量、交通工具、医疗设施、银行和邮局位置、旅行社以及备注。旅客设施示例如图 3-26 所示。

4. 航空情报原始资料的规范要求小结

航空情报原始资料经过三级民用航空情报服务机构收集、审核、编辑、上报等一系列的工作，最终以一体化航空情报系列资料的形式公布，供民用航空飞行活动参考使用。对航空情报原始资料的规范，主要体现在相关规章中对原始资料的提供部门、提供时限、公布方式和数据的格式质量四个方面的要求。航空情报原始资料的各项规范要求如图 3-27 所示。

1	宾馆 Hotels	Adjacent to AD
2	餐馆 Restaurants	At AD
3	交通工具 Transportation	Passenger's coaches, taxis, airport express
4	医疗设施 Medical Facilities	First-aid equipment at AD, comprehensive hospital adjacent to AD (4 ambulances on duty)
5	银行和邮局 Bank and Post Office	At AD
6	旅行社 Tourist Office	At AD
7	备注 Remarks	Nil

图 3-26　旅客设施示例

3.4.2　航空情报原始资料的编辑、上报

1．民用航空机场原始资料上报系统

我国航空情报服务单位现行使用的原始资料上报工作传输系统为民用航空机场原始资料上报系统（如图 3-28 所示）。该系统以 XML 技术为基础，借鉴航空数据概念模型（AICM）和航空数据交换模型（AIXM）的航空情报资料管理模式，建立适合我国国内 NAIP 发布内容的数据概念模型和数据交换模型，结合具体的机场原始资料数据，按照业务逻辑和模块以 XML 文件数据完成数据的传输与交换。系统建立了一套涉及机场原始资料上报、编辑、审核和出版等环节的完整流程和管理手段，为机场原始资料业务工作提供支撑；通过搭建全国机场原始资料数据库，实现机场原始资料信息方便地入库存储与提取，为数据的二次利用奠定基础。系统的主要功能包括资料收集、资料编辑、资料上报、资料出版和资料查询。

2．机场航空情报原始资料上报程序

机场航空情报原始资料上报程序是指空管分局（站）航空情报单位、地区民用航空情报中心编辑录入、校对定稿、上报原始资料的工作过程。地方机场或者空管分局（站）依照 AIRAC 规定的生效时间提前 80 天，通过民用航空机场原始资料上报系统上报机场原始资料。无法通过民用航空机场原始资料上报系统上报原始资料的地方机场，应按照航空情报资料规定的上报方式，将原始资料上报到空管分局（站）航空情报单位。由空管分局（站）航空情报单位通过原始资料上报系统上报至所在地区民用航空情报中心，地区民用航空情报中心通过原始资料上报系统上报至全国民用航空情报中心。

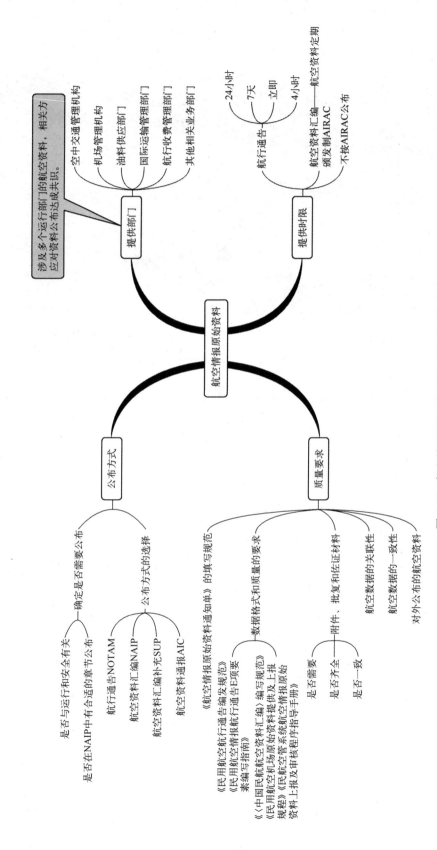

图 3-27 航空情报原始资料的各项规范要求

图 3-28　民用航空机场原始资料上报系统

空管分局（站）航空情报单位按照原始资料上报系统的格式要求，完成对原始资料的编辑录入、初步审核、定稿，上报所在地区民用航空情报中心；地区民用航空情报中心负责收集辖区内上报的机场原始资料和所在地机场的原始资料上报工作，对收到的机场原始资料进行编辑、录入、校核、汇总、定稿，上报至全国民用航空情报中心。地区民用航空情报中心还应将上报的原始资料报所在地区空管局航空情报管理部门，由管理部门报所在地区管理局备案。

3.4.3　航空情报资料的出版

航空情报服务产品制作与发布由全国民用航空情报中心完成。全国民用航空情报中心制作发布航空情报服务产品应经过以下步骤：

（1）选择资料公布方式，确定资料生效时间；

（2）选取、编辑、核实、汇总并发布待公布内容，必要时进行制图、翻译及坐标加密处理；

（3）对编辑后的内容进行质量检查；

（4）印刷资料；

（5）制作 AIP 光盘产品、NAIP 单机版和网络版等光盘产品；

（6）分发前质量检查；

（7）分发资料；

（8）发布新资料通知。

3.5 我国航空情报原始资料的收集、处理和上报示例

我国航空情报原始资料上报工作是按从地方机场上报至空管分局（站），再上报至地区空管局航空情报中心，逐级上报到民航局空管局航行情报服务中心的方式开展。下面以华北地区航空情报原始资料的上报工作开展为例，来说明航空情报原始资料收集、处理和上报的具体流程。

3.5.1 华北地区航空情报原始资料上报工作流程

华北地区辖区内共有 35 个机场，分属 6 个空管分局（站），分别是河北空管分局、山西空管分局、天津空管分局、内蒙古空管分局、大兴空管中心和海拉尔空管站（此处的空管分局和地方机场被称为航空情报服务三级机构）。各地方机场航空情报部门将收集到的机场原始资料按照资料上报时间节点上报给所属空管分局（站），由空管分局（站）负责对接收到的机场原始资料的公布方式、质量要求、时限要求等内容进行初步审核后，通过"民用航空机场原始资料上报系统"进行录入、编辑，将原始资料审核结果上报给民航华北地区空管局飞行服务中心（该中心即为地区级航空情报中心，被称为航空情报服务二级机构）。空管分局（站）还受理辖区内原始资料提供部门的业务咨询，为机场航空情报部门的原始资料上报工作提供业务指导。

民航华北地区空管局飞行服务中心通过"民用航空机场原始资料上报系统"接收、处理收集到机场原始资料，再对资料进行检查、整理及审核后，上报民航局空管局航行情报服务中心，并将上报的原始资料报地区管理局备案。华北空管局飞行服务中心还承担所在地——北京首都机场的原始资料收集、录入、编辑和上报工作，并受理辖区内机场原始资料提供部门的业务咨询，为原始资料上报工作提供业务指导和培训。

各空管分局（站）上报资料的时间，一般会比民航局空管局航行情报服务中心下达的资料原始数据收集截稿时间提前，以便于在资料的审核过程中出现填报错误时，有充足的时间进行整改处理，否则，将重新选择合适的资料公布时间。

资料上报流程的示例如图 3-29 所示。

3.5.2 航空情报原始资料上报示例分析

示例一：机场名称变更。

（1）山西"临汾/乔李"机场计划更名为"临汾/尧都"机场。机场名称是体现航空运输始发、经停、到达的重要标识，其命名、更名和使用应当遵循《运输机场使用许可规定》和国家有关规定。机场名称的变更，是长期性重要性资料的变更，应当由临汾机场管理机构负责填报《航空情报原始资料通知单》，以"航空资料汇编修订"的方式公布资料。

根据航空资料定期颁发制（AIRAC）的规定，临汾机场管理机构在航空资料共同生效日期表中选定了资料生效日期，将填报好的《航空情报原始资料通知单》连同相关批复文件（如图 3-30 所示），递交至山西空管分局情报部门初步审核；山西空管分局情报部门审核无误后，通过"民用航空机场原始资料上报系统"进行录入、编辑，将原始资料审核结果上报给民航华北地区空管局飞行服务中心。

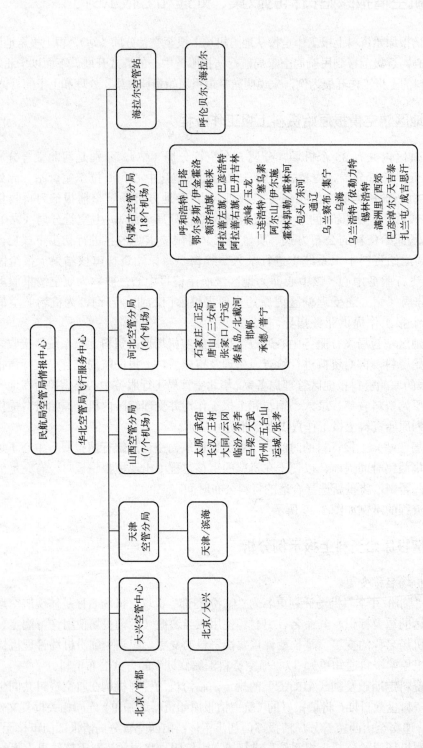

图 3-29　华北地区航空情报原始资料上报流程

中国民用航空局综合司

民航综机函〔2020〕1 号

民航局综合司关于临汾机场更名备案的复函

临汾民航机场有限公司：

你公司《关于临汾民航机场名称备案的请示》（临民航司字〔2020〕6 号）收悉。经研究，现函复如下：

一、鉴于机场所在地为临汾市尧都区乔李镇，将机场专名变更为"尧都"符合机场名称相关要求，故我司对临汾乔李机场更名为"临汾尧都机场"无不同意见，机场英文名称为"LINFEN YAODU AIRPORT"。

二、上述名称已在民航局备案。今后，有关文件、资料、图纸及其他出版物等均应以此名称为准。

三、请按照《运输机场使用许可规定》的有关要求，据此答复意见申请运输机场使用许可证变更。

2020年1月21日

图 3-30 临汾机场更名批复文件

民航华北地区空管局飞行服务中心通过"民用航空机场原始资料上报系统"接收、处理收集到机场原始资料，再对资料进行检查、整理和审核后，上报民航局空管局航行情报服务中心，并将上报的原始资料报地区管理局备案。根据《民航空管系统航空情报运行管理规程》（MD-TM-2012-004）对各级航空情报部门处理原始资料上报工作的时限要求，山西空管分局情报部门和民航华北地区空管局飞行服务中心分别应当在 5 个工作日内完成原始资料的初步审核、编辑、录入、上报工作。故临汾机场管理机构应当比推算的"原始数据收集截稿日期"至少提前 10 天，将原始资料递交至山西空管分局情报部门。

临汾机场管理机构提交的原始资料通知单如图 3-31 所示。

航空情报原始资料通知单

1. 航空情报原始资料提供人	
提供人：×××	联系电话：××××××
提供单位：临汾机场管理机构	提供日期和时间：2020.1.28
2. 航空情报原始资料收集人	
收集人：×××	联系电话：××××××
收集单位：山西空管分局站	联系传真：××××××
3. 提供内容	
提供序列号：×××	生效日期和时间：2020.4.23
共　×　页	失效日期和时间：永久
公布方式　□ 航行通告　　　　　　　■ 航空资料汇编修订 　　　　　　□ 航空资料汇编补充资料　□ 航空资料通报	
内容： 山西"临汾/乔李"机场更名为"临汾/尧都"机场，修订 NAIP 相关内容，批复文件附后。	
4. AIRAC 事宜	
应采用 AIRAC 但未能实施的原因：	
5. 声明	
提供的航空情报原始数据内容真实、数据准确、全面。	
领导签字 　　　（注：此处已完成签字盖章）	
6. 回执	
提供序列号： 收集单位： 收集人： 收集时间：	

图 3-31　临汾机场管理机构提交的原始资料通知单

机场名称的变更应当获得民航局综合司对机场名称的批复，需修订《中国民航国内航空资料汇编》中机场使用细则"AD2.1 机场地名代码（ICAO/IATA）和名称"的内容，如图 3-32 所示。

AD 2.1 机场地名代码(ICAO/IATA)和名称
ZBLF/LFQ-临汾/尧都

图 3-32　机场地名代码示例

（2）关联性分析。此次临汾机场只申请机场名称改变，其四字地名代码和三字码均保持不变。其机场名称变更涉及的关联性数据应同步上报修订，并应获得相关部门的批复。应当修订的关联性数据包括：

① 《中国民航国内航空资料汇编》总则：2.4 地名代码、2.7 日出/日落表；

②《中国民航国内航空资料汇编》机场：1.3 机场索引、1.4 机场分布示意图；

③ 机场使用细则：AD2.10 机场天气观测和报告；

④《中国民航国内航空资料汇编》中《航图手册》：地名代码、机场一览表、机场飞行程序和运行最低标准联系信息表；

⑤《航图手册》中临汾机场所有机场图、进近图、进离场图中机场名称的标识；

⑥ 航路图中临汾机场标识。

附加说明："临汾机场使用许可证"的变更："机场名称"是"机场使用许可证"中载明的事项，需要报送机场使用许可证申请资料的变化部分。中国民用航空局（以下简称民航局）负责飞行区指标为 4F 的机场使用许可审批管理工作。民航地区管理局受民航局委托实施辖区内飞行区指标为 4E（含）以下的机场使用许可审批管理工作；临汾机场应当向民航华北地区管理局提交"机场使用许可证"的变更申请。

示例二：机场导航设施限用改变。

（1）某日，华北空管局技术保障部门申请拍发修改首都机场沙子营 VOR/DME 因校飞后的限制使用，时间从即日起至永久的航行通告。原始资料通知单示例如图 3-33 所示。根据华北空管局关于拍发永久有效航行通告的管理规定，飞行服务中心要求技术保障部门应当同步申请修订 NAIP 北京/首都机场细则 AD2.19 无线电导航和着陆设施表中备注部分内容。

（2）飞行服务中心收到原始资料通知单进行研究分析。首都机场共有三条平行跑道，分别为 RWY01/19、RWY18L/36R、RWY18R/36L，该导航设施 359° 径向线方向不可用的限制情况，有可能影响到首都机场跑道的运行程序。经分析研究，航空情报部门提出：首都机场 KM 01A/02A、JB 01A/02A、VYK 02A/09A、BOBAK 01A/02A/03A 进场程序都用到了沙子营 VOR/DME，沙子营 VOR/DME 使用受限，导致这些进场程序都不能使用；在首都机场 36L/18R 跑道的 ILS/DME 进近程序中，复飞程序是以沙子营 VOR/DME 为基础设计的，沙子营 VOR/DME 使用受限导致该复飞程序不能使用。这给航空器在首都机场执行进场程序和在 36L/18R 跑道实施进近着陆带来极大的安全风险。飞行服务中心向该原始资料提供部门通报了情况，在上报资料修订的同时，还应考虑飞行程序受影响的问题，建议其协调专业部室会商，制定应对措施。随后，技术保障部门召集空管部、空管运行单位以及程序设计室等专业部室召开专题工作会，确认了因该导航设施的限制使用，会导致首都机场部分进场程序和相关跑道复飞程序不能使用。会议商定了管制应对方案，由空管部提交相关飞行程序调整的航行通告原始资料通知单，由飞行服务中心拍发相关航行通告。

（3）RNAV、RNP、ILS 等飞行程序的广泛使用和管制雷达引导精度的提高，飞行员和飞行有关人员对飞行程序中使用的导航设施，尤其是进近程序中导航设施的依赖程度大大降低，导航设施运行状态改变对飞行程序产生的影响很容易被忽视。沙子营 VOR/DME 设备的限制使用有可能会导致航空器在首都机场运行时，飞行人员没有标准的复飞程序可用；无线电通信失效时，管制部门无法引导航空器实施复飞的情况发生。而对于设备运行，通常情况下，导航部门只提供导航设施运行状态；管制部门易忽略导航设施运行状态改变对飞行程序产生的影响。飞行服务中心在原始资料收集处理的过程中研究分析了航空情报数据关联性，向相关部门通报结果，根据专业部室会商的结果拍发了航行通告。影响飞行程序的航空情报原始资料通知单示例如图 3-34 所示。

航空情报原始资料通知单

1. 航空情报原始资料提供人	
提供人：×××	联系电话：××××××
提供单位：华北空管局技术保障部	提供日期和时间：2019.1.31
2. 航空情报原始资料收集人	
收集人：×××	联系电话：××××××
收集单位：华北空管局飞行服务中心	联系传真：××××××
3. 提供内容	
提供序列号：×××	生效日期和时间：即时生效
共　　×　　页	失效日期和时间：永久
公布方式　　■ 航行通告　　　　　　□ 航空资料汇编修订 　　　　　　□ 航空资料汇编补充资料　　□ 航空资料通报	
内容： 沙子营 VOR/DME，呼号 SZY，频率 117.2，使用限制修改为：359 度径向线方向 9～17 NM 不可用。	
4. AIRAC 事宜	
应采用 AIRAC 但未能实施的原因：	
5. 声明	
提供的航空情报原始数据内容真实、数据准确、全面。	
领导签字 　　（注：此处已完成签字盖章）	
6. 回执	
提供序列号： 收集单位： 收集人： 收集时间：	

图 3-33　"沙子营 VOR/DME 限用改变"申请发布航行通告的航空情报原始资料通知单

航空情报原始资料通知单

1．航空情报原始资料提供人	
提供人：×××	联系电话：×××××
提供单位：空管部	提供日期和时间：2019.1.31
2．航空情报原始资料收集人	
收集人：×××	联系电话：×××××
收集单位：华北空管局飞行服务中心	联系传真：×××××
3．提供内容	
提供序列号：×××	生效日期和时间：即时生效
共　×××　页	失效日期和时间：2019.10.9　23:59

公布方式	■ 航行通告	□ 航空资料汇编修订
	□ 航空资料汇编补充资料	□ 航空资料通报

内容：沙子营导航台限用后复飞方法：

1．36L 复飞方法：上升到 160/500'，立即左转，沿 320° 磁航迹上升到 R323° D20.5PEK，高度 2100/6900'，左转飞至 R290° D13.0PEK，继续飞至 PEK，高度 2100/6900'，加入等待航线，联系 ATC。

2．18R 复飞方法：直线上升至 170/600'，立即右转飞至 R290° D13.0PEK，沿磁航迹 359° 上升至 R326° D22.4PEK 高度 1200/3900'，联系 ATC。

3．如果 36L/18R 复飞，频率能收到管制员指令，应该接管制指令复飞；如果通信失效，无法收到管制指令，则按沙子营限用后复飞方法执行复飞。

4．如果 36L/18R 复飞，飞行员应尽可能与其他航空器保持目视间隔。

5．KM 01A、JB 01A、BOBAK 01A、BOBAK 03A、VYK 09A、JB 02A、BOBAK 02A、VYK 02A、KM 02A 进场程序暂停使用。

6．36L/18R 标准复飞程序暂停使用。

4．AIRAC 事宜
应采用 AIRAC 但未能实施的原因：
5．声明
提供的航空情报原始数据内容真实，数据准确、全面。
领导签字
（注：此处已完成签字盖章）
6．回执
提供序列号：
收集单位：
收集人：
收集时间：

图 3-34　"沙子营 VOR/DME 相关程序改变"航空情报原始资料通知单

同时依据航空资料汇编修订的航空情报原始资料通知单示例（如图 3-35 所示），通过"民用航空机场原始资料上报系统"进行录入、编辑和校对，按照规定时限上报到民航局空管局航行情报服务中心，由民航局空管局航行情报服务中心完成相应资料的修订。至此因沙子营VOR/DME 导航设施受限影响飞行程序的问题得到了解决，原始资料上报工作完成。

航空情报原始资料通知单

1．航空情报原始资料提供人	
提供人：×××	联系电话：××××××
提供单位：华北空管局技术保障部	提供日期和时间：2019.1.31
2．航空情报原始资料收集人	
收集人：×××	联系电话：××××××
收集单位：华北空管局飞行服务中心	联系传真：××××××
3．提供内容	
提供序列号：×××	生效日期和时间：即时生效
共　　×　　页	失效日期和时间：永久
公布方式　　□ 航行通告　　　　■ 航空资料汇编修订　　　　　　□ 航空资料汇编补充资料　　□ 航空资料通报	
内容： 沙子营 VOR/DME，呼号 SZY，频率 117.2，使用限制修改为：359 度径向线方向 9～17 NM 不可用。	
4．AIRAC 事宜	
应采用 AIRAC 但未能实施的原因：	
5．声明	
提供的航空情报原始数据内容真实、数据准确、全面。	
领导签字 　　（注：此处已完成签字盖章）	
6．回执	
提供序列号： 收集单位： 收集人： 收集时间：	

图 3-35 "沙子营 VOR/DME 限用改变"申请修订资料航空情报原始资料通知单

思 考 题

请基于原始资料审核要求对以下《航空情报原始资料通知单》（图 3-36 和图 3-37）进行审核，找出存在的问题，并填写《航空情报原始资料核实单》（图 3-38）。

航空情报原始资料通知单（一）

1．航空情报原始资料提供人	
提供人：×××	联系电话：×××
提供单位：空管气象部门	提供日期和时间：2020 年 2 年 23 日
2．航空情报原始资料收集人	
收集人：×××	联系电话：×××
收集单位：航空情报部门	联系传真：×××
3．提供内容	
提供序列号：001	生效日期和时间：2020 年 4 月 23 日
共　　1　　页	失效日期和时间：PERM
公布方式　　□ 航行通告　　　　　　　■ 航空资料汇编修订 　　　　　　　□ 航空资料汇编补充资料　　□ 航空资料通报	
内容：某机场 AD 2.5 可用季节——扫雪 　　　（1）可用季节及扫雪设备类型：机坪除雪车 3 辆、除冰车 2 辆、电源车 1 辆、三合一吹雪车 1 辆。	
4．AIRAC 事宜	
应采用 AIRAC 但未能实施的原因：	
5．声明	
提供的航空情报原始数据内容真实、数据准确、全面。	
领导签字	
6．回执	
提供序列号： 收集单位： 收集人： 收集时间：	

图 3-36　航空情报原始资料通知单（一）

航空情报原始资料通知单（二）

1．航空情报原始资料提供人	
提供人：×××	联系电话：×××
提供单位：机场管理机构	提供日期和时间：2020 年 1 年 20 日
2．航空情报原始资料收集人	
收集人：×××	联系电话：×××
收集单位：航空情报部门	联系传真：×××
3．提供内容	
提供序列号：002	生效日期和时间：2020 年 4 月 23 日
共　1　页	失效日期和时间：PERM
公布方式　　　□ 航行通告　　　　　■ 航空资料汇编修订 　　　　　　　　□ 航空资料汇编补充资料　　□ 航空资料通报	
内容：某机场 AD 2.15 其他灯光、备份电源： 　　　　（2）着陆方向标/风向标位置和灯光，新增风向标： 　　　　　　01：跑道中心线东侧 97m，跑道端内 339m，有灯光 　　　　　　19：跑道中心线东侧 97m，跑道端内 339m	
4．AIRAC 事宜	
应采用 AIRAC 但未能实施的原因：	
5．声明	
提供的航空情报原始数据内容真实、数据准确、全面。	
领导签字	
6．回执	
提供序列号： 收集单位： 收集人： 收集时间：	

图 3-37　航空情报原始资料通知单（二）

航空情报原始资料核实单

□机场资料□程序

发文日期：　年　月　日　　索引号：

批复文件编号				
批复文件标题				
发文单位		涉及机场		
修订期号		计划生效时间		
发文联系人		联系方式		
需核实内容				
	□缺失内容　□内容彼此矛盾　□描述不明确　□无图　□字迹不清晰　□其他			
××飞服中心		联系电话		
传真		E-mail		

核实结果及修改意见	
审批人/部门签字/盖章	
核实联系人	联系电话
传真	E-mail

图 3-38　航空情报原始资料核实单

第4章 航空资料汇编和中国民航
国内航空资料汇编

航空运行和保障中使用的航空资料或数据大部分是不经常变更的持久性资料。在保障这些持久性资料的准确性、完整性的基础之上，这些资料的发布形式应便于用户查找和使用。因此，国际民航组织在《国际民用航空公约》附件15《航空情报服务》中做出了关于航空资料汇编的一系列规定，使其作为一体化航空情报系列资料的一个重要部分，用来提供保障航空运行安全、正常、效率的持久性航空资料。由于我国民用机场分为对外开放机场和国内机场，针对国内外用户的不同需求，我国对国际用户提供《中华人民共和国航空资料汇编》，对国内用户提供《中国民航国内航空资料汇编》。

4.1 航空资料汇编

航空资料汇编（aeronautical information publication，AIP）是由国家或国家授权发行、载有航行所必需的持久性航空资料的出版物，如图4-1所示。其目的主要是满足在国际间交换航行所必需的持久性航空资料的要求。它是永久性资料和供长期使用的临时性变更的基本情报来源。

4.1.1 航空资料汇编的格式

1. 航空资料汇编的结构

国际民航组织对航空资料汇编中每个部分及每个章节的内容做出了规定，使得所有出版航空资料汇编的缔约国能够按照一致的编排形式提供这些资料，方便资料交换和查找。各缔约国仍可根据所适用的情况，在此基础上进行适当

图4-1　印刷版航空资料汇编

的调整，航空资料汇编或其分册为了便于在飞行中使用，其确切格式和编排可以由各国自行确定，但必须列出完整的目录。

航空资料汇编由三部分组成，即总则（GEN）、航路（ENR）和机场（AD），如图4-2所示。每一部分分成若干章节，分别包含各种不同的航空情报资料，按国际民航组织规定的目录编排（参考本书附录A）。

第一部分总则由5章组成，主要包括行政性或解释性的信息。

（1）GEN 0包括前言、航空资料汇编修订记录、航空资料汇编补充资料及航空资料通报记录、航空资料汇编页码校核单、航空资料汇编手改记录、第一部分目录。

（2）GEN 1国家法规和要求，包括指定当局；航空器的入境、过境和出境；旅客和机组人员的入境、过境和出境；货物的入境、过境和出境；航空器仪表、设备和飞行文件；国家法规和国际协议/公约的摘要，与国际民用航空组织标准、建议措施和程序的差异。

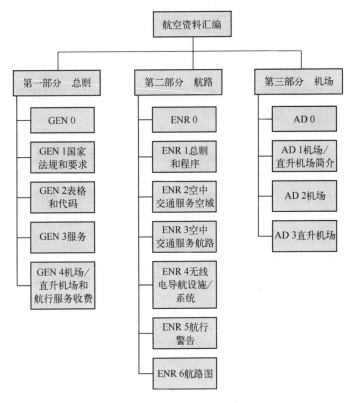

图 4-2　航空资料汇编的结构

（3）GEN 2 表格和代码，包括计量系统、航空器标志和公共节假日；航行情报服务出版物中所使用的简缩字；航图符号；地名代码；无线电导航设施表；换算表；日出/日落表。

（4）GEN 3 服务，包括航行情报服务、航图、空中交通服务、通信服务、气象服务、搜寻和援救。

（5）GEN 4 机场/直升机场和航行服务收费，包括机场收费、航行服务收费。

为了保障国际范围内资料的使用，各国的航空资料汇编在总则中都会包括下列内容：负责航空资料汇编涉及的导航设施、服务或程序的主管当局；有关服务或设施提供国际使用的一般条件；本国规章和措施与国际民航组织的有关标准、建议措施和程序的重要差异，其格式必须能使用户对国家的要求与国际民航组织有关规定之间的差异一目了然；国际民航组织的标准、建议措施和程序中有两种做法可供选择，则需说明本国在每一个重要问题上所做的选择。

第二部分航路由 7 章组成，主要涉及空域以及空域使用的信息。

（1）ENR 0 包括前言、航空资料汇编修订记录、航空资料汇编补充资料记录、航空资料汇编页码校核单、航空资料汇编手改记录、第二部分目录。

（2）ENR 1 总则和程序，包括总则；目视飞行规则；仪表飞行规则；空中交通服务空域分类；等待、进近和离场程序；雷达服务和程序；高度表拨正程序；地区补充程序；空中交通流量管理；飞行计划；飞行计划报收电地址；民用航空器的拦截；非法干扰；空中交通事件。

（3）ENR 2 空中交通服务空域，包括飞行情报区和管制区、终端管制区和进近管制区以及其他规定空域的详细描述。

（4）ENR 3 空中交通服务航路，包括总则；国际航路；区域导航航路；直升机航路；其他航路以及航路等待的详细描述，其中机场进、离场航路在第三部分机场有关章节中详细描述。

（5）ENR 4 无线电导航设施/系统，包括航路无线电导航设施、特殊导航系统、重要点的名称代码和航路航行地面灯光。

（6）ENR 5 航行警告，包括禁区、危险区和限制区；军事演习和训练区；其他危险性活动；航路上的航行障碍物；航空运动和航空俱乐部活动；鸟类的迁栖和敏感动物区。

（7）ENR 6 航路图。

第三部分机场由 4 章组成，主要涉及机场、直升机场及其使用的信息。

（1）AD 0 包括前言、航空资料汇编修订记录、航空资料汇编补充资料记录、航空资料汇编页码校核单、航空资料汇编手改记录、第三部分目录。

（2）AD 1 机场/直升机场简介，包括机场可用性；援救、消防服务和扫雪计划；机场索引。

（3）AD 2 机场，包括有关机场的详细资料，每个机场有 24 项内容。

（4）AD 3 直升机场，包括有关直升机场的详细资料，每个机场有 23 项内容。这部分内容我国 AIP 暂不提供。

航空资料汇编机场部分包括了国际机场的航图，其中包括：

（1）机场图——ICAO；

（2）停机位置图——ICAO；

（3）标准仪表进场图——ICAO；

（4）仪表进近图——ICAO；

（5）标准仪表离场图——ICAO；

（6）机场障碍物 A 型图——ICAO（运行限制）；

（7）精密进近地形图——ICAO；

（8）航路图——ICAO；

（9）区域图——ICAO；

（10）最低监视引导高度图——ICAO。

2. 航空资料汇编的一般规定

一般情况下，每个国家出版所辖区域的航空资料汇编、每部航空资料汇编须自成体系，目录齐全。有些国家因为航空资料汇编过于厚重或为方便起见，将印刷版汇编分为两个或多个分册发行，也可能由两个或多个国家联合发行合编本航空资料汇编，如有此类情况，会在封面上和目录中明确说明这一情况。每部航空资料汇编均不重复其本身或者来自其他渠道的资料。

除非整部汇编经常定期重新印发，否则印刷版航空资料汇编一般以活页形式发行，以便根据需要按固定周期修订或重印，使之保持常新，正常的修订方法是以换页的方式进行，手工修改或加注的情况须减至最少。对运行有重要意义的变更，须按照航空资料定期颁发制公布，并用缩写 AIRAC 标示清楚。每个出版者更新航空资料汇编的固定周期必须在 AIP 第一部分总则中做出说明。

标注日期对于确认航空资料汇编的期数以及是否现行有效有着重要的意义，因此每部航空资料汇编必须加注日期，以活页形式发行的印刷版，则每一页必须注明日期。日期由年、月、日组成，指示有关资料的出版日期或生效日期。

为了帮助校核航空资料汇编系列的所有活页，出版单位会经常重新印发标有每一页当前日期的校核单，以帮助用户确保其汇编为现行版本（见图 4-3）。

中国航行资料汇编 AIP CHINA					GEN 0.4-1
GEN 0.4　航行资料汇编页码校核单 CHECKLIST OF AIP PAGES					
页码 Pages	日期 Date	页码 Pages	日期 Date	页码 Pages	日期 Date
PART 1－GENERAL(GEN)		2.2-17/18	2009-3-1	3.4-5/6	2002-10-1
		2.2-19/20	2009-3-1	3.5-1/2	2009-2-1
GEN0　0.1-1/2	2009-2-1	2.2-21/22	2009-3-1	3.5-3/4	2012-6-15
0.1-3/4	2009-2-1	2.2-23/24	2009-3-1	3.5-5/6	2012-8-15
0.1-5/BLK	2002-10-1	2.3-1/2	2006-8-1	3.5-7/8	2012-8-15
0.2-1/BLK	2012-4-5	2.3-3/4	2009-3-1	3.5-9/10	2012-7-15
0.3-1/BLK	2012-8-15	2.3-5/6	2009-3-1	3.5-11/12	2012-7-15
0.4-1/2	2012-8-15	2.3-7/BLK	2009-3-1	3.5-13/14	2012-7-15
0.4-3/4	2012-8-15	2.4-1/2	2012-5-15	3.5-15/16	2011-6-15
0.4-5/6	2012-8-15	2.4-3/4	2012-5-15	3.5-17/18	2011-10-15
0.4-7/8	2012-8-15	2.4-5/6	2012-5-15	3.5-19/20	2011-6-15
0.4-9/BLK	2012-8-15	2.4-7/BLK	2009-10-15	3.6-1/2	2009-2-1
0.5-1/2	2002-10-1	2.5-1/2	2012-5-15	3.6-3/4	2009-2-1
0.6-1/2	2011-12-1	2.5-3/4	2012-5-15	3.6-5/BLK	2002-10-1
0.6-3/4	2011-12-1	2.5-5/6	2012-5-15	3.6-7/BLK	2006-6-1
		2.5-7/8	2012-5-15	3.5	2011-4-1
GEN1　1.1-1/2	2009-2-1	2.5-9/10	2012-5-15		
1.2-1/2	2009-2-1	2.5-11/12	2012-7-15	GEN4　4.1-1/2	2009-2-1
1.2-3/4	2009-2-1	2.6-1/2	2006-8-1	4.1-3/4	2008-3-1
1.2-5/6	2009-2-1	2.6-3/BLK	2006-8-1	4.2-1/2	2009-2-1
1.2-7/8	2009-2-1	2.7-1/2	2006-8-1		
1.2-9/10	2009-2-1	2.7-3/4	2010-9-15	PART 2－EN-ROUTE(ENR)	
1.2-11/12	2009-2-1	2.7-5/6	2012-5-15		
1.2-13/14	2007-2-1	2.7-7/8	2012-5-15	ENR0　0.6-1/2	2011-5-1
1.3-1/2	2002-10-1	2.7-9/10	2012-5-15	0.6-3/BLK	2006-7-1
1.3-3/4	2002-10-1	2.7-11/12	2012-5-15		
1.3-5/6	2002-10-1	2.7-13/14	2012-5-15	ENR1　1.1-1/2	2009-2-1
1.4-1/2	2002-10-1			1.1-3/4	2007-10-15
1.4-3/4	2002-10-1	GEN3　3.1-1/2	2009-2-1	1.1-5/6	2009-2-1
1.4-5/6	2003-2-15	3.1-3/4	2012-6-15	1.1-7/8	2009-2-1
1.4-7/8	2002-10-1	3.1-5/6	2012-6-15	1.1-9/10	2002-10-1
1.4-9/BLK	2002-10-1	3.1-7/8	2007-3-1	1.1-11/BLK	2002-10-1
1.5-1/2	2009-2-1	3.2-1/2	2009-2-1	1.2-1/2	2002-10-1
1.5-3/4	2009-2-1	3.2-3/4	2002-10-1	1.3-1/BLK	2002-10-1
1.6-1/2	2009-2-1	3.2-5/6	2012-5-15	1.4-1/BLK	2002-10-1
1.7-1/2	2009-6-1	3.2-7/8	2012-5-15	1.5-1/BLK	2002-10-1
1.7-3/4	2011-11-15	3.2-9/10	2012-5-15	1.6-1/2	2012-3-1
1.7-5/6	2009-6-1	3.2-11/12	2012-5-15	1.6-3/4	2012-8-15
1.7-7/8	2009-6-1	3.2-13/14	2012-5-15	1.6-5/BLK	2012-3-1
1.7-9/10	2011-11-15	3.2-15/16	2012-5-15	1.6-7/BLK	2011-4-1
		3.2-17/18	2012-5-15	1.7-1/2	2002-10-1
GEN2　2.1-1/2	2012-3-1	3.2-19/20	2012-5-15	1.7-3/4	2012-6-15
2.1-1/2	2009-3-1	3.2-21/22	2012-5-15	1.7-5/6	2012-6-15
2.2-3/4	2009-3-1	3.3-23/BLK	2011-10-15	1.7-7/8	2007-10-15
2.2-5/6	2010-12-15	3.3-1/2	2009-2-1	1.8-1/BLK	2002-10-1
2.2-7/8	2009-3-1	3.3-3/4	2007-11-15	1.9-1/BLK	2002-10-1
2.2-9/10	2009-3-1	3.3-5/6	2012-7-15	1.10-1/2	2009-2-1
2.2-11/12	2009-3-1	3.3-7/8	2012-5-15	1.11-1/2	2012-3-1
2.2-13/14	2009-7-1	3.4-1/2	2009-2-1	1.12-1/2	2002-10-1
2.2-15/16	2009-3-1	3.4-3/BLK	2006-7-1	1.12-3/4	2002-10-1
中国民用航空局 CAAC					2012-8-15

图 4-3　AIP 校核单

装订成册发行的每部航空资料汇编和以活页形式发行的航空资料汇编的每一页上都应清楚说明：

（1）航空资料汇编的名称；

（2）资料覆盖的地区和分地区（必要时）；

（3）发布国家和制作组织（当局）的名称；

（4）页号/航图名称；

（5）如对航行资料有疑问，其可靠程度如何。

航空资料汇编的纸张尺寸建议为 210 mm×297 mm，也就是 A4 纸张大小，但有些资料需要用更大的纸张印刷，这样的纸张需折叠成 A4 纸大小放入册中。

3. 我国的航空资料汇编简介

我国的航空资料汇编全称为《中华人民共和国航空资料汇编》，简称中国航空资料汇编，由中国民用航空局负责出版发行，其中不包含我国香港特别行政区、澳门特别行政区和台湾地区的持久性航空资料。香港特别行政区、澳门特别行政区和台湾地区分别负责出版发行所在地区的航空资料汇编。中国航空资料汇编依据《国际民用航空公约》附件 15 和国际民用航空组织 Doc 8126 文件《航空情报服务手册》所载的标准和建议措施编写，其结构与内容符合国际民航组织的规定，仅在第三部分中略去直升机场章节。其中的航图依据《国际民用航空公约》附件 4 和国际民用航空组织 Doc 8697 文件《航图手册》绘制。与国际民用航空组织标准、建议措施和程序的差异载于 GEN 1.7 中。现共三册，其中第一册为总则和航路两个部分，第二、三册为国际机场资料，以活页形式出版。为了满足国际交换的需要，我国的 AIP 内容由中文和英文两种语言对照编写。

我国航空资料汇编活页册中，资料的排放顺序从前到后依次为：NOTAM（表示明语摘要），AIP SUP（AIP 补充），AIC（航空资料通报），AMD（AIP 修订单），随后才是 AIP 的主要部分。

2017 年 1 月 5 日起，中国民航停止了印刷版航空资料汇编的发布，仅续印和分发航路图。航空资料汇编以 CD 形式发布，并可在 eAIP 网站进行查询、打印和下载。因考虑到难以避免的网络不安全因素，应以 CD 版航空资料汇编中公布的信息为准。

4. 电子版航空资料汇编

随着 AIS 向 AIM 过渡的开展，电子版航空资料汇编（electronic aeronautical information publication，eAIP）成为航空资料汇编的新形式，可以提升航空资料的质量和实用性。eAIP 基于可进行数字数据交换的格式编辑内容，所有航空信息作为单独的标准化数据集存储，用户应用程序可以对其访问，其内容包括目前航空资料汇编中的信息，也可包含其他数据集。

电子版航空资料汇编可以提供两种形式，一种是可印刷形式，另一种是可以通过网络浏览器查阅的形式。电子版航空资料汇编的资料内容及各章、节和分节的结构应该遵守印刷版航空资料汇编的内容和结构。

电子版航空资料汇编包括能够打印纸张航空资料汇编的文件，并应在物流媒介（CD、DVD 等）及在互联网上在线提供。目前许多国家已经通过 CD 或互联网提供了电子 AIP，利用网络浏览工具可以获取这些电子 AIP，打印或用于导航。

4.1.2 航空资料汇编的维护和应用

航空资料汇编中主要载有持久性航空资料，但这些资料有时也面临着更新。AIP 的更新方式主要有航空资料汇编修订和航空资料汇编补充资料两种。

1. 航空资料汇编修订

航空资料汇编修订（AIP amendment）是对航空资料汇编中的资料所做的永久性变更。以活页形式发行的航空资料汇编，在发生永久性变更时，以航空资料汇编修订换页的形式进行更新。按照 AIRAC 制度修订的航空资料汇编需要在 AIRAC 生效日期对航空资料汇编进行换页。

航空资料汇编修订包括封面页和内容页，其中我国封面页以蓝色纸张印刷（见图 4-4），内容页为本期有内容更改的 AIP 活页，需要在生效日期前换入 AIP 中。

		AIP CHINA
TELEGRAPHIC ADDRESS	PEOPLE'S REPUBLIC OF CHINA	Amendment
AFTN: ZBBBYOYX	CIVIL AVIATION ADMINISTRATION OF CHINA	Nr. 13
COMM: CIVIL AIR BEIJING	AERONAUTICAL INFORMATION SERVICE	Oct. 15, 2014
FAX: 8610 67347230	P. O. BOX 2272, BEIJING	EFF:1411121600

1. 换入下列各页：
   Insert the following pages:

2. 取消下列各页：
   Delete the following pages:

GEN	0.3-1/BLK	2014-10-15	GEN	0.3-1/BLK	2014-9-15
	0.4-1/2	2014-10-15		0.4-1/2	2014-9-15
	0.4-3/4	2014-10-15		0.4-3/4	2014-9-15
	0.4-5/6	2014-10-15		0.4-5/6	2014-9-15
	0.4-7/8	2014-10-15		0.4-7/8	2014-9-15
	0.4-9/10	2014-10-15		0.4-9/10	2014-9-15
	0.4-11/BLK	2014-10-15		0.4-11/BLK	2014-9-15
	2.5-3/4	2014-10-15		2.5-3/4	2014-9-15
	2.5-5/6	2014-10-15		2.5-5/6	2014-9-15
	2.5-7/8	2014-10-15		2.5-7/8	2014-9-15
	2.5-9/10	2014-10-15		2.5-9/10	2014-9-15
	2.5-11/12	2014-10-15		2.5-11/12	2014-9-15
	2.5-13/14	2014-10-15		2.5-13/14	2014-8-15
	2.7-11/12	2014-10-15		2.7-11/12	2014-6-15
	2.7-13/14	2014-10-15		2.7-13/14	2014-6-15
	2.7-15/BLK	2014-10-15		2.7-15/BLK	2014-6-15
	3.2-5/6	2014-10-15		3.2-5/6	2014-6-15
	3.2-7/8	2014-10-15		3.2-7/8	2014-8-15
	3.2-9/10	2014-10-15		3.2-9/10	2014-2-1
	3.2-11/12	2014-10-15		3.2-11/12	2014-8-15
	3.2-13/14	2014-10-15		3.2-13/14	2014-8-15
	3.2-19/20	2014-10-15		3.2-19/20	2014-4-15
	3.2-21/22	2014-10-15		3.2-21/22	2014-8-15
	3.2-23/24	2014-10-15		3.2-23/24	2014-9-15
	3.2-25/26	2014-10-15		3.2-25/BLK	2014-7-15
	3.3-7/8	2014-10-15		3.3-7/8	2014-6-15
ENR	2.2-71/72	2014-10-15	ENR	2.2-71/72	2013-8-15
	2.2-73/74	2014-10-15		2.2-73/74	2013-8-15
	2.2-86A/86B	2014-10-15		2.2-86A/86B	2014-2-1
AD	0.6-3/4	2014-10-15	AD	0.6-3/4	2014-6-15
	0.6-7/BLK	2014-10-15		0.6-7/BLK	2014-2-1
	1.3-3/4	2014-10-15		1.3-3/4	
ZBSJ	AD2-3/4	2014-10-15	ZBSJ	AD2-3/4	2014-8-15
	AD2.24-1/2	2014-10-15		AD2.24-1/2	2014-6-15
ZSAM	AD2-19/20	2014-10-15	ZSAM	AD2-19/20	2014-6-15

3. 在 GEN 0.2-1/BLK 页上填写修订记录。
   Record entry of amendment on page GEN 0.2-1/BLK.

4. 下列航行通告编入航行资料汇编和修订，应予取消；
   This amendment incorporates information contained in the following NOTAM which are hereby cancelled.
   NOTAM: 2014:E: 4034

5. 下列补充资料和航行资料通报应予取消；
   The following Supplement & AIC are cancelled.
   Supplement: Nil.
   AIC: Nil.

6. 新增下列补充资料和航行资料通报。
   The following Supplement& AIC are newly increased.
   Supplement: Nil.
   AIC: AIC02/14

7. 手改：无
   Manuscript corrections: Nil.

图 4-4　AIP 修订封面页

航空资料汇编的每一次修订都有一个承前启后的序号，并且在修订的每一页上，包括封面，都标明公布日期。按 AIRAC 程序公布的航空资料汇编修订的每一页上，包括封面，还必须标明生效的日期。使用的生效时间如不是"0000"世界协调时（UTC），则封面须标明生效时间。

如果该期航空资料汇编修订中含有属于一体化航空情报系列资料的内容，则必须进行说明，标明属于一体化航空情报系列资料的内容已并入修订之中的那些资料的序号。此外，航空资料汇编修订的封面上须简要说明受修订影响的内容，并应重新强调重要的手改修订。除非此次只有两三页修订，航空资料汇编修订中应包含 AIP 校核单，列出当前版本 AIP 中所有活页的日期。

对航空资料所有变更之处或重印页上新的资料，在内容页中都会以明显的符号或注释标明，以便用户能了解本期 AIP 修订的具体变更之处。常见的标注有阴影和竖划线两种，如图 4-5 所示。

3.2.1 航行资料汇编修订包括将新的永久性资料纳入航行资料汇编中和对航行资料汇编的内容进行永久性修改。换页中有"I"的地方，表示该节或该资料为新资料或修订的资	3.2.1 The AIP amendment contains new information of a lasting character to be included in the AIP for permanent changes. The new or revised information is indicated by "I" on the margin of a replacement or a new page.
3.2.2 每期航行资料汇编修订，自 2006 年 1 月开始分配一个以公历年为基础的连续编号。在淡蓝色的封面上有修订目录的简述和资料的生效日期，资料的汇编日期印在修订的每页上。	3.2.2 Each AIP amendment is allocated a separated serial number which is consecutive and based on the calendar year since January 2006. A brief description of the contents of the AIP amendment and the date at which information becomes effective, are given on the cover sheet (Light blue). The date of publication is printed on each page of the amendment.

图 4-5　航空资料变更注释

对航空资料汇编进行修订换页时，应遵循以下步骤：

（1）在更新之前，先查看封面的更新页列表，确认没有缺页。若有缺页需询问发布单位。

（2）更新航空资料时，需要根据封面的列表逐页地进行换页、加页和取消页。如果必要的话，需要找到缺页、改正错页，并将登记表补全。

（3）手改处必须清晰易读。

（4）本地机场或本地机场航路的重要变更需要在日志本中记录，并通知其他情报员和相关部门。

（5）在日志本中记录修订版本、修订时间和修订人。

（6）过期页需要妥善储存并在规定时间销毁。

使用电子版航空资料汇编对已有印刷版汇编进行维护还需将本期修订的资料页进行打印，应优先使用 CD 版本的 eAIP 进行修订。

2. 航空资料汇编补充资料

航空资料汇编补充资料（AIP supplement）是用专页公布的、对载于航空资料汇编中的资料所做的临时性变更。有效期长（3 个月或以上）的临时变更和有效期短但大量文字叙述或者图表多的资料，须作为航空资料汇编补充资料进行公布。航空资料汇编补充资料页应作为首项内容放在航空资料汇编活页夹内。为醒目起见，航空资料汇编补充资料使用彩色纸张印刷，一般用黄色。

每期航空资料汇编补充资料必须按日历年编排连续序号，标题栏如图 4-6 所示。只要航空资料汇编补充资料的全部或部分内容仍然有效，就必须保留在航空资料汇编中。如果 AIP 补充资料出现差错或有效期发生变化，必须出版新的 AIP 补充资料代替。

TELEGRAPHIC ADDRESS AFTN: ZBBBYOYX COMM: CIVIL AIR BEIJING FAX: 8610 67347230	**PEOPLE'S REPUBLIC OF CHINA** *CIVIL AVIATION ADMINISTRATION OF CHINA* AERONAUTICAL INFORMATION SERVICE *P. O. BOX 2272, BEIJING*	**AIP CHINA** **Supplement** **Nr.06/14** *SEP, 15, 2014*

图 4-6　AIP 补充资料的标题栏

由于时间限制而没有足够的时间分发 AIP 补充资料的，可以采用航行通告（NOTAM）立即发布。之后代替航行通告而发布航空资料汇编补充资料的，必须提示有关航行通告的序号。

有效的航空资料汇编补充资料的校核单不超过一个月发布一次。该校核通过 AIP 修订目录和 GEN 0.3 航空资料汇编补充资料及航空资料通报记录进行。

3. 航空资料汇编的应用

使用 AIP 时，须保证所用的持久性资料为最新内容，这可以通过最新一期的 AIP 校核单对资料页的生效日期进行核实来完成。除此之外，需要确认该持久性资料是否有临时性的变更。AIP 的临时性变更可能以两种形式发布，其中短期的临时变更以 NOTAM 形式发布，长期的临时变更（3 个月或以上）或者有效期短但篇幅大或者图表多的资料则以 AIP 补充资料的形式发布。因此必须查阅现行有效的 AIP 补充资料，监控有效的航行通告。本节以泰国曼谷的一份资料为例说明航空资料汇编的使用。

泰国曼谷素万那普国际机场的持久性资料存放在泰国 AIP 的机场部分，在该机场起降的航空器都需要参考其在 AIP 中公布的资料和数据，例如该机场跑道的长度和航空器的起飞与着陆重量直接相关。

根据 2014 年 12 月 26 日发布的 AIP 补充资料（见图 4-7），从 2015 年 1 月 7 日 18 时整至 2 月 14 日 07 时整（世界协调时），由于施工该机场的 01L/19R 号跑道部分关闭。如果某航班计划于 2015 年 1 月 21 日到达该机场，则必须参考这份资料。

若该航班计划于 2015 年 1 月 21 日 22 时（UTC）到达该机场，则不可以使用 01L/19R 跑道（根据 AIP SUP 中 1c 说明），该机场的容量可能受到可用跑道限制的影响，为应对可能的延误，则航班需要储备更多的航油。若该航班因延误于 2015 年 1 月 21 日 23 时 30 分到达该机场，则根据空中交通管制指令有可能使用 01L/19R 跑道，但跑道可用着陆距离比 AIP 中的缩短了（根据 1c 说明及 2 中的表格），我们同时可以看出该跑道仅有 01L 可供着陆（根据 AIP SUP 中 2b 说明），则可用着陆距离为 3100 m，这时需要航班确定自己的着陆重量是否能满足该着陆距离的限制。由于跑道的部分关闭，滑行道的使用也会受到相应影响，需要引起机组的注意，必要时参看机场图资料，明确相应的细节限制信息。

Phone: 66 2286 0922
Fax:　66 2287 4060
AFTN:　VTBAYOYX
E-mail: aisthai@aviation.go.th

DEPARTMENT OF CIVIL AVIATION
Aeronautical Information Service
Tung Mahamek, Bangkok 10120
Thailand

AIP SUPPLEMENT

A17/14
26 December 2014

THE CLOSURE OF RUNWAY 01L/19R
AT SUVARNABHUMI INTERNATIONAL AIRPORT

With effect from 1800 UTC 7 January 2015 to 0700 UTC 14 February 2015 (38 Days), the Runway 01L/19R will be partially closed due to some construction process. Related details are shown as follows :

1. TEMPORARY PARTIAL RUNWAY 01L/19R CLOSURES

a. Partially closed runway: The closed area is between threshold of Runway 19R and the area above Taxiway E1. (100 meter. from threshold of Runway 19R)

b. Runway edge lights, Runway centre line lights, Runway threshold lights, Runway end lights and taxiway centre line leading out lights including signs in the above areas are unserviceable.

c. During this project, Runway 01L/19R is closed for construction which will be conducted between 1800 - 2300 UTC every day. After the specified period, Runway 01L/19R will be resumed to operate on a shortened runway length.

d. 500 m of Runway 01L/19R from area above Taxiway E2 to demarcation bar marking (Yellow marking) will turn to taxiway, allowed for aircraft taxi only.

2. USE OF THE REMAINING PORTION OF RUNWAY 01L/19R

a. Period for operation of Runway 01L/19R is between 2300 - 1800 UTC with the new declare distances in Table - c,

b. Aircraft are only permitted to take-off on Runway 19R and not allowed for landing, while Runway 01L is allowed to take-off and landing.

c. Declared distances for the remaining portion of Runway 01L/19R are shown below :

(Table-c)

Runway	Entry point for take-off	TORA (m)	TODA (m)	ASDA (m)	LDA (m)	RESA (m)
19R	Taxiway E2	3100	3800	3100	NU	240
01L	Taxiway E21	3100	3100	3100	3100	240
	Taxiway E19	2990	2990	2990	-	-
	Taxiway E15	2070	2070	2070	-	-

Remark: NU - Not Usable

图 4-7　AIP 补充资料

4.2　中国民航国内航空资料汇编

为了满足国内航行对持久性航空资料的使用需求，中国民用航空局出版发行了《中国民航国内航空资料汇编》（national aeronautical information publication，NAIP），如图 4-8 所示。该资料包括除香港特别行政区、澳门特别行政区和台湾地区以外的中华人民共和国的航空资料，该资料和《中华人民共和国航空资料汇编》相比，增加了非对外航和外籍机组开放的国内航线、国内机场等资料，其数据精度更高。NAIP 根据《中华人民共和国民用航空法》《中华人民共和国飞行基本规则》《民用航空航行情报工作规则》出版，是中国民用航空器在国内飞行时必备的综合性技术资料。

图 4-8 印刷版《中国民航国内航空资料汇编》

4.2.1 《中国民航国内航空资料汇编》的格式

《中国民航国内航空资料汇编》是我国国内一体化航空情报系列资料的组成部分。其结构内容与《中华人民共和国航空资料汇编》大致相同，仅在个别章节有所区别，以适应我国国内飞行的使用需求。

《中国民航国内航空资料汇编》由三个部分组成，即总则（GEN）、航路（ENR）和机场（AD），如图 4-9 所示。每一部分根据需要分成若干章节，分别包括不同的航空情报资料，目录编排及主要内容参考本书附录 B。

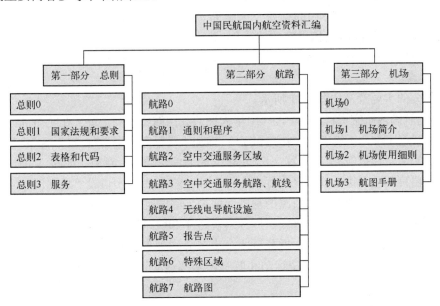

图 4-9 《中国民航国内航空资料汇编》的组成

NAIP 以活页形式分十三册以中文印发，其中总则（GEN）和航路（ENR）合订为一册，机场（AD）0、1、2 部分分六册装订，纸张为 A4 尺寸；机场（AD）3（航图手册）以 A5 纸印刷，为方便携带，分六册装订。机场部分的分册原则上按照管理局划分，其中华北、东北、华东、西南、中南地区每个地区一个分册，西北和新疆两个地区合为一个分册，机场使用细则和航图手册分别各六册，共十二册。

可以看出与《中华人民共和国航空资料汇编》比较，第一部分总则不设"机场和航行服务收费"章节；第二部分增加了"报告点"章节；第三部分将 AIP 中的"机场"章节分为"机场使用细则"与"航图手册"两章。

总则的组成如图 4-10 所示。

第一部分　总则			
总则 0	总则 1 国家法规和要求	总则 2 表格和代码	总则 3 服务
前言	负责当局	计量系统	航空情报服务
国内航空资料汇编修订记录	国家法规摘要	简缩字	航图
国内航空资料汇编补充资料记录		航图符号	空中交通服务
国内航空资料汇编页码校核单		地名代码	通信导航监视服务
总则部分目录		数据换算表	气象服务
		气象符号	搜寻和援救服务
		日出/日没表	

图 4-10　总则的组成

《中国民航国内航空资料汇编》与《中华人民共和国航空资料汇编》相比，总则 0 中不设"航空资料汇编手改记录"；总则 1 中不设"航空器的入境、过境和出境""旅客和机组人员的入境、过境和出境""货物的入境、过境和出境""航空器仪表、设备和飞行文件"，将"国家法规和国际协议/公约的摘要"调整为"国家法规摘要"，且不再提及"与国际民用航空组织标准、建议措施和程序的差异"；总则 2 中不再提及"航空器标志和公共节假日"，不设"无线电导航设施表"，增加"气象符号"；且不再设"机场和航行服务收费"章节。

航路部分的主要章节如图 4-11 所示。

《中国民航国内航空资料汇编》与《中华人民共和国航空资料汇编》在航路部分的主要区别在于：在航路 1 中，不设"地区补充程序"；增加"飞行高度层""位置报告""航空器驾驶员应当进行的请示和报告""管制移交""空中交通通信、通话"章节；航路 2 中增加"区域管制区、终端管制区和进近管制区飞行规定"章节；航路 3 中不再设"总则"和"直升机航路"章节，在国际空中交通服务航路的基础上增加了国内航路、航线的资料；将 AIP 中合并为一个章节的无线电导航设施与报告点拆分为航路 4 和航路 5 两个章节；在"特殊区域"一章，将"禁区、危险区和限制区"拆分至四个小节分别列表说明，不再设"军事演习和训练区""航路上的航行障碍物""航空运动和航空俱乐部活动""鸟类的迁栖和敏感动物区"等小节。

机场部分的主要章节如图 4-12 所示。

第二部分　航路							
航路0	航路1 通则和程序	航路2 空中交通服务区域	航路3 空中交通服务航路、航线	航路4 无线电导航设施	航路5 报告点	航路6 特殊区域	航路7 航路图
航路部分目录	通则	飞行情报区和区域管制区	空中交通服务航路、航线—非区域导航	无线电导航设施表	航路报告点名称、坐标及所属航路	禁区、危险区和限制区	
	目视飞行规则	终端管制区和进近管制区	空中交通服务航路—区域导航航路	特殊导航系统		空中禁区表	
	仪表飞行规则	区域管制区、终端管制区和进近管制区飞行规定	航路等待			危险区表	
	空中交通服务空域分类					限制区表	
	等待、进近和离场程序					其他危险性活动	
	雷达服务和程序						
	高度表拨正程序						
	空中交通流量管理						
	飞行高度层						
	位置报告						
	航空器驾驶员应当进行的请示和报告						
	管制移交						
	飞行计划						
	飞行动态电报						
	空中交通通信、通话						
	民用航空器的拦截						
	非法干扰						
	民用航空不安全信息报告						

图 4-11　航路部分的主要章节

第三部分　机场			
机场0	机场1 机场简介	机场2 机场使用细则	机场3 航图手册
机场部分目录	机场可用性	机场资料及各种数据表，共26项	补充资料
	援救、消防服务和除雪计划		修订单/校核单
	飞行程序		介绍
	机场运行最低标准		机场航图资料
	机场索引		

图 4-12　机场部分的主要章节

机场使用细则部分中，每个机场都包含依次开列的以下资料：

AD 2.1　机场地名代码（ICAO/IATA）和名称；

AD 2.2　机场地理位置和管理资料；

AD 2.3　地勤服务和设施；

AD 2.4　援救与消防服务；

AD 2.5　可用季节——扫雪；

AD 2.6　停机坪、滑行道及校正位置数据；

AD 2.7　地面活动引导和管制系统与标识；

AD 2.8　地形特征和障碍物；

AD 2.9　气象特征和气象资料；

AD 2.10　气象观测和报告；

AD 2.11　提供的气象信息；

AD 2.12　跑道物理特征；

AD 2.13　公布距离；

AD 2.14　进近和跑道灯光；

AD 2.15　其他灯光，备份电源；

AD 2.16　直升机着陆区域；

AD 2.17　空中交通服务空域；

AD 2.18　空中交通服务通信设施；

AD 2.19　无线电导航和着陆设施；

AD 2.20　本场飞行规定；

AD 2.21　噪声限制规定及减噪程序；

AD 2.22　飞行程序；

AD 2.23　其他资料；

AD 2.26　机场障碍物图-A 型（运行限制）、精密进近地形图。

各机场使用细则按管理局分册（华北，中南，西北、新疆，西南，华东，东北），管理局内按机场四字地名代码顺序排列，如中南本：ZGXX、ZHXX、ZJXX，每个机场均用隔页标签隔开，便于查找。

《中国民航国内航空资料汇编》与《中华人民共和国航空资料汇编》的机场部分主要区别在于：在机场 1 中增设"飞行程序"和"机场运行最低标准"小节；将每个机场的详细资料部分拆分为机场 2 和机场 3 两个部分，机场 2"机场使用细则"是各机场的机场文字叙述部分，提供机场资料及各种数据（2.1～2.25 节）和机场障碍物图、精密进近地形图（2.26 节），而机场 3"航图手册"中是每个机场飞行相关特种航图，提供机场的航图资料。

为了方便飞行携带，航图手册使用 A5 纸印刷（小开本），该部分和机场使用细则一样分为六册，其中，在华北地区分册的前面增加了补充资料、修订单/校核单和介绍，其中介绍部分包括航空情报服务出版物中所使用的简缩字、航图符号、地名代码、数据换算表、气象符号、机场一览表。

航图手册中各机场的航图按四字地名代码顺序排列，以机场的 ICAO 四字地名代码加数字表示某机场的某种图，需要进一步区分时再在后面增加一位字母。各机场包含以下航图种类（ZXXX 代表该机场的 ICAO 四字地名代码）：

ZXXX-1　区域图、空中走廊图、放油区图等；

ZXXX-2　机场图、停机位置图；

ZXXX-3 标准仪表离场图；

ZXXX-4 标准仪表进场图；

ZXXX-5 仪表进近图（ILS）；

ZXXX-6 仪表进近图（VOR）；

ZXXX-7 仪表进近图（NDB）；

ZXXX-8 目视进近图；

ZXXX-9 进近图（RADAR、RNAV、RNP、GPS、GNSS）。

需要注意的是，在 NAIP 中，区域图、走廊图均放在机场 3 航图手册中机场部分内，而不是放在航路部分。

4.2.2 《中国民航国内航空资料汇编》的维护

《中国民航国内航空资料汇编》同 AIP 一样，也面临着临时性或永久性的更新，以 NAIP 修订或 NAIP 补充完成，其相应规定与国际民航组织标准一致。

中国民用航空局出版 NAIP 修订对 NAIP 进行更新。印发 NAIP 修订的间隔周期一般为 28 天，生效日期为 AIRAC 航空资料世界共同生效日。由于我国 NAIP 分册有 A4、A5 两种尺寸，NAIP 修订分为"总则、航路、机场 1、2"（图 4-13）和"航图手册"（图 4-14）两种，分别放在 NAIP 总则和航图手册华北分册的相应隔页中。

电话：010-67318524 传真：010-67318524 E-mail:acic@aischina.com AFTN:ZBBBYNYX 邮编：100122	中国民用航空局 民航局空管局航行情报服务中心 北京市朝阳区十里河 2272 信箱	国内航空资料汇编 修订（总则 航路 机场 1、2） 编号：10/2010 2010-9-1 EFF：2010-9-23

一.换入下列各页			二.取消下列各页	
页码	出版日期	生效日期	页码	出版日期
总则 GEN				
总则 0.4-1—16	2010-9-1	2010-9-23	总则 0.4-1—16	2010-8-1
总则 2.4-1/2	2010-9-1	2010-9-23	总则 2.4-1/2	2010-8-1
总则 2.4-3/4	2010-9-1	2010-9-23	总则 2.4-3/4	2010-8-1
总则 2.4-5/6	2010-9-1	2010-9-23	总则 2.4-5/6	2010-6-1
总则 2.4-7/8	2010-9-1	2010-9-23	总则 2.4-7/8	2010-8-1
总则 2.7.1-3/4	2010-9-1	2010-9-23	总则 2.7.1-3/4	2010-6-1
总则 2.7.7-7/8	2010-9-1	2010-9-23	总则 2.7.7-7/8	2010-6-1
总则 2.7.8-3/4	2010-9-1	2010-9-23	总则 2.7.8-3/4	2010-6-1
航路 ENR				
航路 1.6-3/4	2010-9-1	2010-9-23	航路 1.6-3/4	2010-5-1
机场 AD				
机场 1.5-3/4	2010-9-1	2010-9-23	机场 1.5-3/4	2010-8-1
机场 1.5-5/6	2010-9-1	2010-9-23	机场 1.5-5/6	2010-8-1
机场 1.5-9/BLK	2010-9-1	2010-9-23	机场 1.5-9/BLK	2010-5-1
ZBAA 北京/首都				
AD2-11/12	2010-9-1	2010-9-23	AD2-11/12	2010-3-1

图 4-13　NAIP 前三部分修订单

电话: 010-67318524		国内航空资料汇编
传真: 010-67318524	中国民用航空局	修订(航图手册)
E-mail:acic@aischina.com	民航局空管局航行情报服务中心	编号: 10/2010
AFTN: ZBBBYNYX	北京市朝阳区十里河2272信箱	2010-9-1
邮编: 100122		EFF: 2010-9-23

一. 换入下列各页	出版日期	生效日期	二. 取消下列各页	出版日期
校核单 1-27	2010-9-1	2010-9-23	校核单 1-27	2010-8-1
地名代码 1/2	2010-9-1	2010-9-23	地名代码 1/2	2010-8-1
地名代码 5/6	2010-9-1	2010-9-23	地名代码 5/6	2009-9-1
地名代码 7/8	2010-9-1	2010-9-23	地名代码 7/8	2010-6-1
地名代码 9/10	2010-9-1	2010-9-23	地名代码 9/10	2010-6-1
地名代码 11/12	2010-9-1	2010-9-23	地名代码 11/12	2010-8-1
机场一览表 1/2	2010-9-1	2010-9-23	机场一览表 1/2	2010-6-1
机场一览表 17/18	2010-9-1	2010-9-23	机场一览表 17/18	2010-6-1
机场一览表 19/20	2010-9-1	2010-9-23	机场一览表 19/20	2010-8-1
ZBSN 唐山/三女河				
ZBSN-2/BLK	2010-9-1	2010-9-23		
ZBSN-3A/3B	2010-9-1	2010-9-23		
ZBSN-4A/4B	2010-9-1	2010-9-23		
ZBSN-5/BLK	2010-9-1	2010-9-23		
ZBSN-6A/6B	2010-9-1	2010-9-23		

三. 下列 NOTAM 已编入本期修订

ZBAA:	C0979/10				
ZGGG:	C2489/09	C0318/10	C0319/10	C0320/10	C0338/10	C0339/10
	C0340/10	C0358/10	C0359/10	C1344/10	C1685/10
ZLXY:	C0482/10	C0663/10	C0664/10	C0665/10	C0666/10	C0667/10
	C0668/10	C0669/10			
ZSSS:	C1873/10	C2039/10			
ZUUU:	C0980/10	C0981/10	C0982/10	C0984/10	C1273/10
ZWWW:	C0414/10	C0415/10	C0416/10	C0417/10	C0418/10
ZYTX:	C0753/10	C0919/10			

四. 下列补充资料、航行资料通报有效

补充资料:

总则 航路 机场1、2	05/2008	01/2010		
航图手册	08/2008	09/2008	01/2009	
	01/2010	02/2010	04/2010	05/2010

航行资料通报:	01/2009	04/2009	06/2009	07/2009
	01/2010	02/2010		

图 4-14 NAIP 航图手册修订单

　　周期较长的临时资料将以补充资料形式公布,以保证汇编资料准确和完整。NAIP 补充资料包括有效期在 3~6 个月或者有效期不足 3 个月但包含大量文字叙述或图表说明的航空信息,以黄色纸张出版。使用现行 NAIP 时,必须查阅 NAIP 补充资料和有效的航行通告。"总则、航路、机场1、2"的 NAIP 补充资料放在 NAIP 总则和航路册正文之前,而"航图手册"补充资料放在航图手册华北分册的相应隔页中。图 4-15 为"总则、航路、机场1、2"的 NAIP 补充资料标题栏。图 4-16 为"航图手册"的补充资料标题栏。

电　话: 010-67318524 传　真: 010-67318524 E-mail:acic@aischina.com AFTN: ZBBBYNYX 邮　编: 100021	中 国 民 用 航 空 局 民航局空管局航行情报服务中心 北京市朝阳区十里河 2272 信箱	国内航空资料汇编 补充资料 （总则 航路 机场 1、2） 编号: 01/2010 2010-6-1

图 4-15　NAIP 前三部分补充资料标题栏

电　话: 010-67318524 传　真: 010-67318524 E-mail:acic@aischina.com AFTN: ZBBBYNYX 邮　编: 100122	中 国 民 用 航 空 局 民航局空管局航行情报服务中心 北京市朝阳区十里河 2272 信箱	国内航空资料汇编 补充资料（航图手册） 编号: 01/2010 2009-12-1

图 4-16　NAIP 航图手册补充资料标题栏

如前文提到的在整套资料前有航行通告、补充资料、航空资料通报、航空资料汇编修订四个标签隔页，分别存放各类资料，这些资料都是我国国内一体化航空情报系列资料的组成部分，与 NAIP 一起完整地提供保障航空运行的航空情报资料。我国从 2020 年第一期资料生效日起，将不再提供印刷版《中国民航国内航空资料汇编》的总则和航路部分，航图手册部分依然保留印刷版。电子版包括光盘版和网络版的《中国民航国内航空资料汇编》，将作为航空资料汇编的主要发布形式。

思 考 题

1. 简述《中华人民共和国航空资料汇编》和《中国民航国内航空资料汇编》的区别。
2. 《中国民航国内航空资料汇编》包括几部分？

第 5 章　航空资料通报

在一体化航空情报系列资料中，有一类解释性、咨询性、行政性的资料，这类资料不适宜签发航行通告或者编入航空资料汇编，但涉及安全、航行、技术、管理或者法律问题。这类资料会以航空资料通报（aeronautical information circular，AIC）的形式予以公布。

5.1　航空资料通报的发布

在需要发布有关法律、法规、程序或设施的任何重大变更的长期预报；或可能影响飞行安全的纯解释性或咨询性资料；再或者关于技术、法律或纯行政事务的解释性或咨询性资料或通知时，须签发航空资料通报。

示例一： 我国 2019 年发布的 AIC Nr.09/19 "实施 ADS-B 管制服务" 中发布了中国民航根据空域的监视覆盖能力，分区域、分阶段推动 ADS-B 服务，提高空中交通服务能力。明确了管制区实施 ADS-B 管制服务的阶段和要求，详情参见本书附录 C。

示例二： 中国香港 2019 年 3 月 13 日发布 AIC 08/19 "SUSPENSION OF BOEING 737 MAX AIRCRAFT OPERATIONS IN AIRSPACE OVER HONG KONG"，2018 年 10 月印度尼西亚狮航一架 BOEING 737 MAX 起飞后 13 分钟坠毁，2019 年 3 月 10 日埃塞俄比亚航空一架 BOEING 737 MAX 起飞后不久坠毁，事故原因正在调查中，香港民航处为了确保公共安全，禁止 BOEING 737 MAX 在香港空域飞行，详情参见本书附录 C。

示例三： 中国香港 2019 年 10 月 29 日发布了 AIC 25/19 "EXAMINATIONS FOR THE ISSUE OF PROFESSIONAL AIRCREW LICENCES"，详情参见本书附录 C。

航空资料通报的内容包括以下具体类别：

（1）所提供的航行程序、服务和设施的重大变更的预报。

（2）实施新导航系统的预报。

（3）涉及飞行安全的航空器事故或事故征候调查的重要资料。

（4）有关防止对国际民用航空进行非法干扰行为的规定的资料。

（5）对与驾驶员有特殊关系的医疗问题的通知。

（6）对驾驶员提出的有关避免健康受到危害的告警。

（7）某些天气现象对航空器飞行的影响。

（8）影响航空器操作技术的新险情资料。

（9）有关航空禁运物品的规章。

（10）通知国家法令要求以及国家公布变更法令的情况。

（11）空勤人员执照颁发安排。

（12）航行人员培训。

（13）国家法律规定的适用或豁免。

（14）关于特定型号设备的使用与维护的建议。

（15）实际或计划可用的新版或修订版航图。

（16）无线电设备的携带。

（17）减少噪声的说明性资料。

（18）选定的适航性指令。

（19）航行通告系列或其分发范围的变更，新版航空资料汇编或其内容、范围和格式的重大变更。

（20）有关雪情计划的先期情报。根据公布的雪情计划，须在每个冬季来临前，一般不迟于正常冬季天气条件来临前一个月，发出当季补充资料，并包括下列内容：

① 预计今冬进行扫雪的机场/直升机场一览表。包括按跑道和滑行道系统扫雪或计划不按跑道系统扫雪（跑道长度、宽度和编号，受影响的全部或部分滑行道、停机坪）两种情况。

② 经指定负责协调扫雪进展情况和跑道、滑行道与停机坪现况资料的中心的有关资料。

③ 将各机场/直升机场分列于雪情通告分发单中，以免多发航行通告。

④ 根据需要指出现行扫雪计划中小的变化。

⑤ 附说明的扫雪设备一览表。

⑥ 列表说明每一机场/直升机场开始报告临界雪堆的最低标准。

这类资料在必要时可以全部或部分列入航空资料汇编。

（21）类似性质的其他资料。

航空资料通报以印刷形式发布（使用文字和图表）。由于航空资料通报的实效性较长，可能在数年内都持续有效，因此每一份航空资料通报按日历年连续编定序号，如 01/15 表示 2015 年的第一份 AIC。有些国家或地区的航空资料通报数量较多，可能以一个以上系列分发，这种情况下，每一系列必须分别用一个字母识别，如 H05/15 表示 H 系列 2015 年第五份 AIC。现行有效的航空资料通报达到必要数量的，应该按主题用颜色代码对航空资料通报的具体内容加以区分和识别，国际民航组织推荐的颜色类别为：使用白色表示行政类，黄色表示空中交通管制类，粉色表示安全类，紫色表示危险区图，绿色表示地图或航图。为了能够定期校核 AIC，国际民航组织还建议，签发国按照航空资料通报的分发范围，至少每年一次发布现行有效的航空资料通报的校核单。在所有航空资料通报中，签发国须选定供国际分发的航空资料通报，这些国际分发的航空资料通报与该国的航空资料汇编的分发范围相同。

5.2　航空资料通报的格式

航空资料通报包括标题栏和正文两部分。标题栏部分包括航空资料通报标识、编号及出版日期，出版单位及地址，出版单位联系方式等内容。正文为符合发布条件资料的标题及详细内容，航空资料通报的格式如图 5-1 所示。

为方便国际间使用，国际间交换的 AIC 格式基本都符合国际民航组织文件《航空情报服务手册》（ICAO DOC 8126）

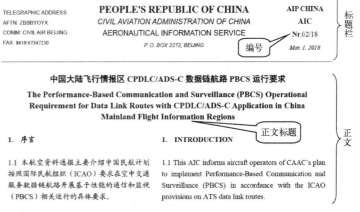

图 5-1　航空资料通报的格式

中推荐的格式，并且都有英语说明。我国对内发布的《中国民航国内航空资料汇编》配套的 AIC 以中文形式发布，示例如图 5-2 所示。

电 话: 010-67318524 传 真: 010-67318524 E-mail:acic@aischina.com AFTN: ZBBBYNYX 邮 编: 100021	 **中国民用航空总局** 民航总局空管局航行情报服务中心 北京市朝阳区十里河 2272 信箱	国内航空资料汇编 航空资料通报（AIC） 编号: 01/2007 2006-10-1

《中国民航国内航空资料汇编》启用通知

根据《中华人民共和国民用航空法》《中华人民共和国飞行基本规则》和《民用航空航行情报工作规则》要求和飞行需要，中国民用航空总局现出版发行《中国民航国内航空资料汇编》（第一版）及相关资料。本汇编包括除香港特别行政区、澳门特别行政区和台湾省以外的中华人民共和国的航空资料。

新版《中国民航国内航空资料汇编》定于 2007 年 1 月 18 日生效。中国民航总局原出版的《民航机场使用细则》、《航线手册》、航线图、二级航行通告同时起停止使用。《中国民航国内航空资料汇编》供国内用户使用，是我国民用航空器在国内飞行时必备的综合性技术资料。

按照一体化航空情报系列资料的形式，民航总局出版供国内订户使用的航空资料包括以下几部分：

中国民航国内航空资料汇编；

中国民航国内航空资料汇编修订资料；

中国民航国内航空资料汇编补充资料；

航空资料通报；

航行通告校核单和明语摘要

航行通告从航空电信网发布至国内各机场航行情报部门，供航空公司和空管部门使用。

中国民航国内航空资料汇编是中国民航国内航空资料的基本部分，由三个部分组成，即总则(GEN)、航路(ENR)和机场(AD)三部分。

中国民航国内航空资料汇编修订资料按照定期制规定，每年出版13期，对汇编内的资料进行增加、修改和删除。每期修订按年编配修订期号，每次修订中包括修订通知、新增改的页面和页码校核单。

中国民航国内航空资料汇编补充资料公布长期存在的临时性变动（3个月或以上），对飞行有重要意义的情报资料（取代原二级航行通告）。如系替以发布的航行通告，则包括被取代航行通告的系列和编号。本资料按年编配序号，以黄色纸张印刷以示区别。

航空资料通报用以发布不够签发航行通告或编入中国民航国内航空资料汇编（NAIP）和中国民航国内航空资料汇编补充资料的资料，但此类资料涉及飞行安全、航行、技术、行政或法律上的问题。本资料编有序号，每年印发校核单。

航行通告明语摘要于每月初向订户印发，包括总局航行通告室和各地区航行通告室发布的国内系列航行通告的明语摘要。

以上航空资料互相关联，用户在使用中应注意互相参照，避免遗漏或误用。

《中国民航国内航空资料汇编》分十三册印发，其中总则(GEN)和航路(ENR)合订为一册，机场(AD)1、2部分分六册装订，纸页为A4；机场(AD)3（航图手册）以A5纸印刷，分六册装订，适宜机上使用。

同时出版《中国民航国内航空资料汇编》电子版产品，供用户选用。

图 5-2　中国对国内发布的 AIC 示例

民航总局空管局航行情报服务中心发布的 2007 年第一份航空资料通报，编号 01/2007，题目为《〈中国民航国内航空资料汇编〉启用通知》，通报内容为关于启用新版《中国民航国内航空资料汇编》背景、时间、范围、要求、印发情况等说明。该资料属于对提供的航行服务的重大变更的预报，在《中国民航国内航空资料汇编》正式生效之前，我国国内使用的资料包括民航总局出版的《民航机场使用细则》《航线手册》、航线图。中国民航总局在 2006 年 10 月 1 日发布了图 5-2 中的航空资料通报，按照该通报内容，《中国民航国内航空资料汇编》于 2007 年 1 月 18 日生效。各单位在收到该 AIC 后，组织人员对新老资料的交接和维护及使用作出相应的计划。

思　考　题

1. 什么样的资料适合以航空资料通报的形式发布？
2. 请翻译附录 C 中的香港 AIC 23/14。

第6章 航行通告

航行通告（NOTAM）作为一体化航空情报系列资料的重要组成部分，是飞行人员和与飞行业务有关的人员必须及时了解的，以电信方式发布的，关于航行设施、服务、程序等的设立、状况、变化，以及涉及航行安全的危险情况及其变化的通知。与《中华人民共和国航空资料汇编》（AIP）和《中国民航国内航空资料汇编》（NAIP）等具有持久特性的航空情报资料相比，航行通告是航空情报服务机构所提供的一种动态信息服务，具有发布内容涵盖广、变化周期短的主要特点，一般通过航空固定电信网（AFTN）进行发布。

6.1 航行通告的作用和发布条件

1. 航行通告的重要作用

2014 年 9 月 27 日，航空公司运行控制部门对 CA4126 航班进行签派放行分析，航班的情况如下：航班号 CA4126，航线为拉萨—北京，机尾号 B2364，机型 A319，航班时刻表起飞时间 09:30（北京时间），航班时刻表落地时间 13:25（北京时间）。收到航行通告如下：

> （C1586/14 NOTAMN
> Q）ZLHW/QARLT/IV/NBO/E/000/999/
> A）ZLHW B）1410140740 C）1410141630
> E）H60 航线(P242-景泰 VOR)段禁航，地面至无限高.）

拉萨/贡嘎机场至北京/首都机场的航线距离约为 3000 km，拉萨/贡嘎机场距离第一备降场成都/双流机场的航线距离约为 1300 km，距离第二备降场重庆/江北机场的航线距离约为 1650 km。该航线处在北半球两条高空西风急流带的影响范围内，尤其在冬季，高空西风急流对飞机由东向西飞行的续航能力产生显著的影响。目前"拉萨—北京"的航线根据《中国民航班机航线汇编》有两条航路，一条经过成都上空，航路：LXA W500 TAPUN B213 WFX W29 SUBUL G212 NUGLA W135 EXUMI G212 NONIT W76 BEGRI W75 SOSDI；另一条为 RNP4 航路，经过西宁、玉树上空，航路：LXA W500 TAPUN Z3 YUS Z1 XNN H60 JTA H13 BAV A596 KM，"拉萨—北京"的航线如图 6-1 所示。本航班默认使用 RNP4 航路进行签派放行，需要通过制作计算机飞行计划来评估航行通告 C1586/14 对航班飞行的影响，针对受影响的"P242—景泰 VOR"段，计算机飞行计划见表 6-1。

根据表 6-1 中的计算机计划，可以分析出如果该航班采用 RNP4 航路运行，准时在拉萨机场起飞，航行通告 C1586/14 中"P242—景泰 VOR"航段禁航对航路运行的影响，见表 6-2。

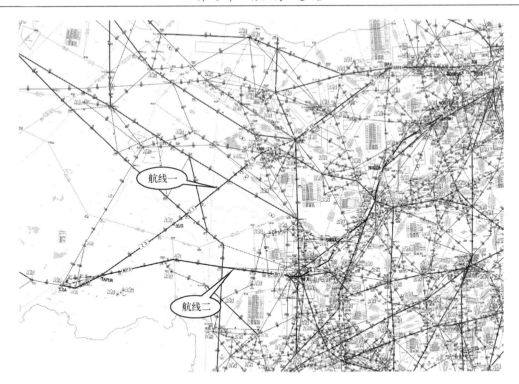

图 6-1 拉萨—北京的航线示意图

表 6-1 "拉萨—北京" RNP4 航路运行 "P242—景泰 VOR" 段计算机计划

航路点	飞行高度层	航段里程/NM	飞行里程/NM	航段飞行时间/min	飞行时间/min	消耗油量/kg	剩余油量/kg
XNN	FL331	79	722	9	93	4 382	8 718
P242	FL331	46	768	6	99	4 603	8 497
JTA	FL331	60	828	7	106	4 888	8 212
P219	FL331	123	951	15	121	5 484	7 616

表 6-2 航行通告 C1586/14 对 "拉萨—北京" RNP4 航路运行影响分析

关键航路点	飞行时间/min	过点时间（北京时间）	NOTAM 中的禁航时间（北京时间）	是否受 NOTAM 影响
XNN	93	11:03		
P242	99	11:09	07:40—16:30	是
JTA	106	11:16	07:40—16:30	是
P219	121	11:31		

据表 6-2 所示，航班 CA4126 在该航段飞行过程中将受到航行通告 C1586/14 中的航段禁航影响，一方面考虑该航段为全高度禁航，改变部分航段飞行高度的放行方式不可用；另一方面考虑到通告影响时间较长（大约 5 个半小时后才能解除影响），推迟起飞时间的方案可行性不高，特别是拉萨这样的高原复杂机场受到日落时限的影响，太晚起飞造成的夜航等所需考虑的因素还会更多，因此采用了全程改航的签派放行模式避开受影响的 "P242—景泰 VOR" 航段，采用原有的经过西宁、玉树上空的航路进行签派放行。

从上述分析中可以看出，航行通告对航空运行具有重要影响，需要航空公司情报人员、签派人员、机组人员等相关人员及时了解，并提前分析对运行产生的影响。航行通告发布内容涵盖范围非常广，会涉及民航运行的各个方面，包括空域、航路、机场等航空器运行环境的设立和变化，通信、导航、监视等设施设备的设立和变化，飞行规则、服务程序、运行标准的设立和变化，以及对飞行安全构成威胁的危险性活动的设立和变化等相关情况。

2006 年我国某机场发生一起航空器误降落在未启用新建跑道的事故征候。事后经调查，发现该机场管理部门没有按照行业规章要求及时提供《航空情报原始资料通知单》，造成当地航空情报机构未能发布航行通告，涉事航空公司的当班签派员和飞行机组无法正常获得新建跑道未启用的相关信息。从民航监管部门最终公布的调查报告来看，航行通告发布不及时是此次事故征候的重要原因。由此可见，航行通告的发布将直接影响到民航行业的运行安全。因此必须保障能够以规范的格式，及时、准确、完整地将航行通告进行发布。由于航行通告在民航运行中的重要性，在我国《民用航空情报工作规则》中规定了"航行通告的收集整理、审核发布工作，应当由民用航空情报运行机构负责实施，其他任何单位和个人不得发布航行通告"。

2. 航行通告发布条件

由于航行通告涉及的内容纷繁复杂，根据《国际民用航空公约》附件 15 的要求，航行通告的发布须具备两个条件：第一，事件的发生对运行有重要影响；第二，事件为短周期的临时性资料，并且事件的描述中不包括大量文本和图形。此外，如果事件的发生会引发 AIP 中资料的永久性变化，但需要立即给出通知时，也需要发布航行通告。

一般遇到下列对飞行有直接重要意义的情况之一时，航空情报服务部门会及时发布航行通告：

（1）机场/直升机场或跑道的建立、关闭或运行上的重要变化；

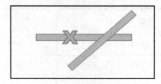

（2）航空服务（机场、航空情报、空中交通、通信、气象、搜寻援救等服务）的设立、撤销或运行中的重要变化；

（3）无线电导航和地空通信服务的设置、撤销及工作能力的重大变化，包括无线电导航和地空通信服务的中断或恢复、频率的更改、服务时间的变化、识别信号的变化、方向性助航设施的方向调整、设施位置的改变、总发射功率 50%以上的增减、广播时间或者内容的变化，以及任何无线电导航和地空通信发生异常或者不可靠的情况；

（4）目视助航设施的设置、撤销或者重要变动；

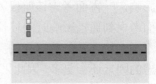

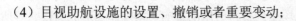

（5）机场灯光系统的主要组成部分的中断或恢复；

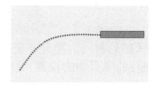

（6）空中航行服务程序的设立、撤销或者重要变化；

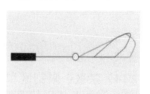

（7）机动区内重大缺陷或临时障碍物的出现或清除；

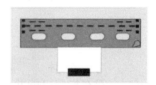

（8）燃油、滑油和氧气供应限制和改变；

（9）可用搜寻救援设施和服务的重大改变；

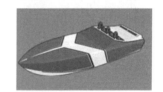

（10）标志空中航行重要障碍物的危险灯标的设置、撤销和恢复；

（11）有关规定中出现更改或者变化而且需要立即执行的，如搜寻活动中的禁区；

（12）超出公布范围的障碍物、军事活动、航空表演、航空竞赛、大型跳伞活动等影响空中航行的危险情况的出现；

（13）起飞、爬升、复飞、进近区和跑道升降带内影响空中航行的障碍物的设置、移除或变动；

（14）禁区、限制区和危险区的建立或撤销（包括生效时间和停止时间及使用状况的变化）；

（15）存在拦截可能并且需要在 VHF 紧急频率 121.5 MHz 长守的区域、航路或航段的设立或中止；

（16）地名代码的分配、取消或更改；

（17）机场救援和消防设施常规保障水平的重要变动，只有涉及改变保障等级时，方可签发航行通告，并说明变化的等级；

（18）活动区内因雪、雪浆、冰和积水导致危险情况的出现、消除或重要变化；

（19）由于发生流行病而需要更改防疫注射和检疫要求；

（20）太阳宇宙线射线预报；

（21）火山活动有关的动态重要变化，火山爆发的地点、日期和时间，火山灰云的水平范围和垂直范围，包括移动方向以及可能受影响的飞行高度层、航路或者航段；

（22）在核子或化学活动中，向大气层释放辐射物质或者有毒物质的事发地点、日期、时间，受影响的飞行高度层、航路、航段以及活动方向；

（23）人道主义救援任务活动的实施以及由此受到影响的空中航行的各种程序或者限制；

（24）空中交通服务和有关支持服务中断或部分中断所采取的短期紧急措施；

（25）发生可能影响航空器运行的其他情况。

3．不得以航行通告形式发布的情况

（1）停机坪和滑行道上的例行维修工作，不影响航空器安全活动；

（2）施划跑道标志的工作，但航空器可以在其他可用跑道上安全运行，或者施工设备可以随时移开；

（3）机场附近有临时障碍物，但不影响航空器运行；

（4）机场灯光设施局部故障，但不直接影响航空器运行；

（5）地空通信出现局部、暂时的故障，但有适当备用频率可用；

（6）缺少停机坪信号指挥服务及道路交通管制；

（7）机场活动区有关位置标记牌、目的地标记牌或者其他指令标记牌不适用时；

（8）其他类似的临时性情况。

对于上述情况航空情报服务机构不得以航行通告形式发布，应在飞行前讲解或者通知驻地航空公司。

6.2　航行通告的系列

按照国际民航组织文件《航空情报服务手册》（ICAO DOC 8126）的要求，每一条 NOTAM 都必须分配一个系列号，字母 A～Z（S 和 T 除外）均可以作为 NOTAM 系列号。各个国家航行通告系列号的选用各不相同，我国航行通告分为国际、国内和地区系列的航行通告，S 系列的雪情通告，以及 V 系列的火山通告。

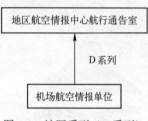

图 6-2　地区系列（D 系列）航行通告发布关系

1. 地区系列航行通告

地区系列航行通告，用于本地区内分发，由各机场民用航空情报单位发布至所在地的地区民用航空情报中心，采用 D 系列，如图 6-2 所示。

2. 国内系列航行通告

国内系列航行通告，用于国内分发，由全国民用航空情报中心、地区民用航空情报中心发布，采用 C 系列，如图 6-3 所示。

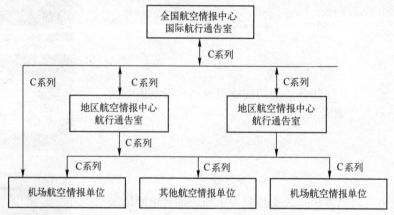

图 6-3　国内系列（C 系列）航行通告发布关系

3. 国际系列航行通告

国际系列航行通告，用于国际分发，由全国民用航空情报中心国际航行通告室发布。我国国际系列航行通告最早采用 A 系列进行发布，随着对国际转发航行通告数量的逐年增加，2008 年国际系列航行通告变为 A、E、F 三个系列，A 系列发布内容包括法规、标准、服务和程序；航路/航线；仅与航路飞行有关的空域、导航设施和航空警告；以及 E、F 系列航行通告未包含的其他航空情报。E 系列发布内容包括北京、昆明、兰州、沈阳和乌鲁木齐飞行情报区内各国际机场的相关航空情报。F 系列发布内容包括广州、武汉、三亚和上海飞行情报区内各国际机场的相关航空情报。从 2015 年 8 月 29 日至今，国际航行通告的系列增加为 A、E、F、G、L、U、W、Y 共八个系列。其中：

A 系列——发布内容包括法规、标准、服务和程序；航路/航线；仅与航路飞行有关的空域、导航设施和航空警告；以及 E、F、G、L、U、W 系列及 Y 系列航行通告未包含的其他航空情报。

E 系列——北京情报区（ZBPE）内各国际或对外开放机场的相关航空情报。

F 系列——上海情报区（ZSHA）内各国际或对外开放机场的相关航空情报。

G 系列——武汉情报区（ZHWH）、广州情报区（ZGZU）、三亚情报区（ZJSA）内各国际或对外开放机场的相关航空情报。

L 系列——兰州情报区（ZLHW）内各国际或对外开放机场的相关航空情报。

U 系列——昆明情报区（ZPKM）内各国际或对外开放机场的相关航空情报。

W 系列——乌鲁木齐情报区（ZWUQ）内各国际或对外开放机场的相关航空情报。

Y 系列——沈阳情报区（ZYSH）内各国际或对外开放机场的相关航空情报。

国际系列航行通告发布关系如图 6-4 所示。

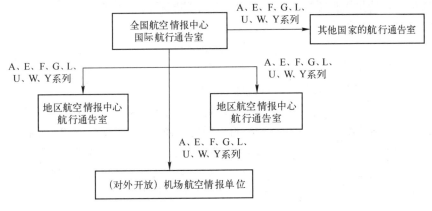

图 6-4　国际系列航行通告发布关系

4. 各系列航行通告的转发关系

机场航空情报机构根据航空情报原始资料通知单发布 D 系列航行通告，该航行通告仅在机场航空情报服务单位、地区航空情报中心之间流转；地区航空情报中心接收到 D 系列航行通告后需将其转发为 C 系列航行通告，并提供给国内航空情报用户；如果 C 系列航行通告的发布内容也会影响到外国航空情报用户的日常运行，我国民航局航空情报中心国际航行通告室需要将其中不涉及保密的内容转发为国际系列航行通告，并提供给外国航空情报用户（包括外国航空情报机构）进行使用。以杭州萧山机场某滑行道关闭为例解释各系列报文转发关系，如图 6-5 所示。

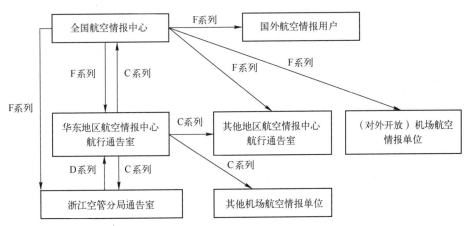

图 6-5　各系列航行通告的转发关系

6.3 航行通告发布系统

我国航空情报服务机构采用航空情报动态信息处理系统（以下简称 CNMS 系统）发布和处理航行通告，CNMS 系统从 2002 年开始开发，历经两年半的时间，到 2004 年 6 月完成系统的开发和测试工作，从 2004 年 7 月开始逐步在民航局航空情报中心、七个地区空管局的情报中心、各空管分局站以及各中小机场情报室安装和部署，该系统能够 24 小时不间断地为各级航空情报单位及情报用户提供及时、准确、完整的航行通告服务。我国 CNMS 系统的架构和我国航空情报服务的组织结构相对应，采用三级节点形式，如下所示。

一级中心：民航局空管局航空情报中心国际航行通告室；

二级中心：地区空管局航空情报中心航行通告室；

三级中心：机场航空情报单位的航行通告席位。

航空公司作为航行通告最主要的用户，其航行通告处理系统在该系统中作为远程用户接入，系统架构如图 6-6 所示。目前 CNMS 的数据处理模式有两种，一种为分散处理模式，另一种为集中处理模式，图 6-7 所示为目前主流的处理方式——分散处理模式，即 NOTAM 收发单位都建立自己的独立数据库，各自维护，传输网络采用 ATM 网和 AFTN 网，该处理方式会造成严重的重复劳动和数据质量问题，并且限制了数据传输速度和数据传输格式（不能传输文本、图形等）。目前西南地区改为 NOTAM 统一处理模式（图 6-8），所有数据保存在西南地区情报中心数据库中，数据库中的静态数据和动态数据由西南地区情报中心统一处理和

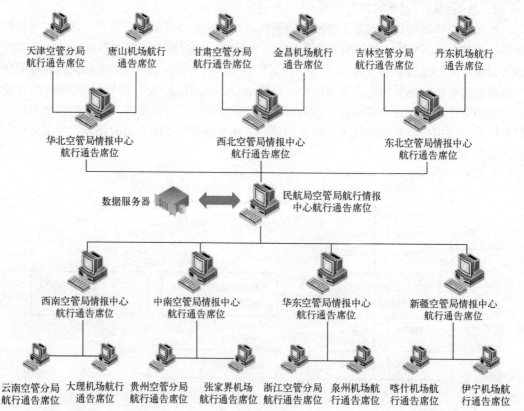

图 6-6　CNMS 系统架构

维护；西南地区的 NOTAM 用户直接使用数据，从而确保了数据的统一性、准确性。该运行模式体现了信息共享的运行理念，最大限度地提高了运行质量和运行效率。

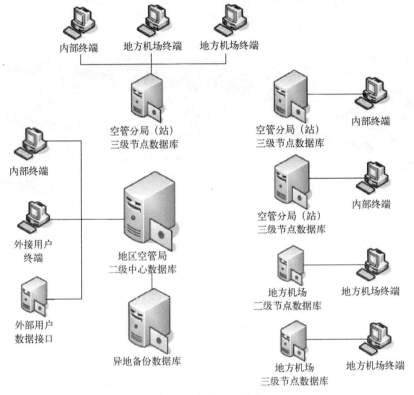

图 6-7 分散处理模式

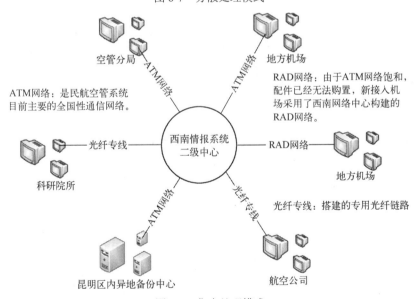

图 6-8 集中处理模式

CNMS 系统的主要功能模块包括静态数据维护，报文模版配置，接收、发送电报，综合查询以及系统用户管理等，CNMS 系统的主界面如图 6-9 所示。

图 6-9　CNMS 系统主界面

6.4　航行通告的发布规范

航行通告以 AFTN 网进行传输，为了满足网络传输的格式需求，航行通告的拍发必须按照特定的格式，使用特定的字符。本节重点介绍航行通告使用的特定字符和拍发格式。

6.4.1　航行通告的格式

航行通告分为报头和正文两部分，编写格式参见表 6-3。在航行通告的报头和正文中可以使用的字符包括 A～Z 26 个大写英文字母、0～9 十个阿拉伯数字、连接符"－"、单引号"′"、冒号"："、括号"（）"、句号"。"和"."、逗号"，"、等于号"＝"、斜线"/"、正号"＋"、负号"－"，使用"（A）"替代"@"。其中未列出的符号可以使用相应的英文单词代替，例如"%"可以使用英语单词 PERCENT 代替。

6.4.1.1　航行通告报头部分

报头部分由两行组成，第一行为电报等级和收电地址，电报等级和收电地址用空格隔开，收电地址可以填写多个，当收电地址是多个时，每两个收电地址之间也要用空格隔开；第二行为签发时间和发电地址，这两项也应当用一个空格隔开，发电地址只能填写一个。

例：GG ZSSSOFXX ZGGGOFXX ZUUUOFXX…
080530 ZBAAOFXX

（1）电报等级。航行通告是通过 AFTN 网发布的，AFTN 中的电报等级包括 LL——平报；JJ——快报；GG——急报；FF——加急报；DD——特急报；SS——遇险报；但航行通告的发布一般使用电报等级"GG"（急报），紧急情况可使用"DD"（特急报）。

（2）收电地址。由八个字母组成，前四个字母为地名代码，第五至第六或第七个字母为部门代码，不足位应由填充码补齐，填充码通常使用字母"X"。收电地址可填写多个，各项之间加一个空格。

（3）签发时间。由六位数字组成，从前至后每两位数字分别表示日、时和分。

（4）发电地址。发电地址的组成与收电地址相同，但发电地址只能填写一个。

表 6-3　航行通告编写格式

| 报头 | 电报等级 | → | 收电地址 | ⇐ |
| | 签发时间 | → | 发电地址 | ⇐(|

| 航行通告系列编号和标志 |
新航行通告	＿＿＿＿＿＿ NOTAMN
	系列编号
代替航行通告	＿＿＿＿＿＿ NOTAMR ＿＿＿＿＿＿
	系列编号　　　　　　被代替的航行通告系列编号
取消航行通告	＿＿＿＿＿＿ NOTAMC ＿＿＿＿＿＿
	系列编号　　　　　　被取消的航行通告系列编号　　　⇐

限 定 行

	飞行情报区	航行通告代码	飞行类型	签发目的	影响范围	下 限	上 限	坐标、半径	
Q)		Q							⇐

| 发生地 | A) | | → |

生 效 期

生效时间	B)		→
失效时间 （包括预计失效或永久有效）	C)		EST * PERM *	⇐
分段时间	D)		→

航行通告正文 （用明语和简缩字填写）	E)		⇐
下 限	F)		→
上 限	G)		)⇐

6.4.1.2　航行通告正文部分

1．系列编号

系列编号由系列代码、序号、斜线"/"和年份组成，中间无空格。系列代码用一个英文字母表示，序号用四位数字表示，年份用两位数字表示。序号应从每年公历 1 月 1 日零时开始，自 0001 连续编号。

2．航行通告标志

用"NOTAMN"表示新航行通告。

例：新航行通告"A0022/10 NOTAMN"。

用"NOTAMR"表示代替航行通告。标志前应填写代替航行通告系列编号，标志后应填写被代替的航行通告系列编号，两个系列编号与标志之间应用一个空格分开。代替航行通告生效的同时，被代替航行通告失效。

例：代替航行通告"C0022/10 NOTAMR C0011/10"，C0022/10 生效的同时 C0011/10 失效。

用"NOTAMC"表示取消航行通告。标志前应填写取消航行通告系列编号，标志后应填写被取消的航行通告系列编号，两个系列编号与标志之间应用一个空格分开。自取消航行通告发布之时起，两份航行通告同时失效。

例：取消航行通告"D0022/10 NOTAMC D0011/10"，D0022/10 和 D0011/10 自发布时起同时失效。

3．限定行

航行通告最初并无限定行，限定行是随着计算机发展而出现的，便于情报员利用计算机进行航行通告的检索，降低情报员的工作负荷。限定行另起一行，以"Q)"开始，后接八个子项，每一个子项用斜线"/"隔开，如果某一子项无内容填写，不必保留斜线之间的空格，但斜线不应省略。各子项依次为飞行情报区、航行通告代码、飞行类型、签发目的、影响范围、下限、上限以及坐标和半径。

例：Q)ZBPE/QWMLW/IV/BO/W/000/197/3802N11240E008。

（1）飞行情报区。该子项应填写国际民航组织（ICAO）规定的飞行情报区四字地名代码，飞行前资料公告根据该项检索可以提取出与该情报区相关的报文，在一定程度上确定了该事件影响范围。涉及多个飞行情报区时，应填写飞行情报区组代码，用国家代码后接"XX"，并在 A)项中逐一列出飞行情报区的代码。中国的飞行情报区组代码为"ZXXX"。

> Q)ZXXX/QWELW/…
> A)ZBPE ZSHA ZGZU

（2）航行通告代码。航行通告代码的选择和使用应符合 MH/T 4031—2011《民用航空航行通告代码选择规范》的规定，航行通告代码参见本书附录 D。通过 Q 代码的选择可以简单描述事情的主题和性质，快速判断事情的重要程度。

> Q)ZXXX/QFALC/…
> A)ZBTJ

（3）飞行类型。不同的航行通告主题影响不同类型的飞行种类，编写该项可以让用户快速筛检该航行通告是否与所属飞行有关。飞行类型应根据航行通告内容填写下列代码：

I——对仪表飞行规则（IFR）运行有影响；

V——对目视飞行规则（VFR）运行有影响；

IV——对仪表飞行规则（IFR）运行和目视飞行规则（VFR）运行均有影响。

（4）签发目的。通过该项让用户判断签发该报文的使用对象和使用限制，签发目的应根据航行通告内容填写下列代码或下列代码的组合：

N——需立即引起航空器营运人注意的航行通告；

B——供选入飞行前资料公告的航行通告；

O——与飞行运行有关的航行通告；

M——其他航行通告，不包含在飞行前资料公告中，但可根据申请提供。

（5）影响范围。通过该项可以帮助用户根据飞行活动范围对应关注报文数量进行删减，明确事件发生所对应的飞行区域。影响范围应根据航行通告内容填写下列代码或下列代码的组合：

A——机场；

E——航路；

W——航空警告。

飞行类型、签发目的和影响范围代码的选择和使用应符合 MH/T 4031—2011 的规定。

（6）下限。见（7）。

（7）上限。通过该项对事件发生区域的垂直方向进行描述，下限和上限应分别用三位数字表示飞行高度层，下限值应向下取整，上限值应向上取整，单位为百英尺但不必标注。飞行高度层与米制的换算见表6-4。

表 6-4　飞行高度层与米制的换算

FL	米	英尺	FL	米	英尺	FL	米	英尺
020	600	2 000	151	4 600	15 100	282	8 600	28 200
023	700	2 300	154	4 700	15 400	285	8 700	28 500
026	800	2 600	157	4 800	15 700	289	8 800	28 900
030	900	3 000	161	4 900	16 100	292	8 900	29 200
033	1 000	3 300	164	5 000	16 400	295	9 000	29 500
036	1 100	3 600	167	5 100	16 700	299	9 100	29 900
039	1 200	3 900	171	5 200	17 100	302	9 200	30 200
043	1 300	4 300	174	5 300	17 400	305	9 300	30 500
046	1 400	4 600	177	5 400	17 700	308	9 400	30 800
049	1 500	4 900	180	5 500	18 000	312	9 500	31 200
052	1 600	5 200	184	5 600	18 400	315	9 600	31 500
056	1 700	5 600	187	5 700	18 700	318	9 700	31 800
059	1 800	5 900	190	5 800	19 000	322	9 800	32 200
062	1 900	6 200	194	5 900	19 400	325	9 900	32 500
066	2 000	6 600	197	6 000	19 700	328	10 000	32 800
069	2 100	6 900	200	6 100	20 000	331	10 100	33 100
072	2 200	7 200	203	6 200	20 300	335	10 200	33 500
075	2 300	7 500	207	6 300	20 700	338	10 300	33 800
079	2 400	7 900	210	6 400	21 000	341	10 400	34 100
082	2 500	8 200	213	6 500	21 300	344	10 500	34 400
085	2 600	8 500	216	6 600	21 600	348	10 600	34 800
089	2 700	8 900	220	6 700	22 000	351	10 700	35 100
092	2 800	9 200	223	6 800	22 300	354	10 800	35 400
095	2 900	9 500	226	6 900	22 600	358	10 900	35 800
098	3 000	9 800	230	7 000	23 000	361	11 000	36 100
102	3 100	10 200	233	7 100	23 300	364	11 100	36 400
105	3 200	10 500	236	7 200	23 600	368	11 200	36 800
108	3 300	10 800	239	7 300	23 900	371	11 300	37 100
112	3 400	11 200	243	7 400	24 300	374	11 400	37 400
115	3 500	11 500	246	7 500	24 600	377	11 500	37 700
118	3 600	11 800	249	7 600	24 900	381	11 600	38 100
121	3 700	12 100	253	7 700	25 300	384	11 700	38 400
125	3 800	12 500	256	7 800	25 600	387	11 800	38 700
128	3 900	12 800	259	7 900	25 900	390	11 900	39 000
131	4 000	13 100	262	8 000	26 200	394	12 000	39 400
135	4 100	13 500	266	8 100	26 600	426	13 000	42 600
138	4 200	13 800	269	8 200	26 900	459	14 000	45 900
141	4 300	14 100	272	8 300	27 200	492	15 000	49 200
144	4 400	14 400	276	8 400	27 600	525	16 000	52 500
148	4 500	14 800	279	8 500	27 900			

当航行通告主题涉及空域结构或航空警告时，应填写下限和上限值，且应与 F)项和 G)项的数据相匹配。

例：当F)项为600 m AMSL，G)项为11 000 m AMSL时，Q)项中的下限和上限填写020/361。

当下限为地面或海平面时，应以"000"表示，当上限为无限高时，应以"999"表示。当航行通告内容不涉及高度限制时，应填写"000/999"作为默认值。

（8）坐标和半径。通过该项对事件发生区域的水平方向进行描述，坐标表示航行通告所影响区域的几何中心，应用经纬度表示。纬度在前，由表示度和分的四位数字以及表示北纬的字母"N"或南纬的字母"S"组成；经度在后，由表示度和分的五位数字以及表示东经的字母"E"或西经的字母"W"组成。经纬度值应四舍五入精确到分。坐标取值方法见表 6-5。

表 6-5　坐标取值方法表

航行通告内容和影响范围	坐标取值
影响范围为"A"	机场基准点（ARP）或适当的坐标
影响范围为"AE"或"AW"	机场 ARP 或适当的坐标或区域的几何中心
已知点（如导航台、报告点等）且影响范围为"E"或"W"	该点坐标
特定空域（如危险区、限制区等）且影响范围为"E"或"W"	区域的几何中心
特定空域以外的活动（如炮射、爆破和释放气球等）且影响范围为"W"	适当的坐标或区域的几何中心
航路/航线或航段且影响范围为"E"	不填写
涉及整个飞行情报区	不填写

半径表示航行通告所影响的范围。半径由三位数字组成，单位为海里但不标注。半径取值方法见表 6-6，表中未列出者，应依据实际情况填写并向上取整，所取的半径值应覆盖整个受到影响的区域。坐标的纬度和经度以及半径之间不应有任何符号或空格。

例：以北纬 26° 30′ 42″、东经 82° 46′ 26″ 为中心，半径 27.1 n mile 的区域范围填写为"2631N08246E028"。

表 6-6　半径取值方法表

航行通告选择标准代码	航行通告内容和影响范围	半径
Q…	涉及机场且影响范围只填写"A"； 无法确定适当的半径且影响范围填写"AE"或"AW"	005
QN…	除远程导航系统以外的所有导航设施（如 VOR、DME 和 NDB 等）	025
QOB…	障碍物	005
QOL…	障碍物灯	005
QPH…	等待程序	025
QPX…	最低等待高度	025
QAP…、QAX…	报告点、重要点	025

4. 发生地

航行通告中的 A 项详细描述事件的发生地，与 Q 项限定行中影响情报区发挥相互补充的作用，以机场或飞行情报区四字地名代码表示（我国机场的四字地名代码参见本书附录 E）。A)项填写内容与 Q)项中影响范围代码存在表 6-7 的对应关系。

表 6-7 A)项与 Q)项中 SCOPE 项的对应关系

A)项	SCOPE 项
机场地名代码	A
飞行情报区地名代码	E
飞行情报区地名代码	W
机场四字地名代码	AE
机场四字地名代码	AW

一份航行通告可填写一个或多个飞行情报区，且应与 Q)项中填写的飞行情报区或飞行情报区组相对应。当涉及空域结构变化时受影响的范围比较大，波及多个情报区，如我国的 A593 航路关闭，就需要填写 A593 航路经过的多个情报区。在填写时各飞行情报区四字地名代码之间应当加一个空格。一份航行通告涉及的飞行情报区超过七个时，应分为两份航行通告发布。机场和飞行情报区不能在一份航行通告的 A)项中同时出现。

一份航行通告如果 A)项填写机场四字地名代码，只能填写一个机场，且该机场在地理划分上应归属于 Q)项中填写的飞行情报区。当航行通告内容涉及两个（含）以上机场时，应按机场发布多份航行通告。若影响范围代码为"AE"或"AW"，其中一份航行通告应填写"AE"或"AW"，其他航行通告宜填写"A"。

例：深圳保安机场和珠海三灶机场均使用连胜围 VOR/DME，影响范围为"AE"，当该台出现状况时，由于 A)项只能填写一个具体的机场，所以上述报文不能在同一份报文中描述。而同一个事件影响两个机场在影响范围内用"AE"来表示此事件涉及的不仅仅是一个机场，因此应发布如下两份航行通告：

第一份通告：

```
(G0611/16 NOTAMN
Q)ZGZU/QNMAS/IV/BO/AE/000/999/2200N11323E025
A)ZGSZ
```

第二份通告：

```
(G0612/16 NOTAMN
Q)ZGZU/QNMAS/IV/BO/A/000/999/2200N11323E025
A)ZGSD
```

5. 生效时间

用该项表示事件所要发生的具体时间。生效时间应在 A)项内容之后加一个空格，以项目编号"B)"开始，后接十位数字，从前至后每两位数字分别表示年、月、日、时和分。当航行通告为立即生效时，应填写航行通告的发布时间，不应使用"WIE"或"WEF"等简缩字表示不确定的时间。

当生效时间为零点时，应使用"0000"表示，不应使用"2400"。

例：2010 年 8 月 12 日零时起生效表示为"B)1008120000"。

6. 失效时间

用该项表示事件结束的具体时间。失效时间应在 B)项内容之后加一个空格，以项目编号

"C)"开始，后接十位数字，从前至后每两位数字分别表示年、月、日、时和分。当航行通告失效时间无法准确设定时，应在估计的失效时间之后加上简缩字"EST"表示预计失效。在该航行通告预计失效之前应发布代替或取消航行通告，否则该航行通告将继续有效。当航行通告的内容为永久性资料时，应在项目编号"C)"后面填写"PERM"表示"永久有效"。不能使用"APRX""DUR"或"UFN"等简缩字表示不确定的结束时间。当失效时间为二十四点时，应减一分以"2359"表示，不应填写"0000"或"2400"。

例：2010 年 8 月 16 日 24 时失效表示为"C)1008162359"。

7. 分段时间

由于有些事件发生的过程是不连续的，所以用分段时间加以说明。分段时间以项目编号"D)"开始，后接生效期间的分段时间，时间的描述不应使用汉字，可使用如下的简缩字：月份可使用简缩字：JAN、FEB、MAR、APR、MAY、JUN、JUL、AUG、SEP、OCT、NOV、DEC；日期可使用两位数字表示：01，02，…，30，31；星期可使用简缩字：MON、TUE、WED、THU、FRI、SAT、SUN；时间可使用表示时分的四位数字表示：0001～1600。另外还包括：DLY:DAILY，每天；EVERY:每个星期的固定某天，如 EVERY MON；EXC:EXCEPT，除了；H24: 24 HOURS，全天24h；AND:最后两个时段之间的连接词。时间描述中用连接符"－"或者英文"FROM…TO…"表示从某一个时刻至另一个时刻，逗号"，"可用来表示并列的时间组。

D）项需填写有时间跨度的时间段，不应使用时间点。不应使用"SR"（日出）、"SS"（日没）等不确定的时间。一般情况下，D)项第一个时间段的起始时间和最后一个时间段的结束时间应分别与航行通告的 B)项生效时间和 C)项失效时间一致，即与 B)项和 C)项时间的后四位相符合。但当 D)项分段日期以星期几来表示，且 B)项和 C)项时间跨两个星期或以上时，会出现例外情况。

例：B)1008121000 C)1008301200

　　　D)0800-1200 MON，TUE AND 1000-1800 WED-FRI

由于 B)项生效时间为 8 月 12 日星期四，所以并不是 D)项第一个时间段的起始时间；而 C)项失效时间为 8 月 30 日星期一，并不是 D)项最后一个时间段的结束时间。

如果分段时间比较复杂，可在 E)项中说明，但在 D)项中应注明"SEE TEXT"。

8. 航行通告正文

通过该项将报文的内容用简洁的明语进行叙述，更重要的是不能产生歧义。正文以项目编号"E)"开始，后接以明语和简缩字填写的航行通告具体内容，明语中的文字使用航空专业词汇和书面用语。E)项内容填写完成后，若不需要填写 F)项和 G)项，应在 E)项内容之后加反括号")"作为航行通告的结束符。航行通告 E)项编写中应注意以下几个问题：

（1）国内系列和地区系列的航行通告的 E)项使用中文编写，但汉字在航行通告传输过程中转换为四位数字的电报码，在航行通告接收时会把电报码再次转换为汉字，例如：E)2455 0143 6037 150 1653(4318 2455 0143)可准确翻译为"方位角 150 度（磁方位）"。在该转换的过程中如果通告的内容中本身包含有数字，则很容易出现电报码的误翻译；为保证电报码能准确翻译成汉字，电报码之间以及电报码和英文标点符号之间应加一个空格。为避免正文中的数字误翻译为汉字，数字应按以下方法填写：以三位数分节的方法表示，例如：18，000、7，000；四位数字表示的年份前后应加英文括号，之间没有空格，例如：（2010）年；凡标注计量单位的数字应与计量单位合为一组，之间无空格，例如：100 m、200 km、1200 ft、3850 kHz

等；表示时间时，应在时、分之间加冒号，例如：18:00。

（2）当 E)项内容中涉及高度数据时，应注明计量单位和基准参照面，基准参照面应在高度数据后面用汉字或简缩字标注并加括号。例如 1200 米（场压）、1800M（修正海压）、80M（AGL）或 1800M（AMSL）。英制高度层应由简缩字"FL"加三位数字组成，单位为百英尺，例如：FL020 等于 2000 ft（QNE）。不能采用数字加括号表示场压或不加括号表示修正海压的高度标注方法。

（3）当 E)项内容中涉及距离和半径等数据时，应注明计量单位。计量单位使用"米""千米"或"海里"等，或使用相应的简缩字，如 M（米）、KM（千米）和 NM（海里）等。

（4）当 E)项内容涉及角度和温度时，标注方式为：航线角、导航设施的方位角或径向线。应使用汉字或简缩字表示度，不应使用符号"°"，需要明确时可注明真方位或磁方位；例如"航迹角 90 度"或"BEARING 30 DEG(MAG)"。航向台的角度应使用中文或正、负符号注明正、负值，或以左、右标注；例如"正 020 度以外……""-010 度以外……"或"航向信标前航向道左侧 20 度以外……"。温度应使用明语或简缩字表示摄氏度或华氏度，不应使用符号"℃"或"℉"。

（5）当 E)项内容涉及空域范围时，标注方式为：当空域水平范围为圆形时，应以圆心和半径方式标注，圆心应标明具体坐标或导航设施；当空域水平范围为多边形时，应以各点坐标按顺时针或逆时针方向标注成一个封闭的区域。坐标之间使用连接符"-"连接，最后一个坐标应和第一个坐标相同；空域垂直范围的下限应标注基准参照面（SFC 或 GND）或具体数据，上限应标注具体数据或无限高（UNL）。如果航空资料中已公布了空域的水平和垂直范围且没有变化，则不必在 E)项中重复空域范围，但应注明空域名称或编号。

（6）当 E)项内容涉及新辟航路或航段数据更改时，应注明航路代号、航段距离、磁航迹角和最低飞行高度等数据，导航设施的名称、设施类型和识别，以及报告点的名称。

跑道、滑行道和停机坪等场道面名称应使用汉字或简缩字，并注明相应的编号。

例：RWY18L/36R、TWY NR.22、TWY A2、03 号跑道、T3 号滑行道或 5 号停机坪。

（7）当 E)项内容涉及导航设施时，其标注方式为：导航设施的类型应使用简缩字 NDB、VOR、DME、LLZ 和 OM 等。识别标志应加单引号标注，频率应注明单位，DME 台应注明波道，频率和波道之间加斜线"/"。例如大王庄 VOR/DME 'VYK' 112.7MHZ/CH74X 不提供使用。

（8）当 E)项内容涉及坐标时，可根据公布精度使用"HDDMMSS.ssLDDDMMSS.ss"或"HDDMM.mLDDDMM.m"的形式，纬度在前，经度在后，其中"H"表示北纬"N"或南纬"S"；"L"表示东经"E"或西经"W"，"D"表示度（缺位补零），"M"表示分，"S"表示秒，"s"（视公布精度可省略）表示 1/10 秒或 1/100 秒，"m"表示 1/10 分。度、分和秒不应使用汉字或符号"°""'""""表示。

精度为秒："N474459E0880505"。

精度为 1/10 秒："N314429.2E1185204.0"。

精度为 1/100 秒："N310851.60E1214754.45"。

精度为 1/10 分："N4302.6E10813.0"。

9. 下限和上限

上、下限是对通告事件所影响垂直范围的精确描述。下限以项目编号"F)"开始，后接航行通告垂直影响范围的最小值；上限在下限之后加一个空格，以项目编号"G)"开始，后接航行通告垂直影响范围的最大值。航行通告的内容涉及有关航空警告和空域限制时，应填写 F)项和 G)项，且应在 G)项内容之后加反括号")"作为航行通告的结束符。F)项和 G)项的数据应与 Q)项的下限和上限填写的数值相对应，具体标注方法为：

在具体数值后面无空格标注计量单位，之后空一格标注基准参照面；当下限为地面或海平面，即高或高度为零时，应使用简缩字"GND"或"SFC"表示，当上限为无限高时，应使用"UNL"表示；英制高度层应由简缩字"FL"加三位数字组成，单位为百英尺但不必标注；不应使用"000"和"999"表示地面或海平面至无限高。F)项和 G)项的填写格式见表 6-8，且只能用表中列出的一种方式填写。

表 6-8　下限和上限表示方法

F)项	G)项
SFC	UNL
GND	UNL
SFC	××××M AMSL
GND	××××M AGL
GND	××××M AMSL
××××M AGL	××××M AGL
××××M AMSL	××××M AMSL
FL×××	FL×××

6.4.1.3　航行通告新报发布示例

2019 年 1 月 14 日 19:00，大连空管站情报员收到航空情报原始资料通知单，内容为：28 号跑道进近灯光系统因施工停止工作，不工作时间为 2019 年 1 月 15 日 08:00 预计至 2019 年 1 月 17 日 17:00，大连空管站航空情报室发布第 80 号航行通告（航空情报原始资料通知单中的时间为北京时间）。航行通告的编写如下：

> GG ZYTXOFXX
> 141905 ZYTLOIXX
> (D0080/19 NOTAMN
> Q)ZYSH/QLAAS/IV/NBO/A/000/999/3858N12131E005
> A)ZYTL　B)1901150800　C)1901171700EST
> E)RWY28 PALS CAT I 不可用，因施工.)

东北空管局航行通告室收到该航行通告，将会以 C 系列航行通告进行转发，转发报文如下：

> GG ZBBBYNYX
> 141910 ZYTXOFXX
> (C0146/19 NOTAMN
> Q)ZYSH/QLAAS/IV/NBO/A/000/999/3858N12131E005
> A)ZYTL　B)1901150800　C)1901171700EST
> E)RWY28 PALS CAT I 不可用，因施工.)

民航局航行情报服务中心国际航行通告室收到该航行通告，将会以 Y 系列航行通告进行转发，转发报文如下：

```
GG ZYTLOIXX
141910 ZBBBYNYX
(Y0182/19 NOTAMN
Q)ZYSH/QLAAS/IV/NBO/A/000/999/3858N12131E005
A)ZYTL   B)1901150000   C)1901170900EST
E)RWY28 PALS CATI U/S DUE TO WIP.)
```

6.4.1.4　航行通告代替报发布示例

　　2019 年 1 月 17 日 09:00，大连空管站情报员收到航空情报原始资料通知单，内容为：28
号跑道进近灯光系统因维护继续停止工作，不工作时间预计至 2019 年 1 月 20 日 07:00，大连
空管站航空情报室发布第 86 号航行通告（航空情报原始资料通知单中的时间为北京时间）。
航行通告的编写如下：

```
GG ZYTXOFXX
170910 ZYTLOIXX
(D0086/19 NOTAMR D0080/19
Q)ZYSH/QLAAS/IV/NBO/A/000/999/3858N12131E005
A)ZYTL   B)1901170910   C)1901200700EST
E)RWY28 PALS CAT I 不可用，因施工.)
```

　　航行通告代替报的编写格式与新报基本相同，有两处不同点：①用"NOTAMR"表示航
行通告代替报，标志前应填写航行通告代替报的系列编号，标志后应填写被代替的航行通告
系列编号；②航行通告代替报的生效时间应为立即生效，因此代替报 B)项时间应该是发报时
间，航行通告代替报生效的同时，被代替航行通告失效。

6.4.1.5　航行通告取消报发布示例

　　2019 年 1 月 19 日 10:00，大连空管站情报员收到航空情报原始资料通知单，内容为：28
号跑道进近灯光系统维护结束，可以正常工作。大连空管站航空情报室发布第 90 号航行通告
（航空情报原始资料通知单中的时间为北京时间）。航行通告的编写如下：

```
GG ZYTXOFXX
191000 ZYTLOIXX
(D0090/19 NOTAMC D0086/19
Q)ZYSH/QLAAK//M//000/999/
A)ZYTL   B)1901191000
E)RWY28 PALS CAT I 恢复运行.)
```

　　航行通告取消报的编写格式与新报基本相同，有三处不同点：①用"NOTAMC"表示航
行通告取消报，标志前应填写航行通告取消报的系列编号，标志后应填写被取消的航行通告
系列编号；②限定行中"飞行类型"项不填写，"签发目的"项填写 M，"影响范围"项不填
写，"坐标和半径"项不填写；③航行通告取消报是一份立即生效的报文，因此取消报 B)项时间
应该是发报时间；航行通告取消报也是一份立即失效的报文，因此取消报不填写 C)项，并且自取
消航行通告发布之时起，航行通告取消报和被取消的航行通告同时失效。《国际民用航空公约》

附件 15 中建议航行通告取消报的 E)项应说明取消原因，我国目前发布的取消报 E)项通常填写"CNL NTM"或"SEE NEXT NTM"或"已编入 NAIP"或"NTM HAS BEEN INCORPORATED IN AIP CHINA"。

6.4.1.6　触发性航行通告

触发性航行通告（trigger NOTAM）是用于通知用户注意即将生效的航空资料汇编修订期号及其内容概述，或对航空器运行有重要意义的航空资料汇编补充资料，或其他重要的航空情报资料的一种特殊形式的航行通告。当发布即将生效的航空资料汇编修订或对航空器的运行有重大意义的航空资料汇编补充资料时，应签发触发性航行通告。触发性航行通告应遵循一般航行通告的格式，并选择适当的航行通告系列发布。依据航空资料汇编修订或补充资料的内容，一份触发性航行通告可简要描述多个事件和有关这些事件的情况。

触发性航行通告只能由民航局航行情报服务中心发布，分为 A 和 C 两个系列，A 系列用来发布 AIP 的修订和补充资料，C 系列用来发布 NAIP 的修订和补充资料。

A)项应填写涉及的所有飞行情报区四字地名代码，若内容仅涉及一个机场，则应填写该机场四字地名代码。B)项生效时间应与航空资料汇编修订或补充资料的生效时间一致。C)项失效时间填写遵循下述原则：当内容为航空资料汇编修订时，结束时间应为生效时间加上 14 天；当内容为航空资料汇编补充资料且结束时间可以确定时，应与补充资料的结束时间一致；当内容为航空资料汇编补充资料但结束时间不确定时，应以生效时间加上 3 个月作为预计结束时间。E)项内容包括三部分：第一部分，关键词"TRIGGER NOTAM"应始终放在 E)项内容的第一行；第二部分，相关航空资料汇编修订或补充资料的期号、出版日期和生效时间；第三部分，相关航空资料汇编修订或补充资料内容重要变化的概述。如果对外官方网站上公布了中国航空资料汇编修订或补充资料的内容，可提供相关网址便于用户查阅。下面的例子为全国航空情报中心国际航行通告室发布的一份触发性航行通告。

```
(A6672/10 NOTAMN
Q)ZXXX/QAFTT/IV/NBO/E/000/999/
A)ZGZU ZLHW ZPKM ZSHA ZWUQ ZYSH
B)1009221600 C)1010061600
E)TRIGGER NOTAM
AIP CHINA AMENDMENT NR.10/2010(2010-8-15)WILL BE EFFECTIVE FROM 1600UTC ON 22 SEP 2010.MAIN CHANGES AS FOLLOWS:
    (1) NEW STANDS ESTABLISHED IN SHENYANG/TAOXIAN(ZYTX)AIRPORT.
    (2) NEW APRONS ESTABLISHED IN CHONGQING/JIANGBEI(ZUCK)AIRPORT.
    (3) HOT SPOTS ESTABLISHED IN YINCHUAN/HEDONG(ZLIC)AIRPORT.
    (4) HOT SPOT ESTABLISHED IN XI'AN/XIANYANG(ZLXY)AIRPORT.
    (5) HOT SPOT ESTABLISHED IN LANZHOU/ZHONGCHUAN(ZLLL)AIRPORT.
    (6) ENROUTE CHART EDITION 24TH (2010-8-15)PUBLISHED.
    LOG ON AIS CHINA WEBSITE: WWW.AISCHINA.COM FOR PREVIEWING THE WHOLE INFORMATION.)
```

6.4.1.7 航行通告项目检查填写一览表

航行通告编写完毕，可参照表6-9进行检查。

表6-9 航行通告项目检查填写一览表

项 目	NOTAMN	NOTAMR	NOTAMC	trigger
航行通告标志	填写	填写	填写	填写
被代替或取消的航行通告系列编号	不填写	填写	填写	不填写
飞行情报区	填写	填写	填写	填写
航行通告代码	填写	填写	填写	填写
飞行类型	填写	填写	不填写	填写
签发目的	填写	填写	填写"M"	填写
影响范围	填写	填写	不填写	填写
下限和上限	填写	填写	填写	填写
坐标和半径	填写	填写	不填写	不填写
A)项	填写	填写	填写	填写
B)项	填写	填写	填写	填写
C)项	填写	填写	不填写	填写
D)项	按实际情况填写	按实际情况填写	不填写	不填写
E)项	填写	填写	填写	填写
F)项和 G)项	按实际情况填写	按实际情况填写	不填写	不填写

6.4.2 航行通告的发布原则

1. 一般要求

（1）除了触发性航行通告，一份航行通告只能处理一个事件或有关该事件的一种情况。

（2）航行通告应准确和完整地描述事件的具体情况，必要时应说明事件发生的原因。文字描述应简短和明确，数据应准确和规范。

（3）作为一种快速分发航空情报的手段，航行通告内容篇幅不宜过长。包括大量文字和（或图形）的临时性资料，宜按航空资料汇编补充资料发布。

（4）一份航行通告超过限定长度时，应以同一系列编号分多部分发布，并在每部分报文后加注部分报的标志，如"PART 1 OF 4"。

（5）航行通告发布的内容为航空情报资料变更时，不应仅发布变更后的情况，而且应将变更前的情况加以描述，必要时应注明需参阅的航空资料相关条款。

（6）航行通告出现错误时，应发布航行通告代替报，或在取消该航行通告后签发一份新航行通告，不应签发航行通告更正报。

（7）永久性航行通告的内容编入航空资料汇编后，应在航空资料汇编修订生效后第15天，发布取消航行通告予以取消。

（8）国际系列航行通告正文应使用英文和航空资料汇编公布的简缩字（参见本书附录F）编写，时间应使用协调世界时；国内系列航行通告正文可使用中文和航空资料汇编公布的简缩字编写，时间应使用北京时。

2．新航行通告

新航行通告在其发布时即为有效航行通告，生效时间可以为立即生效，也可以为将来生效。

3．航行通告代替报

（1）代替报只能代替同一系列的一份航行通告；

（2）代替报的主题应与被代替的航行通告的主题一致，而且 A)项四字地名代码应相同；

（3）代替报的生效时间应为立即生效，不得填写将来的时间；

（4）代替报不得代替尚未生效的航行通告，应先取消该通告，然后再发一份 NOTAMN；

（5）对于多部分的航行通告，代替报应全部代替，不得只代替其中的一部分或几部分。

4．航行通告取消报

（1）取消报仅应取消同一系列的一份航行通告；

（2）取消报的主题应与被取消的航行通告的主题一致，而且 A)项四字地名代码应相同；

（3）取消报的生效时间应为立即生效，不得填写将来时间；

（4）取消报不应填写失效时间；

（5）取消报应填写 E)项，并说明取消航行通告的原因；如果取消航行通告后需立即签发航行通告新报，取消航行通告应注明"见下一份通告"或"SEE NEXT NOTAM"；

（6）对于多部分的航行通告，取消报应全部取消，不得只取消其中的一部分或几部分。

6.4.3　航行通告代码

1．一般要求

航行通告选择标准代码由五个英文字母组成，简称 Q 码。第一个字母"Q"为识别代码，第二、三个字母为主题代码，表示航行通告内容的主题，第四、五个字母为状况代码，表示该主题的状况。

示例：Q 码"QFALC"表示"机场关闭"。

应根据航行通告的内容选择和使用 Q 码，以便航行通告的接收处理、存储和检索查询，并准确进入相应的飞行前资料公告（PIB）中，Q 码应从《民用航空航行通告代码选择规范》（MH/T 4031—2011）的航行通告代码表中进行选择，2017 年 10 月发布了《民用航空情报航行通告代码选择指南》（IB-ATMB-2017-004）用来辅助航空情报员选择出最合适的航行通告代码。

2．特殊要求

当航行通告没有合适的主题代码时，Q 码的第二、三个字母应填写"XX"；当航行通告没有合适的状况代码时，Q 码的第四、五个字母应填写"XX"；当航行通告的主题和状况均无合适的代码时，Q 码应填写"QXXXX"。

当触发航行通告没有合适的主题代码时，不应使用"XX"，应使用"FA"表示机场或使用"AF"表示情报区。状况代码应使用"TT"，且可与所有主题代码搭配使用。

航行通告校核单的 Q 码应填写"QKKKK"，飞行类型、签发目的和影响范围各子项均应填写"K"。

下列状况代码应在取消报中使用：

AK——恢复正常工作；

AL——恢复工作（或按从前公布的限制/情况工作）；

AO——可工作；

CC——完成；

CN——取消；

HV——完工；

XX——明语说明。

在《民用航空情报航行通告代码选择指南》中对取消报进行了分类，针对不同类型取消报状态代码的选择以及 E)项的描述给出了相关建议，建议仅使用"AK"和"XX"两个代码，其余取消报状态代码"AL""AO""CC""CN""HV"建议暂不使用。

取消报的状态代码归纳为以下三类情况：

（1）主题代码恢复工作或按以前公布的限制情况工作时，或航行通告未生效就终止时，状态代码建议选用"AK"。此类取消报 E)项内容填写"CNL NTM"。

（2）航行通告内容有变化且未在生效时间段内，取消后需要立即发布新的航行通告说明后续情况，状态代码建议选用"XX"。此类取消报 E)项内容填写"SEE NEXT NTM"。

（3）航行通告内容进入资料时，状态代码建议选用"XX"。此类取消报 E)项内容填写"已编入 NAIP"或"NTM HAS BEEN INCORPORATED IN AIP CHINA"。

3. Q 码分类

《民用航空航行通告代码选择规范》（MH/T 4031—2011）中一共包括 178 个主题代码和 49 个状态代码，主题代码分为机场灯光设施（L）、机场运行和着陆区（M）、机场设施和服务（F）、通信和雷达设施（C）、仪表和微波着陆系统（I）、航站和航路导航设施（N）、全球卫星导航系统（G）、空域组织（A）、空中交通及供飞行用的气象服务（S）、空中交通规则（P）、空域限制（R）、警报（W）、其他（O）共 13 类，参见表 6-10；状态代码分为可用性（A）、更改（C）、危险情况（H）、限制（L）、其他（XX）共 5 类，参见表 6-11。各 Q 码的含义参见本书附录 D。

表 6-10　Q 代码的第一字母及其含义

类　别	字　母	含　义	
机场	L	lighting facilities	机场灯光设施
	M	movement and landing area	机场运行和着陆区
	F	facilities and services	机场设施和服务
通信导航设施	C	Communication and radar facilities	通信和雷达设施
	I	ILS and MLS	仪表和微波着陆系统
	N	terminal & enroute Navigation facilities	航站和航路导航设施
	G	GNSS service	全球卫星导航系统
空中规则和空中交通服务	A	airspace organization	空域组织
	S	air traffic and VOLMET services	空中交通及供飞行用的气象服务
	P	air traffic procedures	空中交通规则
航行警告	R	airspace restrictions	空域限制
	W	warnings	警报
其他	O	other information	其他

表 6-11　Q 代码的第四字母及其含义

字　母	含　义	
A	Availability	可用性
C	Changes	更改，改变
H	Hazard Conditions	危险情况
L	Limitations	限制
XX	Other	其他

4. Q 码的选择

发布航行通告选择 Q 码时，请参考《民用航空航行通告代码选择规范》（MH/T 4031—2011）和《民用航空情报航行通告代码选择指南》（IB-ATMB-2017-004）。《民用航空航行通告代码选择规范》（MH/T 4031—2011）中描写了所有符合国际民航组织规定的 Q 码，示例如图 6-10 所示。从示例中可以看出，在《民用航空航行通告代码选择规范》中规定了每一主题代码以及与该主题代码组合使用的状况代码，并对每一种组合的影响飞行种类、发布目的以及影响范围进行了规定。例如，对于 Q 代码 LCAS 即跑道中线灯不工作的情况，发布航行通告时限定行中的影响飞行类型（Traffic）为 "I"、目的（Purpose）为 "BO"、范围（Scope）为 "A"。《民用航空情报航行通告代码选择指南》对我国航行通告发布中常用 Q 码的使用进行了说明。

机场灯光设施（L）
CATEGORY AGA — LIGHTING FACILITIES (L)

第二、三字母 SECOND AND THIRD LETTERS — SIGNIFICATION	代 码 CODE	范围 Scope A					
跑道中线灯（注明跑道） Runway center line lights (specify runway)	LC	飞行类型 Traffic		目的 Purpose			
第四、五字母 FOURTH AND FIFTH LETTERS — SIGNIFICATION	代 码 CODE	I	V	N	B	O	M
恢复正常工作 Resumed normal operation	AK						
恢复工作或按以前公布的限制、情况工作 Operative (or re-operative subject to previously published limitations/conditions)	AL						
可工作 Operational	AO						
不工作 Unserviceable	AS	×			×	×	
拆除 Completely withdrawn	AW	×			×	×	
完成 Completed	CC						
取消 Cancelled	CN						
安装 Installed	CS	×			×	×	
触发性航行通告 Trigger	TT	×			×	×	
明语说明 Plain language	XX						

图 6-10　《民用航空航行通告代码选择规范》中 Q 码示例

6.5 航行通告发布案例

6.5.1 规范航行通告的发布案例

针对 Q 码中包含的主题将航行通告进行分类列举,描述不同主题下航行通告发布的案例,该部分中一共包括了 12 个航行通告的发布示例。E)项的编写是航行通告发布过程中的难点,为规范航行通告 E)项内容的编写,明确每一个事件 E)项内容的组成要素以及要素的描述方式,民航局空管局在 2017 年 10 月发布了《民用航空情报航行通告 E 项要素编写指南》(IB-ATMB-2017-005)。该指南内容主要包括航行通告 E)项的组成要素,明确每一个事件中不同要素的重要性、必要性和可选性,并对要素进行了具体描述,同时提供了标准模版,因此该部分内容中引用了《民用航空情报航行通告 E 项要素编写指南》中的内容来描写 E)项的编写注意事项。

1. 机场灯光设施主题（L）的 Q 码（LA）

```
(A1977/13 NOTAMR A1679/13
Q)SACF/QLAAS/IV/NBO/A/000/999/2452S06529W005
A)SASA B)1306251710 C)1307251500EST
E)RWY02 SALS U/S DUE TO FLTCK.)
```

（1）Q 码选择 LAAS 时，E)项中的必要要素、可选要素、注意事项及示例参见表 6-12。

表 6-12　LAAS E)项编写指南

	NR	要素名称	要素描述
必要要素	1	名称	RWY02L
	2	进近灯光系统类型	PALS CAT I、PALS CAT II/III、SALS 等
	3	状态	不工作
	4		
可选要素	1	原因	因故障
	2		
	3		
	4		
备注	进近灯光系统不工作可能影响着陆最低标准,详参《航空器机场运行最低标准的制定与实施规定》（CCAR-97FS-R1）和《民用航空机场运行最低标准制定与实施准则》（AC-97-FS-2011-01）。		
例: E）RWY02L PALS CAT I 不工作,因故障。			

（2）Q 码选择 LAAS 时，常用的 E)项中英文标准用语如下：

示例一：因台风部分损坏，RWY02L PALS CAT I 不工作.

标准报文：RWY02L PALS CAT I 不可用，因故障.

标准译文：RWY02L PALS CAT I U/S DUE TO TROUBLE.

示例二：19 号跑道简易进近灯光系统不提供使用，因改造.

标准报文：RWY19 SALS 不可用，因施工.

标准译文：RWY19 SALS U/S DUE TO WIP.

示例三：22 号跑道简易进近灯光系统关闭，因校飞，请机组留意观察.

标准报文：RWY22 SALS 不可用，因校飞.

标准译文：RWY22 SALS U/S DUE TO FLTCK

2. 机场运行和着陆区主题（M）的 Q 码（MR）

```
(A1639/13 NOTAMN
Q)CZYZ/QMRHW/IV/BO/A/000/999/4340N07937W005
A)CYYZ B)1302210300 C)1302251030
D)0300-1030 DAILY
E)RWY05/23 WIP AFTER SCHEDULED FLT.)
```

（1）Q 码选择 MRHW 时，E)项中的必要要素、可选要素、注意事项及示例参见表 6-13。

表 6-13　MRHW E)项编写指南

	NR	要 素 名 称	要 素 描 述
必要要素	1	名称	RWY02L
	2	数据	全跑道、RWY04/22 跑道中线两侧各 9 m（含）以内
	3	状态	不停航施工、正在施工、道面加盖、新建跑道
可选要素	1	原因	因施工
	2	警示标志	施工区域设置警示标志； 施工区域边缘设有 1 m 高易折围栏； 施工区域设置警示标志，白天设红色警示旗，夜间设红色警示灯
备注			1. 只有施工范围不超过跑道的范围，才适合以 MRHW 的 Q 代码进行航行通告发布。 2. 新建跑道的施工不适合以航行通告的形式发布，应当以资料的形式公布。 3. 施工期间的限制应另发相关通告。
例： E）不停航施工，施工区域：RWY04/22 跑道中线两侧各 9 m（含）以内。 E）RWY23 加盖沥青道面。 E）新建第三跑道施工中，位于 RWY02R/20L 东侧 400 m 处，与现用跑道平行。			

（2）Q 码选择 MRHW 时，常用的 E)项中英文标准用语如下：

示例一：本场航班结束后跑道道面除胶.

标准报文：航班结束后，RWY01/19 施工.

标准译文：RWY01/19 WIP AFTER SCHEDULED FLT.

3. 机场设施和服务主题（F）的 Q 码（FA）

```
(A0757/13 NOTAMN
Q)LIBB/QFALT/IV/NBO/A/000/999/4039N01757E005
A)LIBR B)1302161018 C)1302191400EST
E)AD NOT AVBL FOR ALTN EXCEPT EMERGENCY FLT DUE TO PARKING STAND SHORTAGE.)
```

（1）Q 码选择 FALT 时，E)项中的必要要素、可选要素、注意事项及示例参见表 6-14。

表 6-14　FALT E)项编写指南

	NR	要 素 名 称	要 素 描 述
必要要素	1	名称	本场
	2	状态	起降限制、航空器种类、飞行任务性质(任务承办者、备降限制、停放限制)
	3		
可选要素	1	原因	因施工、划线、除胶、积雪、维护
	2	补充说明	航班结束前
	3		
	4		
备注		因跑道限制造成的对航空器起降限制应当使用 MRLT。	
例:			
E) 本场不接收非紧急情况的航班备降，因停机位紧张。			
E) 本场仅供 A320、B737-700 及其以下机型使用。			
E) 本场禁止除飞行学院以外的通航起降。			
E) 本场不接受公务机航班过夜。			

（2）Q 码选择 FALT 时，常用的 E)项中英文标准用语如下：

示例一： 本场不接收备降，因 A 滑行道道面修补.

标准报文：不接收备降，因维护.

标准译文：NOT AVBL FOR ALTN DUE TO MAINT.

示例二： 机场不接收非紧急情况的航班备降，因停机位紧张，无法满足需求.

标准报文：不接收非紧急情况的航班备降，因停机位紧张.

标准译文：NOT AVBL FOR ALTN EXCEPT EMERGENCY FLT DUE TO PARKING STAND SHORTAGE.

4. 通信和雷达设施主题（C）的 Q 码（CA）

(C2022/13 NOTAMR C1808/13

Q)ZHWH/QCACS/IV/B/A/000/999/4004N11635E005

A)ZHHH B)1310030000 C)1406302359

E)武汉天河机场新增地面放行席位，呼号中文"武汉放行"英文"WUHANG DELIVERY"频率为 121.80 MHz.)

（1）Q 码选择 CACS 时，E)项中的必要要素、可选要素、注意事项及示例参见表 6-15。

表 6-15　CACS E)项编写指南

	NR	要 素 名 称	要 素 描 述
必要要素	1	名称	中文或中英文（对外开放机场）地面放行席位 121.80 MHz
	2	状态	设立、开放使用
	3		
可选要素	1		
	2		
	3		
	4		
备注			
例:			
E) 机场新增地面放行席位，呼号中文"武汉放行"英文"WUHANG DELIVERY"频率为 121.80 MHz。			

（2）Q 码选择 CACS 时，常用的 E)项中英文标准用语如下。

示例： 塔台增设放行许可席，中文呼号：咸阳放行，英文呼号：XIANYANG DELIVERY，频率：121.60MHZ，开放时段：H24.

标准报文：新增塔台放行许可席，中文呼号：咸阳放行，英文呼号：XIANYANG DELIVERY，频率：121.60MHZ，工作时间：H24.

标准译文：TWR DELIVERY POSITION INSTL, CALL SIGN XIANYANG DELIVERY, FREQ: 121.60MHZ, OPERATION HOURS: H24.

5. 仪表和微波着陆系统主题（I）的 Q 码（IC）

（C0086/13 NOTAMN
Q）ZLHW/QICAS/I/NBO/A/000/999/3427N10845E005
A）ZLXY B）1308180000 C）1308212359
E）RWY05 ILS U/S　因校飞.）
（C0087/13 NOTAMN
Q）ZLHW/QICAS/I/NBO/A/000/999/3427N10845E005
A）ZLXY B）1308180000 C）1308212359
E）RWY23 ILS U/S　因校飞.）

（1）Q 代码选择 ICAS 时，E)项中的必要要素、可选要素、注意事项及示例参见表 6-16。

表 6-16　ICAS E)项编写指南

	NR	要素名称	要素描述
必要要素	1	名称	RWY18/36 ILS 、RWY18 ILS
	2	状态	不工作
	3		
	4		
可选要素	1	原因	因故障、因施工、因维护
	2		
	3		
备注			
例： E) RWY18 ILS 不工作，因故障。			

（2）Q 代码选择 ICAS 时，常用的 E)项中英文标准用语如下。

示例： RWY18 仪表着陆系统/盲降不工作，因设备故障.

标准报文：RWY18 ILS 不可用，因故障.

标准译文：RWY18 ILS U/S DUE TO TROUBLE.

注：该通告主要针对某机场仪表着陆系统因校飞暂停使用而发布的航行通告新报。因跑道两端为两套 ILS 设施，为避免一套校飞完成，另一套未校飞完时拍发取消报出现分歧，一般不发在同一份报文中，因此针对两套 ILS 使用两份报文进行发布。

6. 终端区和航路导航设施主题（N）的 Q 码（NM、NB、ND）

导航台相关的航行通告出现最多的为两类，一类为因故障或校飞不提供使用，另一类为导航台的信号使用受限。

（1）VOR/DME 台不提供使用。

（C0014/13 NOTAMN
Q）ZWUQ/QNMAS/IV/BO/AE/000/999/3825N10932E025
A）ZLYL B）1302271050 C）1302282359EST
E）榆林 VOR 'YLX' 116.7MHZ/CH114X 不工作，因故障。）

① Q 代码选择 NMAS 时，E)项中的必要要素、可选要素、注意事项及示例参见表 6-17。

表 6-17 NMAS E)项编写指南

	NR	要 素 名 称	要 素 描 述
必要要素	1	名称	源潭 VOR/DME 'TAN' 108.6MHZ/CH23X
	2	状态	不工作、不提供使用
	3		
	4		
可选要素	1	原因	因故障、维护、校飞不合格
	2		
	3		
	4		
备注	导航台故障会对相关飞行程序造成影响，建议评估飞行程序的影响。		
例： E）源潭 VOR/DME 'TAN' 108.6MHZ/CH23X 不工作，因故障。			

② Q 码选择 NMAS 时，常用的 E)项中英文标准用语如下。

示例：大王庄 VOR/DME 'VYK'112.7MHZ/CH74X 不工作，因故障.

标准报文：大王庄 VOR/DME 'VYK'112.7MHZ/CH74X 不可用，因故障.

标准译文：DAWANGZHUANG VOR/DME 'VYK'112.7MHZ/CH74X U/S DUE TO TROUBLE.

（2）VOR/DME 限制性使用。

（C0305 NOTAMN
Q）ZGZU/QNMLT//NBO/A/000 /999 /2354N10639E025
A）ZGZU B）1905010800 C）1906152359
E）百色 VOR/DME 'BSE' 115. 9MHZ/CH106X 限制性使用：
(1)VOR/DME 345 度径向线顺时针方向至 085 度径向线之间不可用；
(2)VOR 195 度径向线距台 17 海里以外不可用；
(3)DME 005 度径向线距台 6 海里至 11 海里之间不可用。)

① Q 码选择 NMLT 时，E)项中的必要要素、可选要素、注意事项及示例参见表 6-18。

表 6-18 NMLT E)项编写指南

	NR	要 素 名 称	要 素 描 述
必要要素	1	名称	白色 VOR/DME 'BSE' 115.9 MHZ/CH106X
	2	使用限制	005° 径向线，15 nm 以外不提供使用； 顺时针 005° 至 034° 径向线不提供使用
	3		
可选要素	1	原因	因具体情况而定
	2		
	3		
	4		
备注		VOR、DME 用径向线描述，NDB 用方位线描述。	
例：E）白色 VOR/DME 'BSE' 115.9 MHZ/CH106X 限制性使用： 1. VOR 在 005° 径向线，15 nm 至 18 nm 不提供使用。 2. DME 在 134° 径向线，30 nm 以外不提供使用。			

② Q 码选择 NMLT 时，常用的 E)项中英文标准用语如下。

示例一：大王庄 VOR/DME 'VYK' 112.7 MHZ/CH74X 限制性使用：距台 9.5 海里以外不可使用.

标准报文：大王庄 VOR/DME 'VYK' 112.7 MHZ/CH74X 限制性使用:距台 9.5 NM 外不可用.

标准译文：DAWANGZHUANG VOR/DME 'VYK' 112.7 MHZ/CH74X OPERATION LIMIT: U/S BEYOND 9.5 NM.

示例二：大王庄 VOR/DME 'VYK' 112.7 MHZ/CH74X 限制性使用：196 度径向线不可用.

标准报文：大王庄 VOR/DME 'VYK' 112.7 MHZ/CH74X 限制性使用：196 DEG 径向线不可用.

标准译文：DAWANGZHUANG VOR/DME 'VYK' 112.7 MHZ/CH74X OPERATION LIMIT: U/S ON RADIALS 196DEG.

示例三：大王庄 VOR/DME 'VYK' 112.7 MHZ/CH74X 限制性使用：196 度顺时针至 206 度径向线距台 9.5 海里以内不可用.

标准报文：大王庄 VOR/DME 'VYK' 112.7 MHZ/CH74X 限制性使用:196 DEG 至 206 DEG 径向线距台 9.5 NM 内不可用.

标准译文：DAWANGZHUANG VOR/DME 'VYK' 112.7 MHZ/CH74X OPERATION LIMIT: U/S WI 9.5 NM ON RADIALS 196-206 DEG.

（3）NDB 限制性使用。

```
(C0216 NOTAMN
Q)ZYSH/QNBLT//NBO/A/000 /999 /2354N10639E025
A)ZYTL B)1901010000 C)1903152359
E)付家庄 NDB 'FC' 213 KHz 限制性使用:
(1)139 度方位线不可用;
(2)107 度方位线距台 7 海里以外不可用;
(3)239 度方位线距台 3 海里至 4 海里之间不可用.)
```

① Q 码选择 NBLT 时，E)项中的必要要素、可选要素、注意事项及示例参见表 6-19。

表 6-19 NBLT E)项编写指南

	NR	要 素 名 称	要 素 描 述
必要要素	1	名称	周口 NDB 'DO' 409 KHz
	2	使用限制	150 °方位 10 nm 以外不提供使用、 150 °方位 05 nm 至 10 nm 不提供使用、 顺时针 06 °方位至 11 °方位 8 nm 以外不提供使用
可选要素	1	原因	因具体情况而定
	2		
	3		
	4		
备注			

例:
E）周口 NDB 'DO' 409KHZ 150 DEG 方位 10 NM 以外不提供使用。

② Q 码选择 NBLT 时，常用的 E)项中英文标准用语如下。

示例一：怀柔 NDB 'OB' 380 KHZ 限制性使用：距台 9.5 海里以外不可使用.

标准报文：怀柔 NDB 'OB' 380 KHZ 限制性使用：距台 9.5 NM 外不可用.

标准译文：HUAIROU NDB 'OB' 380 KHZ OPERATION LIMIT: U/S BEYOND 9.5 NM.

示例二：怀柔 NDB 'OB' 380 KHZ 限用情况：距台 9.5 海里以内不可使用.

标准报文：怀柔 NDB 'OB' 380 KHZ 限制性使用：距台 9.5 NM 内不可用.

标准译文：HUAIROU NDB 'OB' 380 KHZ OPERATION LIMIT : U/S WI 9.5 NM.

示例三：怀柔 NDB 'OB' 380 KHZ 限用情况：距台 18.5 海里至 17.5 海里之间不可用.

标准报文：怀柔 NDB 'OB' 380 KHZ 限制性使用：距台 18.5 NM 至 17.5 NM 间不可用.

标准译文：HUAIROU NDB 'OB' 380 KHZ OPERATION LIMIT : U/S BTN 18.5 NM AND 17.5 NM.

示例四：怀柔 NDB 'OB' 380 KHZ 限用情况：196 度方位线不可用.

标准报文：怀柔 NDB 'OB' 380 KHZ 限制性使用：196 DEG 方位线不可用.

标准译文：HUAIROU NDB 'OB' 380 KHZ OPERATION LIMIT : U/S ON BRG 196 DEG.

示例五：怀柔 NDB 'OB' 380 KHZ 限用情况：196 至 206 度方位线不可用.

标准报文：怀柔 NDB 'OB' 380 KHZ 限制性使用：196 DEG 至 206 DEG 方位线不可用.

标准译文：HUAIROU NDB 'OB' 380 KHZ OPERATION LIMIT : U/S BTN BRG 196 DEG AND 206 DEG.

示例六：怀柔 NDB 'OB' 380 KHZ 限用情况：196 度方位线距台 9.5 海里以外不可用.

标准报文：怀柔 NDB 'OB' 380 KHZ 限制性使用：196 DEG 方位线距台 9.5 NM 外不可用.

标准译文：HUAIROU NDB 'OB' 380 KHZ OPERATION LIMIT : U/S BEYOND 9.5 NM ON BRG 196 DEG.

（4）与仪表着陆系统合装的测距仪 DME 不工作。

```
GG ZBYNOIXX
210913 ZUUUOFXX
(C1232/20 NOTAMN
Q)ZPKM/QIDCT/I/NBO/A/000/999/3048N10610E005
```

A)ZUNC B)2003220800 C)2003222000

E)RWY 06 DME 'INN' CH24X 仅供测试, 因校飞.)

① Q 码选择 IDCT 时，E)项中的必要要素、可选要素、注意事项及示例参见表 6-20。

表 6-20　IDCT E)项编写指南

	NR	要　素　名　称	要　素　描　述
必要要素	1	名称	RWY18 DME 'ICF' CH22X、 DME 18 'ICF' CH22X
	2	状态	仅供测试, 不可使用
	3		
可选要素	1	原因	因校飞、因维护
	2		
	3		
	4		
备注			
例: E）RWY18 DME 'ICF' CH22X 仅供测试, 不可使用, 因维护。 E）DME 18 'ICF' CH22X 仅供测试, 不可使用, 因校飞。			

② Q 代码选择 IDCT 时，常用的 E)项中英文标准用语如下。

示例：RWY18 DME 'ICF' CH22X 仅供测试，不可使用，因维护.

标准报文：RWY18 DME 'ICF' CH22X 仅供测试不可使用.

标准译文：RWY18 DME 'ICF' CH22X ON TEST,DO NOT USE.

（5）用于航路和机场范围内的 DME 导航设备。

GG ZBYNOIXX

180154 ZSSSOIXX

(C1202/20 NOTAMN

Q)ZSHA/QNDCT/IV/BO/AE/000/999/3108N12147E025

A)ZSPD B)2003230900 C)2003231900

E)浦东 DME 'PUD' CH116X 仅供测试, 不可使用, 因维护.)

① Q 码选择 NDCT 时，E)项中的必要要素、可选要素、注意事项及示例参见表 6-21。

表 6-21　NDCT E)项编写指南

	NR	要　素　名　称	要　素　描　述
必要要素	1	名称	源潭 DME 'TAN' CH23X
	2	状态	不提供使用
	3		
	4		
可选要素	1	原因	因测试、飞行校验、未飞行校验
	2		
	3		
	4		

	NR	要 素 名 称	要 素 描 述
备注		导航台故障会对相关飞行程序造成影响，建议评估飞行程序的影响，如：源潭 DME 'TAN' CH23X 不提供使用，因飞行校验，GYA-13A 进场程序不可用。	
例:			

E）源潭 DME 'TAN' CH23X 不提供使用，因飞行校验。

E）源潭 DME 不提供使用期间，GYA-13A 进场程序不可用。

② Q 代码选择 NDCT 时，常用的 E)项中英文标准用语如下。

示例：大王庄 DME 'VYK'/CH74X 仅供测试，不可使用，因校飞.

标准报文：大王庄 DME 'VYK'/CH74X 仅供测试不可使用.

标准译文：DAWANGZHUANG DME 'VYK' /CH74X ON TEST, DO NOT USE.

7. 空域组织主题（A）的 Q 码（AR）。

```
GG ZBYNOIXX
210930 ZUUUOFXX
(C1235/20 NOTAMN
Q)ZPKM/QARLT/IV/NBO/E/000/341/
A)ZPKM B)2003211900 C)2003212130
E)下列航路(线)段高度在 10400M(不含)以下禁航:
（1）H117 航线(程海 VOR'CEH' - 攀枝花 VOR'PAN')段，
（2）H89 航线(攀枝花 VOR'PAN' - P334)段，
（3）H118 航线(攀枝花 VOR'PAN' - P297)段，
（4）W146 航线(BUBSU- GULOT)段，
（5）W162 航线(BUBSU - 程海 VOR'CEH')段，
（6）W632 航线(TOSEM- GULOT)段，
（7）A599 航路(耿马 VOR'GMA' - 西山 VOR'SGM')段，
（8）H90 航线(保山 VOR'BSD' - 西山 VOR'SGM')段，
（9）H91 航线(BUBSU - 凤翔 NDB'YJ')段，
（10）X32 航线(耿马 VOR'GMA' - DADOL)段，
（11）X33 航线(西山 VOR'SGM' - 程海 VOR'CEH')段.
改航听从管制指挥.)
```

① Q 码选择 ARLT 时，E)项中的必要要素、可选要素、注意事项及示例参见表 6-22。

表 6-22　ARLT E)项编写指南

	NR	要 素 名 称	要 素 描 述
必要要素	1	名称	航路代号、航段
	2	使用限制	高度在 8100 m（含）至 10 100 m（含）之间禁航； 飞行高度仅 FL320，FL360 和 FL400 可用
	3		
可选要素	1	原因	因实施大范围危险天气避绕的高度配备方案
	2		
	3		
	4		

续表

	NR	要 素 名 称	要 素 描 述
备注			

例:
E) B215 航线(雅布赖 VOR（YBL）-嘉峪关 VOR(CHW) 段高度在 7800 m（含）以下禁航。
E) 以 NUKTI 为中心半径 100 公里范围内航段，高度在 8100 m（含）至 10100 m（含）之间禁航。
E) 因天气原因实施大范围危险天气避绕的高度配备方案，如下：L642 航路 EPKAL 至 EXOTO 段飞行高度仅 FL320、FL360 和 FL400 可用。

② Q 码选择 ARLT 时，常用的 E)项中英文标准用语如下。

示例一：B330 航路（雅布赖 VOR 'YBL'-GOBIN ）段高度在 8100 米（含）～10100M（含）之间禁航.

标准报文：B330 航路(雅布赖 VOR'YBL'-GOBIN)段高度 8100M（含）～10100M（含）间关闭.

标准译文：SEGMENT YABRAI VOR 'YBL'-GOBIN OF RTE B330 CLSD BTN 8,100M (INCLUSIVE)AND 10,100M(INCLUSIVE).

8. 空中交通及对空气象情报广播服务主题（S）的 Q 码（ST）

(A3393/13 NOTAMN
Q)LECM/QSTCF/IV/BO/A/000/999/3645N00604W005
A)LEJR B)1306200000 C)1309202359 EST
E)TWR FREQ 118.650MHZ CHG TO 126.900 MHZ.)

（1）Q 码选择 STCF 时，E)项中的必要要素、可选要素、注意事项及示例参见表 6-23。

表 6-23　STCF E)项编写指南

	CF	要 素 名 称	要 素 描 述
必要要素	1	名称	机场管制塔台
	2	状态	改为
	3	数据	主用频率、备用频率
	4		
可选要素	1		
	2		
	3		
	4		
备注			

例:
E) 机场塔台工作频率改为：主用频率 129.45 MHz，备用频率 128.20 MHz。

（2）Q 码选择 STCF 时，常用的 E)项中英文标准用语如下。

示例一：北京首都机场塔台工作频率改为：主用频率 129.45 MHz，备用频率 128.20 MHz.

标准报文：塔台主用频率改为 129.45 MHz，备用频率改为 128.20 MHz.

标准译文：TWR FREQ CHANGED TO 129.45(128.20) MHz.

示例二：北京塔台频率变更如下：

TWR02：由 118.5(118.3) MHz 更改为 118.5(118.05) MHz,

TWR03：由 118.05(118.6) MHz 更改为 118.6(118.3) MHz，其余不变.

标准报文：　塔台频率改为如下:

TWR02:由 118.5(118.3) MHz 改为 118.5(118.05) MHz.

TWR03:由 118.05(118.6) MHz 改为 118.6(118.3) MHz.

标准译文：　TWR FREQ CHANGED AS FLW:

TWR02: FM 118.5(118.3) MHz TO 118.5(118.05) MHz,

TWR03: FM 118.05(118.6) MHz TO 118.6(118.3) MHz.

9. 空中交通程序主题（P）的 Q 码（PM）

（C0152/13 NOTAMR C2465/12

Q）ZSHA/QPMCH/IV/NBO/A/000/999/3111N12120E005

A）ZSSS B）1301241548 C）1308312359

E）虹桥机场扩建工程中部分施工塔吊超高（参见 CXXXX/XX 航行通告），临时提高 RWY18/36 非精密进近着陆最低标准.

（1）RWY18/36 VOR/DME,RWY18 NDB/DME 进近着陆最低标准：

	A	B	C	D
MDA(H)VIS	140(137)1600	140(137)1600	140(137)2000	140(137)2000

（2）RWY18/36 盘旋进近着陆最低标准：

	A	B	C	D
MDA(H)VIS	210(207)2400	210(207)3200	240(237)4400	240(237)4800)

（1）Q 码选择 PMCH 时，E)项中的必要要素、可选要素、注意事项及示例参见表 6-24。

表 6-24　PMCH E)项编写指南

	NR	要素名称	要素描述
必要要素	1	名称	机场运行最低标准
	2	状态	改为
	3	数据	能见度/跑道视程、最低下降高度（高）、决断高度（高）、云底高等
可选要素	1	原因	因新增障碍物、受超高障碍物影响
	2		
	3		
	4		
备注			

例:

E）因塔吊设立，本场 01 号跑道起飞最低标准提高至 VIS 3000 m，同时从离地至离场起始转弯高度 230 m（QNH）的最小爬升梯度为 4.2%。

E）三亚凤凰机场受超高障碍物影响，临时调整 RWY26 起飞标准如下:

云高 300 m，能见度 5000 m。

E）临时调整邯郸机场 RWY23 VOR/DME 和 ILS/DME 中 GP INOP 程序天气标准:

（1）RWY23 VOR/DME 程序的天气标准:

	A	B	C
VOR/DME MDA(H) VIS	240(174)/2,400	240(174)/2,400	240(174)/2,400

	NR	要　素　名　称	要　素　描　述
		（2）RWY23 ILS/DME 中 GP INOP 程序的天气标准：	

（2）RWY23 ILS/DME 中 GP INOP 程序的天气标准：

```
                    A               B               C
GP INOP
MDA(H) VIS   240(174)/2400   240(174)2400   240(174)2400。
E）因新增障碍物，调整珠海机场 RWY23 RNAV(GNSS) 程序着陆最低运行标准：
                 A          B          C          D
LNAV DA(H)   221(215)   226(220)   231(225)   236(230)
VNAV VIS        3300       3300       3400       3500
```

（2）Q 码选择 PMCH 时，常用的 E)项中英文标准用语如下。

示例： 参阅 NAIP ZYTX AD2.24-10B 和 AD2.24-10D，运行最低标准改为：

```
        MDA(H)          A            B            C            D
        GP INOP    180(120)     180(120)    180(120) 180(120)
```

标准报文： 参阅 NAIP ZYTX-5B 和 ZYTX-5D,运行最低标准修改如下：

```
        MDA(H)          A            B            C            D
        GP INOP    180(120)     180(120)    180(120) 180(120)
```

标准译文： OPERATION MINIMA CHANGED AS FLW:

```
        MDA(H)          A            B            C            D
        GP INOP    180(120)     180(120)    180(120) 180(120)
        REF AIP ZYTX AD2.24-10B AND AD2.24-10D.
```

10. 空域限制主题（R）的 Q 码（RT）

```
(A2694/13 NOTAMN
Q)CZQM/QRTCA/IV/NBO/W/000/250/4546N06629W010
A)CZQM B)0404131200 C)0404222100
D)1200-2100 DLY
E)MIL ACTIVITY AREA BOUNDED BY 4546N6629W, 4536N6653W, 4529N6639W, 4528N6621W
THEN NORTH ALONG THE WEST BOUNDARY OF CYR724 TO POINT OF ORIGIN.
F)SFC   G)FL250)
```

（1）Q 码选择 RTCA 时，E)项中的必要要素、可选要素、注意事项及示例参见表 6-25。

表 6-25　RTCA E)项编写指南

	NR	要　素　名　称	要　素　描　述
必要要素	1	名称	限制区
	2	状态	有活动
	3	数据	时间、水平、垂直范围
	4		
可选要素	1	原因	因军事活动、其他活动
	2		
	3		
	4		

续表

	NR	要 素 名 称	要 素 描 述
备注			

例:
E)因南京青奥会,划设临时空中限制区:以 N320215E1184630 为中心,半径 20 km 范围内,高度为地面至无限高。其间,民航航班正常飞行,停止该区域内通用航空飞行.

(2) Q 码选择 RTCA 时,常用的 E)项中英文标准用语如下:

示例: 划设临时限制区,以 N2815E10202 为中心,半径 20 千米范围内,高度为地面至无限高,要求净空.

标准报文:新增临时限制区,以 N2815E10202 为中心,半径:20KM,高度:GND–UNL,要求净空.

标准译文:TEMPORARY RESTRICTED AREA ESTABLISHED WI AN AREA CENTERED AT N2815E10202 WITH RADIUS OF 20KM, VERTICAL LIMIT: GND–UNL, NO ACTIVITY ALLOWED.

11. 警报主题(W)的 Q 码(WL)

> 301316 ZBAAOIXX
> (C3637/19 NOTAMN
> Q)ZBPE/QWLLW/IV/M/W/000/999/3737N11234E005
> A)ZBPE B)1912010115 C)2005312045
> D)0115-0245 0715-0845 1915-2045 DLY
> E)每日三次释放高空探测气球,地点:太原市小店区北格镇张花村村东,坐标:N373717E1123435,探测气球颜色为乳白色,直径约 3 米,升速 400 米/分,飞行高度约 30 000 米,飞行时间最大约 90 分钟,请机组注意观察.
> F)GND G)30000M AMSL)

(1) Q 码选择 WLLW 时,E)项中的必要要素、可选要素、注意事项及示例参见表 6-26。

表 6-26　WLLW E)项编写指南

	NR	要 素 名 称	要 素 描 述
必要要素	1	名称	自由升空气球
	2	状态	释放
	3	数据	位置、颜色、升限等
	4		
可选要素	1	其他数据	范围、尺寸、体积、上升率、留空时间、次数、发射无线电信号情况等
	2		
	3		
备注			

例:
E)释放气象气球,位置:
1. N232300E1032300 2.N265100E1001300
2. N224700E1005800 4.N250100E0983000
气球直径:1.5 m,上升率:400 m～4 m/min,升限:30 000 m(AGL),留空时间:100 min.

（2）Q 码选择 WLLW 时，常用的 E)项中英文标准用语如下：

示例：施放气象探空气球.

    1. 施放地点：昆明 N232300E1032300　丽江 N224700E1005800

    2. 气球直径约 1.5 m，颜色白色，上升速度 400 m/min，升限 32 000 m，气球留空时间 120 min.

标准报文：　释放气象气球，位置：

    1. N232300E1032300.

    2. N224700E1005800.

气球直径：1.5M，颜色：白色，上升率：400M/MIN，升限：32 000M(AGL)，留空时间：120MIN.

标准译文：　MET BALLOON ASCENT TAKE PLACE, PSN:

    1. N232300E1032300.

    2. N224700E1005800.

DIAMETER:1.5M, COLOUR: WHITE, ASCENT RATE: 400M/MIN, CEILING: 32,000M(AGL), FLOATING TIME: 120MIN.

12. 其他主题（O）的 Q 码（OB）

（E 2064/19 NOTAMN

Q)ZBPE/QOBCE/IV/M/A/000/999/3907N11721E005

A)ZBTJ B)1910091600 C)PERM

E)NEW TEMPORARY OBST ERECTED AS FLW, ALL DATA BASED ON ARP:

NR.	OBSTACLE TYPE	BRG(MAG)(DEG)	DIST(M)	ELEVATION(M)
01	CHIMNEY	103	25621	210.30
02	CHIMNEY	117	37318	157.48
03	TWR	122	30515	470.10
04	BUILDING	159	47254	171.14
05	BUILDING	247	10147	297.70
06	BUILDING	275	11578	344.00）

（1）Q 码选择 OBCE 时，E)项中的必要要素、可选要素、注意事项及示例参见表 6-27。

表 6-27　OBCE E)项编写指南

	NR	要 素 名 称	要 素 描 述
必要要素	1	名称	障碍物
	2	类型	塔吊、烟囱等
	3	状态	竖立
	4	数据	位置、高度
可选要素	1	其他数据	数量、性质、吊臂长度、标识等
	2		
	3		
	4		

续表

	NR	要 素 名 称	要 素 描 述
备注			

例：
E）新建塔吊，位置如下：
E）以 ARP 为中心，半径 15km 范围内新建障碍物，详情如下（方位和距离以 ARP 为基准）。

序号	障碍物类型	方位(磁)(DEG)	距离(m)	标高(m)
01	塔吊	181	3132	2147.5
02	烟囱	182	3171	2149.8

（2）Q 码选择 OBCE 时，常用的 E)项中英文标准用语如下：

示例一：机场新建塔台位于：RWY02L/20R 跑道中心圆 1084 m，磁方位 153°，高度 580.4 m.

标准报文： 新增塔台，位置：距 RWY02L/20R 跑道中心 1,084 M，磁方位 153 DEG，高度 580.4 M.

标准译文： NEW TWR ERECTED, PSN: 153 DEG(MAG)AND 1,084M FM RWY02L/20R CENTER, ALT: 580.4 M(AMSL).

示例二：15 千米范围新增障碍物（以机场参考点为基准）：

NR.	障碍物类型	磁航迹（度）	距离（米）	标高（米）
1.	CRANE	122	1377	482.7
2.	CRANE	126	1411	493.5

白天有红旗晚上有红灯.

标准报文： 15KM 范围新增障碍物（以机场参考点为基准），数据如下：

NR.	障碍物类型	磁航迹（DEG）	距离（M）	标高（M）
1.	CRANE	122	1,377	482.7
2.	CRANE	126	1,411	493.5

设警示标志.

标准译文： NEW OBST(ALL DATA BASED ON ARP)ERECTED WITHIN A 15KM RADIUS CIRCLE, AS FLW:

NR.	OBSTACLE TYPE	BRG(MAG)(DEG)	DIST(M)	ELEVATION(M)
1.	CRANE	122	1,377	482.7
2.	CRANE	126	1,411	493.5

MARKED AND LIGHTED.

涉及其他 Q 码的航行通告在编写 E)项时，请参考《民用航空情报航行通告 E 项要素编写指南》和《航行通告中英文标准用语》两份文件。

6.5.2 不规范航行通告示例

航行通告发布内容的准确性和完整性能否达到质量要求，将直接影响到民航行业的运行安全，但是在实际工作中，依然会存在不规范的航行通告，主要分为两大类，一类是限定行（Q 行）不规范，另一类是 E)项明语描述不规范。限定行不规范的航行通告，主要包括 Q 码使用不当或 Q 码所述与正文矛盾、Q 行中的影响范围与 A)项不对应、航行通告下限和上限不明确、航行通告的坐标填写不正确、航行通告涉及情报区填写不准确。E)项明语不规范主要包括 E)项表述不完整、使用了非专业术语、表述含混不清、冗余信息等方面。下面通过几个案例来分析不规范的航行通告。

1. Q 码使用不当或 Q 码所述与正文矛盾

（1）(N6267/03 NOTAMN
Q)YBBB/QMXLH/I/NBO/A/000/999/1241S13086E005
A)YPDN B)0311302100 C)0312020900
D)2100-0900 DAILY
E)TWY ECHO AND TWY UNIFORM NOT AVBL TO EMB-120 DUE WIP ON BAYS 9 AND 10.)

该通告 Q 码第 4、5 个字母使用"LH"表示"超过……重量的航空器不能使用"，而 E)项明语中指的是"因施工滑行道对 EMB-120 关闭"。正确的 Q 码应为 QMXLT。

（2）(A0105/04 NOTAMN
Q)VNSM/QNLCM/IV/BO/A/000/999/2742N08522E025
A)VNKT B)0412150415 C)PERM
E)AT THE SEGMENT OF ROUTE BTN GASAN AND JENAM, 'SOKGE' POINT CHANGED.
COORDINATES: N3943.9 E125.46.0, RADIALL 016DEG/GK , DME 56NM/GK.)

该通告 Q 码使用"QNLCM"表示"示位信标移位"，而 E)项明语中指的是位置报高点改变位置。正确的 Q 代码应为 QAPCM。

2. E)项内容描述有歧义

(C0229/00 NOTAMN
Q)ZBPE/QMXLT//NBO/A/000/999/4004N11636E005
A)ZBAA B)1907010800 C)1907131900
E)A 滑行道和 B 滑行道之间的 C 滑行道及 D 滑行道关闭.)

根据该航行通告的 E 项内容，航空情报用户无法判断是整条 D 滑行道关闭，还是只 A 滑行道和 B 滑行道之间的 D 滑行道关闭，因此这份航行通告的发布内容存在歧义，容易对飞行机组的滑行操作造成误导，甚至导致航空器误滑入已关闭的区域。

3. 综合案例

(C0129/00 NOTAMN
Q)ZYSH/QWMLW/IV/NBO/W/000/999/3958N11944E/005
A)ZBSH B)200004170001   C)200006022359
E)昌黎靶场导弹射击，范围 N392000E1191000, N393600E1191000, N393600E1194000, N392000E1194000
四点连线内，基点 N393210E1191110, 射向 110 度，正负 10 度，半径 26KM
F)GND G)30000 AMSL.)

存在的问题包括：

Q)行中的上、下限不应为 000/999，应为所影响的垂直范围，而且应上限向上取整、下限向下取整；

Q)行中坐标不应为 ZBSH 基准点坐标，而应为导弹发射影响区域大致中心的坐标，简便起见可以采用炮射基点坐标；

Q)行中的影响半径不应为 5 NM，该半径应以所提供的基点坐标为圆心，足以覆盖整个影响区域，本例半径应把 26 KM 换算为 NM；

A)项中填入了 ZBSH，而 Q)行中影响范围只填写了一个 W，如果 A)项是正确的，则 Q)行应填入 AW；如果 Q)行是正确的，则 A)项中应填入区域所在情报区代码。实际上炮射一般是不可能在机场内进行的，那么正确的写法是 A)项中应为情报区代码；

B)、C)项的时间不正确，应为十位数字 B)0004170800 C)0006022000；

D)项分段时间没有，应为 D)0800-2000 DAILY；

E)项范围描述坐标点应用"-"连接，并且首尾坐标点一致：N392000E1191000-N393600E1191000-N393600E1194000-N392000E11940000- N392000E1191000 五点连线内；

G)项中的数据只提供的基准面而没有单位；

应参照航图，认真分析确定该影响区域和基点位于哪个情报区。（本通告炮射范围在北京情报区）

正确的航行通告如下：

> （C0129/00　NOTAMN
>
> Q）ZBPE/QWMLW/IV/BO/W/000/300/3920N11925E015
>
> A）ZBPE　　B）0004170800　　C）0006022000
>
> D)0800-2000 DILY
>
> E）昌黎靶场导弹射击，范围 N392000E1191000-N393600E1191000-N393600E1194000-N392000E1194000-N392000E1191000-N393210E1191110，射向 110 度，正负 10 度，半径 26 KM.
>
> F)GND　　　G)9150M AMSL）

6.6　航行通告应用案例

本部分针对运行中影响比较大的几类航行通告进行分析，以说明航行通告在实际运行中的应用情况。

1. 灯光设施故障

机场灯光系统对航空器的安全运行有着非常重要的作用，灯光故障类航行通告属于比较常见的航行通告，下面以进近灯光系统故障和跑道边线灯故障为例来分析此类航行通告可能对运行造成的影响。

示例一： 进近灯光系统故障。

> （C2434/19 NOTAMN
>
> Q)ZPKM/QLAXX/IV/BO/A/000/999/2632N10648E005
>
> A)ZUGY B)1906181200 C)1910102359
>
> E)RWY19 I 类精密进近灯光系统长度由 900 m 调整为 300 m，因扩建施工.)

根据《民用航空机场运行最低标准制定与实施准则》（AC-97-FS-2011-01）的规定，进近灯光系统长度的变化将会影响机场的着陆最低标准。贵阳机场 19 号跑道的进近方式包括 RNP ILS/DME、ILS/DME、VOR/DME、RNP APCH 四种，分别如图 6-11～图 6-14 所示。航行通告 C2434/19 中 RWY19 I 类精密进近灯光系统长度的变化将会对这四种进近方式的着陆标准产生影响。

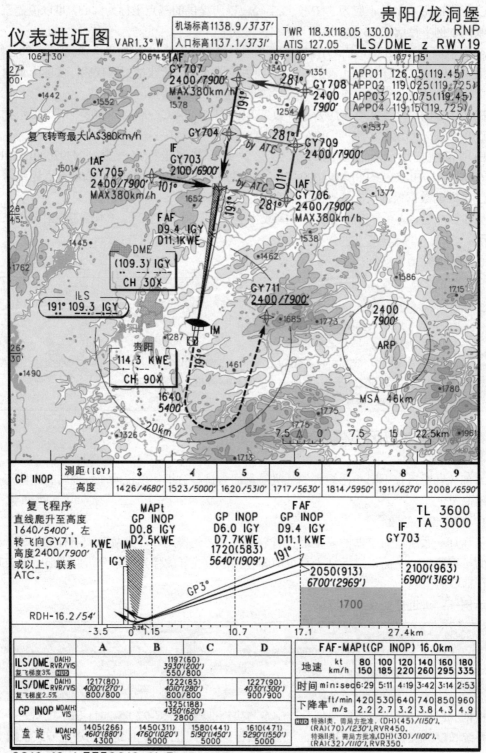

图 6-11　贵阳机场 19 号跑道 RNP ILS/DME 进近图

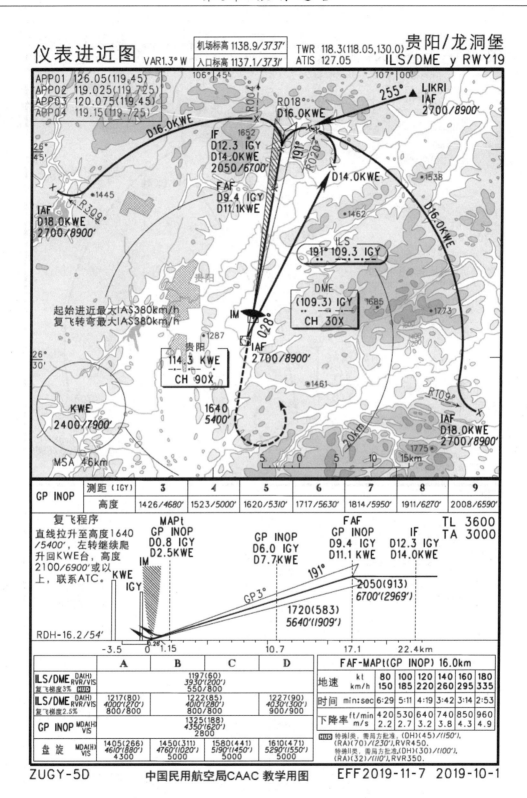

图 6-12 贵阳机场 19 号跑道 ILS/DME 进近图

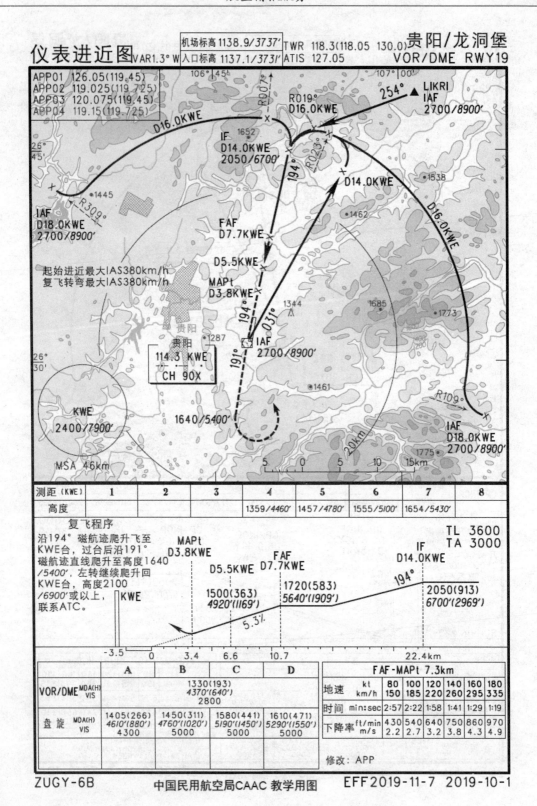

图 6-13 贵阳机场 19 号跑道 VOR/DME 进近图

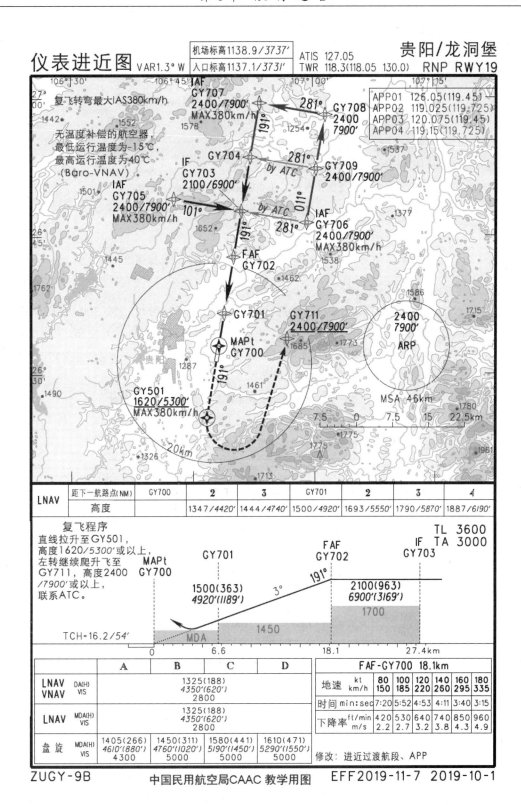

图 6-14　贵阳机场 19 号跑道 RNP APCH 进近图

1）RNP ILS/DME 和 ILS/DME 进近

下滑台工作的情况：

根据 AC-97-FS-2011-01 的 8.6.1 和 8.6.2（如图 6-15 所示）可得：

> **8.6.1 最小 RVR/VIS 可由下列公式计算得到：**
>
> **所需 RVR/VIS(m) = [DH 或 MDH(m)/tanθ] − 进近灯光长度(m)**
>
> **其中，θ 是最后进近下滑剖面的角度。**
>
> **8.6.2 计算得到的数值小于 800 m 时，以 50 m 向上取整；大于 800 m 小于 5000 m 时，以 100 m 向上取整；大于 5000 m 时，以 1000 m 向上取整。**

图 6-15　AC-97-FS-2011-01 中 ILS/DME 进近着陆最低标准的计算

复飞梯度 3%时，最低着陆标准如下。

A、B、C、D 类航空器：RVR/VIS=[DH/tanθ]-进近灯光长度=60/5.2%-300=853.85 m，向上 100 m 取整为 900 m。根据 AC-97-FS-2011-01 的 8.6.3（如图 6-16 所示）可知：进近灯光系统的长度为 300 m，属于基本进近灯光系统（BALS），RVR/VIS 的最低值为 1200 m，因此此时的最低着陆标准 RVR/VIS 为 1200 m。

> **8.6.3 如果计算出的数值小于表 4 列出的值，则取表 4 中的数值作为最低标准。**

表4　各种进近在不同进近灯光系统下的最小 RVR/VIS

进近灯光系统	飞机类别	最小 RVR/VIS/m			
		ILS/GLS	ILS(GP 不工作)APV(LNAV/VNAV)	VOR RNP(LNAV)	NDB
FALS	A、B、C	550	800	800	1200
	D		1200	1600	1600
IALS	A、B、C	800	1200	1200	1200
	D		1600	1600	1600
BALS 和 NALS	A、B、C、D	1200	1600	1600	1600

图 6-16　AC-97-FS-2011-01 中最小 RVE/VIS 规定

复飞梯度 2.5%时，最低着陆标准如下。

A 类航空器：RVR/VIS=[DH/tanθ]-进近灯光长度=80/5.2%-300=1238.46 m，向上 100 m 取整为 1300 m，根据 AC-97-FS-2011-01 中 8.6.3 的规定，ILS 进近，进近灯光系统为 BALS 时，最低 RVR/VIS 为 1200 m，因此着陆最低标准为 RVR/VIS 为 1300 m。

B 类和 C 类航空器：RVR/VIS=[DH/tanθ]-进近灯光长度=85/5.2%-300=1334.62 m，向上 100 m 取整为 1400 m，根据 AC-97-FS-2011-01 中 8.6.3 的规定，ILS 进近，进近灯光系统为 BALS 时，最低 RVR/VIS 为 1200 m，因此着陆最低标准为 RVR/VIS 为 1400 m。

D 类航空器：RVR/VIS=[DH/tanθ]-进近灯光长度=90/5.2%-300=1430.77 m，向上 100 m 取整为 1500 m，根据 AC-97-FS-2011-01 中 8.6.3 的规定，ILS 进近，进近灯光系统为 BALS 时，最低 RVR/VIS 为 1200 m，因此着陆最低标准为 RVR/VIS 为 1500 m。

下滑台不工作的情况（GP INOP）：

A、B、C、D 类航空器：RVR/VIS=[MDH/tanθ]-进近灯光长度=188/5.2%-300=3315.38 m，向上 100 m 取整为 3400 m，根据 AC-97-FS-2011-01 中 8.6.3 的规定，ILS 进近（GP INOP），进近灯光系统为 BALS 时，最低 RVR/VIS 为 1600 m，因此着陆最低标准为 RVR/VIS 为 3400 m。

2）RNP APCH 进近

LNAV/VNAV 的着陆最低标准如下。

A、B、C、D 类航空器：RVR/VIS=[DH/tanθ]-进近灯光长度=188/5.2%-300=3315.38 m，向上 100 m 取整为 3400 m，根据 AC-97-FS-2011-01 中 8.6.3 的规定，LNAV/VNAV，进近灯光系统为 BALS 时，最低 RVR/VIS 为 1600 m，因此着陆最低标准为 RVR/VIS 为 3400 m。

LNAV 的着陆最低标准如下。

A、B、C、D 类航空器：RVR/VIS=[MDH/tanθ]-进近灯光长度=188/5.2%-300=3315.38 m，向上 100 m 取整为 3400 m，根据 AC-97-FS-2011-01 中 8.6.3 的规定，LNAV/VNAV，进近灯光系统为 BALS 时，最低 RVR/VIS 为 1600 m，因此着陆最低标准为 RVR/VIS 为 3400 m。

3）VOR/DME 进近

A、B、C、D 类航空器：RVR/VIS=[MDH/tanθ]-进近灯光长度=193/5.2%-300=3411.54 m，向上 100 m 取整为 3500 m，根据 AC-97-FS-2011-01 中 8.6.3 的规定，VOR/DME 进近，进近灯光系统为 BALS 时，最低 RVR/VIS 为 1600 m，因此着陆最低标准为 RVR/VIS 为 3400 m。

另外，进近灯光系统的故障会对 HUD 运行产生影响，民航局咨询通告《使用平视显示器（HUD）运行的评估与批准程序》（AC-91-FS-2016-03R2）中规定：使用 HUD 实施特殊批准 I 类精密进近运行时，要求有可分级调节的简易进近灯光系统，或 I 类进近灯光系统（可带有顺序闪光灯），或更高类别；使用 HUD 实施特殊批准 II 类精密进近运行时，要求有 I 类进近灯光系统（可带有顺序闪光灯），或更高类别；根据《国际民用航空公约》附件 14 的规定，简易进近灯光系统应由一行位于跑道中线延长线上并尽可能延伸到跑道入口不小于 420 m 处的灯具和一排在距跑道入口 300 m 处构成一个长 30 m 或 18 m 的横排灯的灯具组成。I 类精密进近灯光系统的全长应延伸到距跑道入口 900 m，因场地条件限制无法满足上述要求时可以适当缩短，但总长度不得低于 720 m。该航行通告的内容为"RWY19 I 类精密进近灯光系统长度由 900 m 调整为 300 m，因施工"，因此 19 号跑道的 HUD 特殊批准 I 类精密进近以及 HUD 特殊批准 II 类精密进近都不能运行。

示例二：跑道边线灯故障。

（C1605/08 NOTAMN
Q)ZGZU/QLEXX/IV/BO/A/000/999/2200N11338E005
A)ZGSD B)0808202000 C)0808211300EST
E)RWY05/23 跑道边线灯的灯间距由 60 m 变为 120 m，由于供电线路故障.)

根据《国际民用航空公约》附件 14 的规定，跑道边线灯的灯间距最大不允许超过 100 m，因此应认为该跑道边线灯不工作，根据民航局咨询通告《民用航空机场运行最低标准制定与实施准则》（AC-97-FS-2011-01）的规定，当跑道灯不工作时，仅允许昼间运行，不允许夜间运行。值班签派员收到该航行通告时，会对公司飞往珠海机场且预计在夜间运行的航班进行评估，如果该通告生效时，航空器已经在飞行阶段，并且预计到达珠海机场时属于夜间运行阶段，则应根据航空器所在的位置，确定航班进行返航或者备降。如果该航空器尚未放行，则会取消该航班。

2．滑行道关闭的航行通告

因机场内施工或者滑行道维护会发布滑行道关闭的航行通告，下面以长沙黄花机场滑行道关闭为例来分析此类航行通告可能对运行造成的影响。

> （C1744/09 NOTAMN
>
> Q) ZGZU/QMXLC/IV/BO/A/000/999/2813N11315E005
>
> A) ZGHA B)0909200700 C)0909250700EST
>
> E) 1）H 滑行道以北的 A 滑行道关闭，因施工；2）距平滑北段以南 540 m 的 A 滑行道中心线上，距跑道西侧 60 m 处分别设置禁行标志和红色恒定灯光。)
>
> （C1745/09 NOTAMN
>
> Q) ZGZU/QMRXX/IV/BO/A/000/999/2813N11315E005
>
> A) ZGHA B)0909200700 C)200909250700EST
>
> E) 从 H 滑行道进入 18 号跑道起飞的飞机，可按 2600 m 可用起飞滑跑距离。)

结合长沙机场的机场图（图 6-17）对这两份航行通告进行分析。

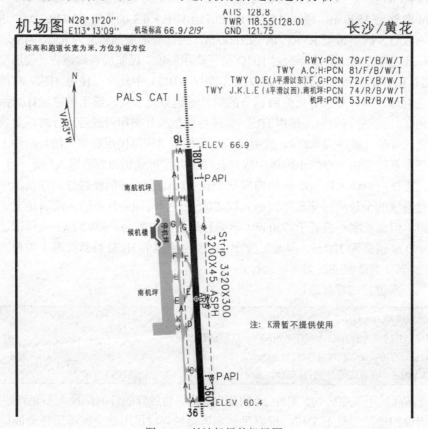

图 6-17　长沙机场的机场图

收到滑行道关闭的航行通告，一般航空公司会提醒机组注意，但是除发布航行通告 C1744/09 通知滑行道关闭之外，还发布了航行通告 C1745/09，通知从滑行道 H 进入 18 号跑道起飞的飞机，可按 2600 m 可用起飞滑跑距离。从图 6-18 的机场图中可以看出 H 滑行道以北的 A 滑行道是进入 18 号跑道入口的必经滑行道，当该段滑行道关闭时，飞机起飞有两种方案可选，一个是从 H 滑行道进入跑道，做中间点起飞，此时可用起飞滑跑距离使用 2600 m；另一个方案为飞机从 H 滑行道进入跑道后向 18 号跑道入口滑行，然后掉头做全跑道起飞，但需要考虑公司在该机场运行的机型在跑道上转弯时对跑道宽度的要求。如果跑道宽度符合飞机转弯的需要，公司需做两份起飞限重表，一份用于 H 滑行道的中间点起飞，一份用于全跑道起飞。

3. 导航台不工作

机场关键导航台故障，会影响飞行程序的使用，有时会影响航空公司的单发程序以及起飞性能表，下面以"西宁 VOR/DME 因校飞不提供使用"的航行通告为案例分析导航台不工作对运行的影响。

> （C0014/18 NOTAMN
> Q）ZLHW/QNMAS/IV/BO/AE/000/999/3634N10201E025
> A）ZLXN B）1802271050 C）1802282359EST
> E）西宁 VOR/DME 'XNN' 116.5MHZ/112X 不提供使用，因校飞.）

某航空公司值班签派员收到该航行通告后，将会结合航图对该航行通告进行分析，以西宁机场 29 号跑道为例进行分析，公司航班西宁—西安，起飞时一般在航路点 P15 加入航路。

（1）西宁/曹家堡 29 号跑道标准仪表离场图如图 6-18 所示，该离场图中共包括 9 种离场程序，在 'XNN'（116.5MHZ/112X）不提供使用期间，所有传统离场程序均不能使用，但是可使用 RNP 离场程序（如图 6-19 所示）或者采用雷达引导。RNP 离场程序的实施需要确认航空器是否具有 RNP 能力，且在雷达工作的情况下才可以实施，因此需与西宁塔台电话联系，确认可否使用 RNP 离场程序或者提供雷达引导。

（2）如果西宁塔台可以提供雷达引导或者可以使用 RNP 离场程序，签派员将会分析该导航台对单发失效的影响，从图 6-20 可以看出，航空器起飞离场后第一个航段的爬升梯度要求为 4.8%，对航空器的起飞限重影响较大，因此公司制定有单发离场程序 EOSID，如图 6-20 所示，从图中可以看出单发离场程序的第一个转弯点 D17.0 XNN 是由西宁 VOR/DME 'XNN' 的 DME 距离来确定的，因此该台故障期间，无法对转弯点进行定位，因此该单发失效离场程序不能使用。

（3）因西宁机场起飞性能表是基于单发离场程序 EOSID 制作的，如图 6-21 所示，所以该起飞性能表也不能使用，签派员需联系性能人员制作新的起飞性能表。

4. 航路（或航段）限制使用类航行通告

航空公司收到航路（或航段）限制使用的航行通告时，签派员在放行过程中一般考虑更改航路上部分航段的飞行高度、选择部分航路的绕飞、调整起飞时间等方式。下面以某航空公司针对兰州情报区和乌鲁木齐情报区的航路禁航航行通告的分析为例，说明此类航行通告的应用情况。

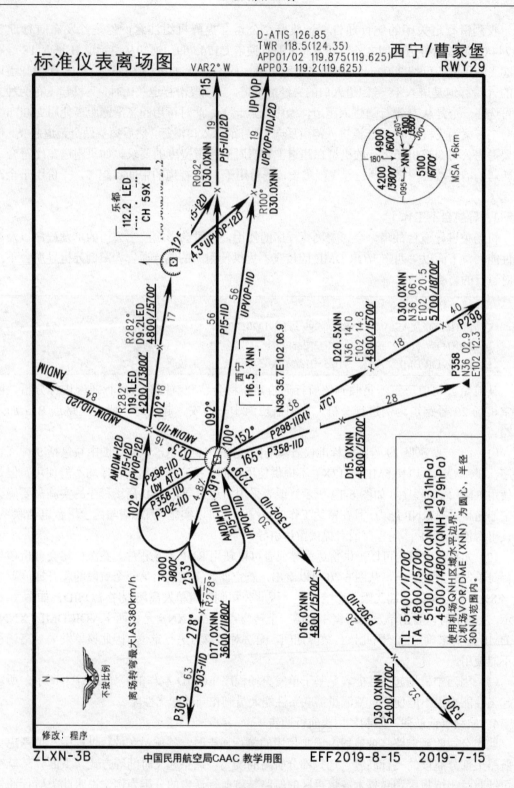

图 6-18　西宁/曹家堡 29 号跑道标准仪表离场图

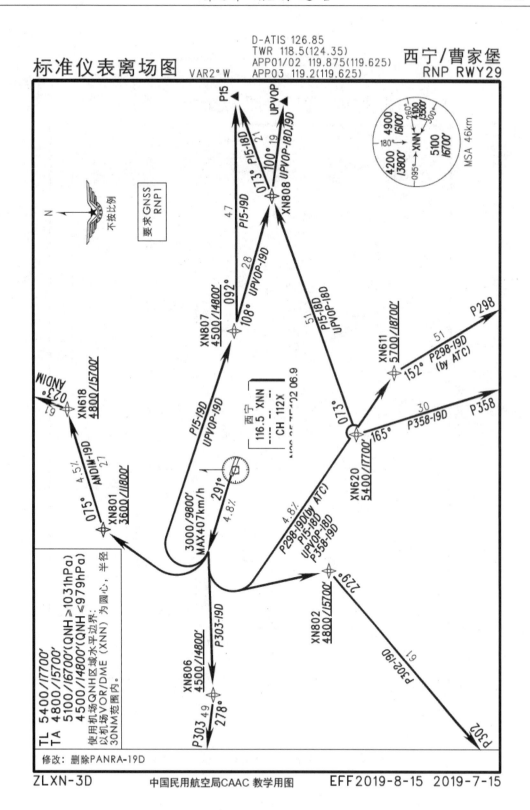

图 6-19　西宁/曹家堡 29 号跑道标准仪表离场图(RNP)

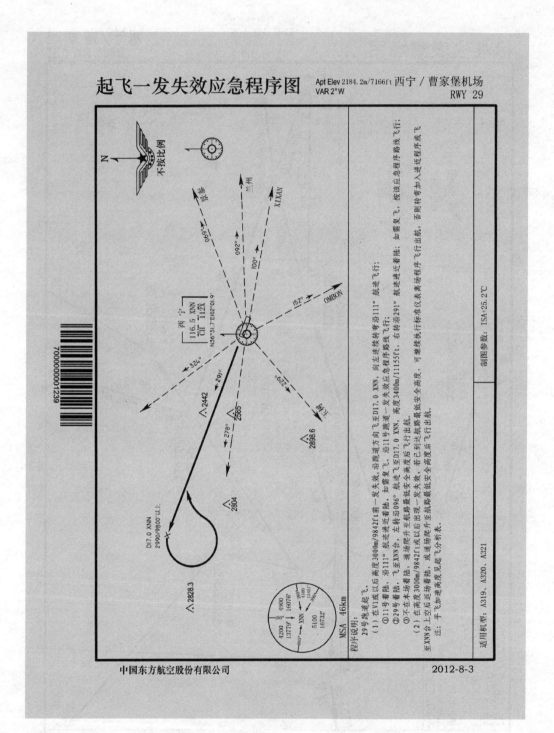

中国东方航空股份有限公司   2012-8-3

图 6-20   西宁/曹家堡 29 号跑道单发失效应急离场图

A319-115-SHARKLET

A319115 - JAA	CFM56-5B7 engines	XINING - CAOJIABAO XNN - ZLXN	**29**	33.0.0 17-Oct-16 AD115J01 V16
QNH 1013.25 HPA		Elevation 7091 FT TORA 3800 M		**Dry**
Air cond. Off		Isa temp 1 C TODA 3800 M	6 obstacles	**TOGA**
Anti-icing Off		Rwyslope 0.60% ASDA 3860 M		
All reversers inoperative		Line up dist. TOD/ASD: 15 M / 26 M		
Dry check		EOSID		

WEIGHT	CONF 1+F					CONF 2				
1000 KG	TAILWIND -10 KT	TAILWIND -5 KT	WIND 0 KT	HEADWIND 10 KT	HEADWIND 20 KT	TAILWIND -10 KT	TAILWIND -5 KT	WIND 0 KT	HEADWIND 10 KT	HEADWIND 20 KT
72	24 4/6 0.1 131/43/48	28 4/6 0.2 137/47/51	31 4/6 0.2 143/50/55	32 4/6 0.5 147/53/57	34 4/6 0.2 151/55/60	24 4/6 0.3 132/44/48	27 4/6 0.3 138/48/52	30 4/6 0.2 144/51/56	31 3/6 0.4 148/54/58	32 4/6 0.5 152/57/61
70	30 4/6 0.1 132/42/47	33 4/6 0.1 138/46/51	35 4/6 0.3 144/50/54	36 4/6 0.4 148/52/57	38 4/6 0.0 153/55/59	29 4/6 0.4 133/43/48	32 4/6 0.3 139/47/51	34 4/6 0.3 146/51/55	35 4/6 0.3 150/54/58	36 4/6 0.3 154/56/60
68	35 4/6 0.0 134/42/46	37 4/6 0.2 140/46/50	39 4/6 0.2 146/50/54	40 4/6 0.3 150/52/56	41 4/6 0.4 154/55/59	34 4/6 0.3 135/43/47	36 4/6 0.3 141/47/51	38 3/6 0.1 148/51/55	39 4/6 0.1 152/53/57	39 4/6 0.6 156/56/60
66	39 4/6 0.1 136/42/46	41 4/6 0.2 142/46/50	42 4/6 0.6 148/49/53	43 4/6 0.6 152/52/56	44 4/3 0.5 152/52/57	38 4/6 0.3 137/42/46	40 4/6 0.3 143/47/50	41 3/4 0.6 149/51/54	42 3/4 0.5 153/53/56	42 3/4 0.5 154/54/57
64	43 4/6 0.1 138/42/46	45 4/6 0.1 144/45/49	46 3/4 0.8 148/48/52	46 3/4 0.5 150/50/54	47 3/4 0.1 150/50/54	42 4/6 0.2 139/42/46	43 4/6 0.5 145/47/50	44 3/3 0.0 150/50/53	45 3/4 0.4 150/50/54	45 3/4 0.5 151/51/55
62	47 4/6 0.0 140/42/45	48 3/4 0.5 145/45/49	49 3/4 0.0 146/46/50	49 3/3 0.0 147/47/51	50 3/4 0.0 148/48/52	45 4/6 0.0 141/42/46	47 3/4 0.5 146/46/49	47 3/4 0.5 148/48/51	48 3/4 0.1 148/48/51	48 3/4 0.3 149/49/52
60	50 3/4 0.4 141/41/45	51 3/3 0.0 143/43/47	52 3/4 0.2 144/44/48	52 3/4 0.5 145/45/49	53 3/4 0.0 146/46/49	49 4/4 0.2 142/42/45	50 3/4 0.1 144/44/47	50 3/4 0.5 145/45/49	51 3/4 0.1 146/46/49	51 3/4 0.3 147/47/50
58	53 3/4 0.5 139/39/43	54 3/4 0.4 141/41/44	54 3/4 0.9 143/43/46	54 3/4 1.2 144/44/47	54 4/7 0.0 132/37/41	52 4/4 0.3 140/40/43	53 3/4 0.1 142/42/45	53 3/3 0.0 143/43/46	54 3/4 0.0 143/43/47	54 3/4 0.0 144/44/47
56	54 4/7 0.0 130/30/34	54 4/7 0.0 129/29/33	54 4/7 0.0 124/29/33	54 4/7 0.0 128/29/34	54 4/7 0.0 127/28/32	54 4/4 1.0 138/38/41	54 4/7 0.0 132/32/35	54 4/7 0.0 129/31/34	54 4/7 0.0 131/31/34	54 4/7 0.0 130/30/33
54	54 7/7 0.0 110/22/27	54 7/7 0.0 110/22/26	54 7/7 0.0 110/22/26	54 7/7 0.0 110/22/26	54 7/7 0.0 110/22/25	54 4/7 0.0 110/23/24	54 4/7 0.0 110/23/26	54 7/7 0.0 110/22/26	54 7/7 0.0 110/22/26	54 7/7 0.0 110/22/25
52	54 7/7 0.0 110/17/21	54 7/7 0.0 110/17/21	54 7/7 0.0 110/17/21	54 7/7 0.0 110/17/21	54 7/7 0.0 110/17/21	54 7/7 0.0 110/17/21	54 7/7 0.0 110/17/21	54 7/7 0.0 110/17/21	54 7/7 0.0 110/17/21	54 7/7 0.0 110/17/21
50	54 7/7 0.0 110/17/21	54 7/7 0.0 110/17/21	54 7/7 0.0 110/17/21	54 7/7 0.0 110/17/21	54 7/7 0.0 110/17/21	54 7/7 0.0 110/17/21	54 7/7 0.0 110/17/21	54 7/7 0.0 110/17/21	54 7/7 0.0 110/17/21	54 7/7 0.0 110/17/21
48	54 7/7 0.0 110/17/21	54 7/7 0.0 110/17/21	54 7/7 0.0 110/17/21	54 7/7 0.0 110/17/21	54 7/7 0.0 110/17/21	54 7/7 0.0 110/17/21	54 7/7 0.0 110/17/21	54 7/7 0.0 110/17/21	54 7/7 0.0 110/17/21	54 7/7 0.0 110/17/21
GRAD1/GRAD2 (KG/C)	40/ 250	40/ 260	40/ 270	40/ 270	30/ 280	40/ 260	30/ 270	30/ 280	30/ 280	30/ 290

INFLUENCE OF RUNWAY CONDITION										
Wet	-1.4 -4 -15/ -4/ -4 (+53) -2.7 -7 -15/ 0/ 0	-1.3 -3 -15/ -4/ -4 (+53) -2.8 -6 -14/ 0/ 0	-0.9 -2 -12/ -3/ -3 (+53) -1.3 -3 -12/ 0/ 0	-0.9 -2 -10/ -2/ -2 (+53) -0.6 -2 -10/ 0/ 0	-1.2 -3 -8/ 0/ 0 (+53) -1.0 -3 0/ 0/ 0	-1.5 -4 -16/ -5/ -5 (+53) -3.5 -8 -15/ 0/ 0	-1.4 -3 -15/ -4/ -4 (+53) -3.0 -7 -11/ 0/ 0	-0.6 -2 -11/ -1/ -1 (+53) -1.4 -3 -11/ 0/ 0	-0.9 -2 -9/ -2/ -2 (+53) -0.7 -2 -8/ 0/ 0	-0.9 -2 -8/ -1/ -1 (+53) -0.9 -2 0/ 0/ 0

D QNH HPA	INFLUENCE OF DELTA PRESSURE									
-10.0	-0.9 -2 0/ 0/ 0 (+53) -0.9 -2 0/ 0/ 0	-1.3 -3 0/ 0/ 0 (+53) -1.3 -3 0/ 0/ 0	-0.8 -2 0/ 0/ 0 (+53) -0.8 -2 0/ 0/ 0	-0.9 -2 0/ 0/ 0 (+53) -0.9 -2 0/ 0/ 0	-0.8 -2 0/ 0/ 0 (+53) -0.8 -2 0/ 0/ 0	-0.9 -2 0/ 0/ 0 (+53) -0.9 -2 0/ 0/ 0	-0.9 -2 0/ 0/ 0 (+53) -0.9 -2 0/ 0/ 0	-0.8 -2 0/ 0/ 0 (+53) -0.8 -2 0/ 0/ 0	-0.8 -2 0/ 0/ 0 (+53) -0.8 -2 0/ 0/ 0	-0.9 -2 0/ 0/ 0 (+53) -0.9 -2 0/ 0/ 0
+10.0	+0.4 0 0/ 0/ 0 (+53) +0.4 0 0/ 0/ 0	+0.4 0 0/ 0/ 0 (+53) +0.4 0 0/ 0/ 0	+0.5 0 0/ 0/ 0 (+53) +0.5 0 0/ 0/ 0	+0.5 0 0/ 0/ 0 (+53) +0.5 0 0/ 0/ 0	+0.5 0 0/ 0/ 0 (+53) +0.5 0 0/ 0/ 0	+0.4 0 0/ 0/ 0 (+53) +0.4 0 0/ 0/ 0	+0.4 0 0/ 0/ 0 (+53) +0.4 0 0/ 0/ 0	+0.5 0 0/ 0/ 0 (+53) +0.5 0 0/ 0/ 0	+0.5 0 0/ 0/ 0 (+53) +0.5 0 0/ 0/ 0	+0.5 0 0/ 0/ 0 (+53) +0.5 0 0/ 0/ 0

On	INFLUENCE OF AIR COND.									
On	-1.6 -4 -1/ -1/ -1 -1.6 -4 -1/ 0/ 0	-2.1 -5 -1/ -1/ -1 -2.1 -5 -1/ 0/ 0	-2.2 -5 -1/ -1/ -1 -2.2 -5 0/ 0/ 0	-2.2 -5 -1/ -1/ -1 -2.2 -5 0/ 0/ 0	-2.3 -5 0/ 0/ 0 -2.3 -5 0/ 0/ 0	-2.3 -5 -1/ -1/ -1 -2.3 -5 -1/ 0/ 0	-2.3 -5 -1/ -1/ -1 -2.3 -5 0/ 0/ 0	-2.3 -5 0/ 0/ 0 -2.3 -5 0/ 0/ 0	-2.3 -5 -1/ -1/ -1 -2.3 -5 0/ 0/ 0	-2.3 -5 0/ 0/ 0 -2.3 -5 0/ 0/ 0

LABEL FOR INFLUENCE	OAT C DW CODES V1min/VR/V2 (kt)	VMC LIMITATION	Tref (OAT) = 19 C Tmax (OAT) = 41 C	Min acc height *****FT Maxacc height *****FT	Min QNH alt *****FT Max QNH alt *****FT
DW (1000 KG) D/TFLEX DV1-DVR-DV2 (KT) (TVMC OAT C) DW (1000 KG) D/TFLEX DV1-DVR-DV2 (KT)	LIMITATION CODES: 1=1st segment 2=2nd segment 3=runway length 4=obstacles 5=tire speed 6=brake energy 7=max weight 8=final take-off 9=VMU			Min V1/VR/V2 = 110/14/21 CHECK VMU LIMITATION Correct. V1/VR/V2 = 1.0 KT/1000 KG	

图 6-21 基于单发离场程序 EOSID 的起飞性能表

2018 年 1 月 20 日 19 时 37 分，某航空公司运控情报系统接收到兰州情报区 C0102/18 的航行通告如下：

> （C0102/18 NOTAMN
> Q）ZLHW/QARLT/IV/NBO/E/000/999/
> A）ZLHW B）1801211500 C）1801211540
> E)下列航路（线）段禁航:1.B215 航线 (IBANO - NUKTI)段，2.G470 航线（IBANO - BIKNO）段，3.W191 航路（MOVBI -KARVI)段.)

2018 年 1 月 20 日 21 时 48 分，运控情报系统接收到乌鲁木齐情报区 C0330/18 的航行通告如下：

> （C0330/18 NOTAMN
> Q）ZWUQ/QARLT/IV/NBO/E/000/999/
> A）ZWUQ B）1801211450 C）1801211540
> E)下列航路（线）段禁航: 1.W192 航线(IPMUN-RUSDI)段，2.W191 航线(MOVBI-MOVBI 以西 50KM)段，3.G470 航路(BIKNO-BIKNO 以西 50KM)段.)

运控中心情报席位接收到上述两则通告后，于 1 月 20 日 22 时 07 分，将受影响的公司航线通过邮件方式发送给了签派值班主任席位。1 月 21 日 6 时 30 分，签派值班主任将情报发送的邮件内容提醒了席位放行签派员。

08 时 15 分，签派员开始对郑州—克拉玛依某航班进行放行评估，根据《中国民航班机航线汇编》，郑州—克拉玛依的航线走向包括两条：北线和南线，如图 6-22 和图 6-23 所示。

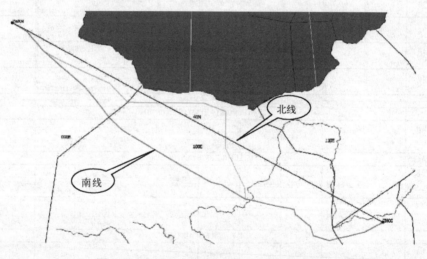

图 6-22　郑州—克拉玛依南线和北线的示意图

一般情况下郑州—克拉玛依航线采用南线航路放行，因此值班签派员按郑州—克拉玛依南线航路进行放行评估，根据兰州情报区通告 C0102/18 的禁航影响，计算出航班在郑州的起飞时间需要控制在 11 时 51 分之前或者 12 时 43 分之后；对乌鲁木齐情报区的 C0330/18 通告进行评估后，因受两条通告的共同影响，航班需控制起飞时间在 11 时 37 分之前或 12 时 43 分之后。

航线详细信息				
序号	出发城市或入境点	到达城市或出境点	编号	航线走向
2	郑州	克拉玛依	ZHCC-ZWKM-02	郑州/新郑经P320、H14烟庄NDB(ZS)、H132DOVOP、W541ADNEN、W94庆阳VOR(QIY)、W213SUNUV、W197ANDIM、B215IBANO、G470IPMUN、W192阜康VOR(FKG)、A368P221、

总距离(公里)	最低飞行高度(米)	8400米(含)以下飞行高度层(百米)	限制类班机航线使用条件	备注
2790	6015			

航线详细信息				
序号	出发城市或入境点	到达城市或出境点	编号	航线走向
1	郑州	克拉玛依	ZHCC-ZWKM-01	郑州/新郑经P320、H14烟庄NDB(ZS)、H132DOVOP、W541ADNEN、W94庆阳VOR(QIY)、W213SUNUV、B330GOBIN、W66NUKTI、B215阜康VOR(FKG)、A368P221、H73克拉玛依VOR

总距离(公里)	最低飞行高度(米)	8400米(含)以下飞行高度层(百米)	限制类班机航线使用条件	备注
3033	4905			

图 6-23 《中国民航班机航线汇编》中的南线和北线走向

9 时 30 分，放行签派员将之前计算的起飞时间报告签派值班主任后，需将起飞时间控制在 11 时 37 分之前或者 12 时 43 分之后的情况电话通知机长。9 时 35 分，签派值班主任将禁航影响报告运行经理，并请调配通知郑州场站配合保障航班。签派员随即与郑州塔台协调，要求尽量在 11 时 37 分之前让航班起飞，否则需在地面等待至 12 时 43 分之后。

如果签派员不能正确分析航行通告对运行的影响，假如使得飞机在 11:37—12:43 之间起飞，会造成航空器须在空中盘旋等待，直至航路恢复运行，或者实施空中更改航线，按照北线运行，签派员需要根据北线航路重新制订飞行计划，并分析北线释压程序和备降场是否符合运行标准，然后将北线航路通过 ACARS 发送给机组，并与机组核对机上燃油情况，确认机上燃油满足公司燃油政策，机长和签派共同决策该航班是实施空中盘旋等待还是改走公司北线航路。

5. 限制性空域有活动类的航行通告

限制性空域有活动类的航行通告一般会影响航路运行，下面以泰国情报区 VTBB 发布的 VT D58 危险区有活动的航行通告为例说明此类航行通告的应用。

```
(A0374/14 NOTAMN
Q)VTBB/QRDCA/IV/BO/EW/000/390/0955N09905E045
A)VTBB B)1402240100 C)1403070900
D)DLY 0100-0900 EXC SAT, SUN
E)VT D58 ACT
REF AIP SUPPLEMENT B2/12 AT WEBSITE WWW.AISTHAI.AVIATION.GO.TH VIEW AIP TOPIC
F)GND G)FL390)
```

该航行通告的内容为 2014 年 2 月 24 日—3 月 7 日（星期六和星期日除外），每天 1:00—9:00（UTC 时间），其间在 VT D58 区域内有活动，该区域具体信息参阅 AIP SUP B2/12。收到该航行通告后航空公司情报人员结合 AIP SUP B2/12 对该通告进行分析，并结合本公司航线，分析得出当危险区 VT D58 有活动时，北京—普吉往返航班使用的 B458 航路会受影响。受此影响的公司航线有两条，为了确保 VT D58 有活动期间航班能够正常运行，需制作临时改航绕飞航路，通知签派、机组和相关人员及领导，并把改航之后的新航线走向在公司系统进行修改，同时制作改航之后航线的 PIB 模版。

6. 新建障碍物类航行通告

随着我国城市化进程的加快，机场附近新建了很多的障碍物，这些建筑物可能会对飞行安全造成威胁，因此近年来有关障碍物的通告呈逐年递增的趋势。下面以航行通告 C4585/19 为例，分析障碍物类通告对运行的影响。通告如下：

（C4585/19 NOTAMN

Q）ZGZU/QOBCE/IV/M/A/000/999/XXXXNXXXXXE005

A)ZGBH B)1911220849　　C)2003252359 EST

E)新增临时障碍物（相对跑道中心）：

序号	障碍物名称	磁方位（°）	距离（m）	坐标	海拔高度
01	高江村 3 层民房	8	2092	N213330E1091746	35.6
02	高江村 2.5 层民房	7	2116	N213331E1091746	35.3

所有障碍物均未安装障碍物灯.)

某航空公司运控部门情报人员收到该航行通告后，认为该航行通告将会影响公司从北海福成机场起飞的航班，因此将该航行通告发送给性能席位，性能工程师将会对该通告中出现的障碍物利用性能软件进行分析，将航行通告中障碍物的位置和高度信息输入性能软件，得知该障碍物位于起飞离场保护区域，且障碍物的梯度为 2.2%，根据 CCAR-121 部的超障要求（从起点开始向起飞方向设置一个 1.2% 的梯度面，所有穿出该梯度面的障碍物均为计算中需要考虑的障碍物），航空器预定净起飞飞行轨迹需要以 10.7 m（35 ft）的余度超越该障碍物（净起飞轨迹为实际轨迹减 0.8%），因此会影响航空器的最大起飞重量，该障碍物的存在使航空器在当天放行条件下最大起飞重量由 164 000 磅变为 162 000 磅。性能工程师将障碍物的评估结果备注在航行通告的下面，并将其发送给值班签派员和航空情报员，由于通告下发时已生效，所以会电话紧急通知值班签派员，签派员在放行时会提醒机组关于该航行通告的影响。

C4585/19 ZGBH (2019-11-22-0849)-(2020-03-25-2359)(大约)

新增临时障碍物（相对跑道中心）：

序号	障碍物名称	磁方位（°）	距离（m）	坐标	海拔高度
01	高江村 3 层民房	8	2092	N213330E1091746	35.6
02	高江村 2.5 层民房	7	2116	N213331E1091746	35.3）

所有障碍物均未安装障碍物灯.

备注：01 号障碍物在起飞保护区，已根据该障碍物计算了新的机场分析，并上传 EFB 且立即生效，请注意使用最新的机场分析进行签派放行，并提示机组。

思 考 题

1. 简述我国航行通告的系列划分。

2. 请写出本章 6.4.1.4 节中由大连空管站发布的 D0086/19 号航行通告后续的所有转发报

文，转发报号自定。

3．请解读下列航行通告

（1）

> GG ZBYNOIXX
>
> 220725 EUECYIYN
>
> (A0468/20 NOTAMN
>
> Q)EETT/QFAAP/IV/NBO/A/000/999/5814N02231E005
>
> A)EEKE B)2003290000 C)2004302359EST
>
> E)AD AVBL,
>
> 24H PRIOR PERMISSION REQUIRED:DAILY 0000-0459 AND 1500-2359
>
> 2H PRIOR PERMISSION REQUIRED:DAILY 0500-1459
>
> PERMISSION MUST BE OBTAINED FM:APOC(A)TLL.AERO OR+3726058461.)

（2）

> GG ZBYNOIXX
>
> 221353 VTBDYNYX
>
> (A0714/20 NOTAMN
>
> Q)VTBB/QARCA/IV/BO/E/130/460/1355N10036E999
>
> A)VTBB B)2003230000 C)2003232359
>
> E)CONDITIONAL ROUTES(CDR)Y5 (RNAV5)AVAILABLE FOR FLIGHT PLANNING AS FLW:
>
> WEF:MINIMUM EN-ROUTE ALTITUDE LOWER/UPPER LIMITS
>
> 00:00-23:59   FL130-FL460
>
> F)FL130 G)FL460)

（3）

> GG ZBYNOIXX
>
> 221321 ZBBBYNYX
>
> (A0761/20 NOTAMN
>
> Q)ZJSA/QWMLW/IV/BO/W/000/492/1955N11114E007
>
> A)ZJSA B)2003230600 C)2003231000
>
> E)GUN FIRING WILL TAKE PLACE WI AN AREA BOUNDED BY:
>
> N195048E1110836-N195048E1111230-N200000E1112030-N200000E1110836
>
> -N195048E1110836,ALT:15,000M
>
> F)SFC G)15,000M AMSL)

（4）

> GG ZBYNOIXX
>
> 220357 UUUUYNYX
>
> (A1721/20 NOTAMN
>
> Q)UNKL/QMRXX/IV/NBO/A/000/999/5610N09230E005
>
> A)UNKL B)2003220530 C)2003220700
>
> E)RWY 11/29 OPN.
>
> NOTAM A0564/20 SUSPENDED DRG VALIDITY OF THIS NOTAM.)

（5）

```
GG ZBYNOIXX
230231 ZBAAOIXX
VDPP
(B0024/20 NOTAMN
Q)VDPP/QWELW/IV/BO/W/000/023/1132N10451E005
A)VDPP B)20032300 C)2004030400
D)2020 MAR 23 AT 2300 TO 24 AT 0400
        MAR 26 AT 2300 TO 27 AT 0400
        MAR 30 AT 2300 TO 31 AT 0400
        APR 02 AT 2300 TO 03 AT 0400
E)TRAINING FLT WILL TAKE PLACE OVER PNH AT ALT 2300 FT.
F)GND G)2300FT.)
```

（6）

```
GG ZBYNOIXX
230006 VTBDYNYX
(G0261/20 NOTAMR G0259/20
Q)VTBB/QGAXX/I/NBO/A/000/999/1726N10143E025
A)VTUL B)2003230006 C)2003242359
E)GPS RAIM PREDICTION FOR:
TSO-C129 FAULT DETECTION NO GPS RAIM OUTAGES.
TSO-C146A FAULT DETECTION ONLY NO GPS RAIM OUTAGES.
TSO-C146A FAULT DETECTION WITH EXCLUSION 2003231954/2003231959.
GPS RAIM UNAVAILABLE FOR RNP APPROACH)
```

4．请基于下面的情况发布航行通告。

（1）位于 N172500E1112000，半径 70 km 的 ZG(D)158 危险区将在 2019 年 5 月 3 日至 28 日每天 06:00—09:00 和 15:00—16:30 有飞行活动，高度 4000～18 000 m（MSL），请发 0254 号航行通告。（中南空管局航行通告室发至民航局国际航行通告室）

（2）自 2019 年 4 月 25 日 12:00 起至 2019 年 5 月 25 日 12:00，重庆江北机场 21 号跑道 PAPI 不能使用，因未进行飞行校验；重庆空管分局航行通告室发布 232 号航行通告。（重庆江北机场的基准点坐标 N2941.0E10636.4）

（3）广州新白云机场于 2019 年 5 月 1 日零时起，原 409～414 号停机位更名为 224～229 号，请发布第 197 号航行通告。（广州新白云机场的机场基准点坐标 N2320.4E11316.4）（中南空管局航行通告室发至民航局国际航行通告室）

5．请指出下述航行通告中不规范的地方：

```
(C0073/13 NOTAMN
Q）ZLHW/QWMLW/IV/BO/W/000/999/
A）ZLHW B）1308140800 C）1308252000
D）0800-2000 DLY
```

E）地窝铺炮射，PSN：N400920E0971133，射角：180°～270°，射程 12 km，请过往飞机飞够 120 km 转弯.)

6. 请结合航图 ZSNJ-5E（图 6-24）分析航行通告 C0998/20 对 24 号跑道的 RNAV ILS/DME 程序有什么影响？

（C0998/20　NOTAMN

Q)ZSHA/QNDAS/IV/BO/AE/000/999/3145N11853E

A)ZSNJ　B）2003050600　C)2003051830

E)DME 'NJL' CH83X 仅供测试, 不可使用, 因校飞.)

7. 请分析航行通告 C3680/17 对运行可能产生的影响。

（C3680/17 NOTAMN

Q)ZSHA/QLCAS/I/BO/A/000/999/2433N11808E

A)ZSAM　B)1712290230　C)1802280530

E)RWY05/23 跑道中线灯不工作.)

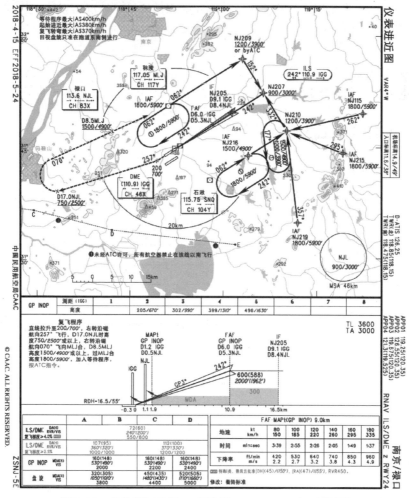

图 6-24　南京/禄口机场 24 号跑道 RNAV ILS/DME 进近图

第7章 雪情通告

当机场活动区内出现雪、冰、雪浆及相关积水时，飞机轮胎与道面间的摩擦力会减小，降落或起飞的飞机在跑道上会产生不规则滑动，不易保持方向，极易冲出跑道发生危险；如果跑道上有积雪或者局部结冰使得摩擦系数下降较多，甚至会造成跑道关闭。比如根据我国《运输机场运行安全管理规定》，当跑道摩擦系数低于0.30时，应当关闭跑道。因此机场活动区内出现雪、冰、雪浆及相关积水时，会对航空器的安全运行造成较大的影响，及时、准确地向机组通报跑道道面情况和刹车效应，让飞行员充分掌握跑道环境信息，是保障安全的一个关键环节。根据《国际民用航空公约》附件15的规定，当机场活动区内出现影响航空运行的雪、冰、雪浆及相关积水时，应及时发布雪情通告（SNOWTAM）。雪情通告是针对机场活动区内有雪、冰、雪浆及其相关的积水导致危险的出现和排除情况，以特定格式拍发的一个专门系列航行通告。雪情通告是航空器承运人在湿跑道和污染跑道运行时，进行飞机性能分析和签派放行的重要依据。根据我国《民用航空情报工作规则》的规定，雪情通告由各机场航空情报单位直接发至航空情报中心、地区航空情报中心以及与本场航班运行有关的机场航空情报单位。对外开放机场的雪情通告，由航空情报中心国际航行通告室向国外转发。

7.1 雪情通告的格式及编写示例

1. 雪情通告的格式

雪情通告的格式参见表7-1，主要分为三部分：报头、简化报头和正文部分。

表7-1 雪情通告格式

报头	电报等级→			收电地址 ⇚				
	签发时间→			发电地址 ⇚				
简化报头	SW 国家代码**序号				地名代码	观测时间		任选项
	S	W	*	*				不填写 ⇚

（SNOTAM 序号 ⇚	
发生地（四字地名代码）	A)→
观测时间（测定结束时间）	B) ⇚
跑道号码	C)→
跑道扫清长度	D)→
跑道扫清宽度	E)→
跑道堆积物：跑道每三分之一地段的堆积物。 NIL—没有积雪，跑道上干燥 　　1—潮湿 　　2—湿或小块积水 　　3—雾凇或霜覆盖（深度一般不超过1毫米）	F)

续表

报头	电报等级→		收电地址 ≪				
	签发时间→		发电地址 ≪				
简化 报头	SW 国家代码**序号		地名代码	观测时间		任选项	
	S W * *					不填写 ≪	

4—干雪 5—湿雪 6—雪浆 7—冰 8—压实或滚压的雪 9—冰冻的轮辙或冰脊	F) →
跑道平均雪深：跑道每三分之一地段的平均雪深	G)→
跑道摩擦系数：跑道每三分之一地段摩擦系数的情况和测量设备 测定或计算的系数 或 估计的表面摩擦力数字代码 0.4 和以上 好 5 0.39～0.36 中等偏好 4 0.35～0.30 中等 3 0.29～0.26 中等偏差 2 0.25 和以下 差 1 9 不可靠 不可靠 9	H) →
跑道临界雪堆	J) →
跑道灯	K) →
跑道清扫计划	L) →
预计完成跑道清扫计划的时间	M) →
滑行道堆积物	N) →
滑行道雪堆	P) ≪
停机坪堆积物	R) →
下次预计观测时间	S) ≪
明语说明	T))≪≡

（1）报头。雪情通告报头的格式与航行通告相同，包括电报等级、收电地址、签发时间和发电地址。

（2）简化报头。雪情通告简化报头的主要作用是方便雪情通告的自动处理、检索和查询。简化报头由三组代码组成"TTAAiiii CCCC MMYYGGgg"的形式，各组代码之间加一个空格，具体含义如下。

TT：雪情通告的识别标志，由两个字母组成，填写"SW"。

AA：国家或地区地理位置识别代码，由两个字母组成。国际分发的雪情通告应填写中国的国家代码"ZX"；国内分发的雪情通告应填写机场所属的地区代码，例如 ZB、ZL、ZW 或 ZY 等。

iiii：雪情通告序号，由四位数字组成，从每年公历 7 月 1 日零时开始，第一次发布雪情通告的序号为 0001，顺序编号至第二年的 6 月 30 日二十四时止。国际分发的雪情通告全国统一编号，国内分发的雪情通告各机场单独编号。

CCCC：发生雪情的机场四字地名代码。

MMYYGGgg：观测时间，由八位数字组成，其中 MM 表示月，YY 表示日，GG 表示时，gg 表示分，在国内发布使用的时间采用北京时间，对国际发布使用的时间采用 UTC 时间。

例如：北京首都机场第一号雪情通告，观测时间为北京时间 11 月 8 日 16 时整的简化报头："SWZB0001 ZBAA 11081600"。

（3）雪情通告标志和序号。雪情通告标志和序号应另起一行，并在标志前加正括号"("作为雪情通告的起始符。雪情通告标志为"SNOWTAM"，之后加一个空格填写序号；序号由四位数字组成，应与简化报头中的序号一致。例如：第二十号雪情通告："(SNOWTAM 0020"。

（4）A)项：发生地。发生地应另起一行，以项目编号"A)"开始，后接发生雪情的机场四字地名代码，应与简化报头的四字地名代码一致。

（5）B)项：观测时间。观测时间应在 A)项内容之后加一个空格，以项目编号"B)"开始，后接的八位数字应与简化报头中的观测时间一致。

（6）C)项：跑道号码。跑道号码以项目编号"C)"开始，后接数字小的跑道号码。

（7）D)项：跑道扫清长度。跑道扫清长度应在 C)项内容之后加一个空格，以项目编号"D)"开始，后接已扫清的跑道长度值（单位为 m）。该项应在跑道扫清长度小于公布的跑道长度时填写。未扫清的跑道长度和状况应在 T)项中用明语说明。

（8）E)项：跑道扫清宽度。跑道扫清宽度应在 D)项内容之后加一个空格，以项目编号"E)"开始，后接已扫清的跑道宽度值（单位为 m）。该项应在跑道扫清宽度小于公布的跑道宽度时填写。应从 C)项填写的跑道入口观测，当扫清宽度偏离跑道中心线左侧或右侧时，应在宽度值后标注"L"（偏左）或"R"（偏右）。

（9）F)项：跑道堆积物。跑道堆积物应在 E)项内容之后加一个空格，以项目编号"F)"开始，后接以数字或简缩字表示的跑道堆积物。应从 C)项填写的跑道入口观测，依次填写跑道每三分之一地段的堆积物，三个数字代码或简缩字之间用斜线"/"分开。应使用以下数字代码或简缩字表示跑道堆积物：

NIL——没有积雪，跑道上干燥；

1——潮湿；

2——湿或小块积水；

3——雾凇或霜覆盖（深度一般不超过 1 mm）；

4——干雪；

5——湿雪；

6——雪浆；

7——冰；

8——压实或滚压的雪；

9——冰冻的轮辙或冰脊。

如果同一部分跑道上存在一种以上的堆积物，应使用上述数字代码按照堆积物从上至下的堆积顺序依次填写。吹雪或者深度明显超过平均值的堆积物，或者堆积物的其他重要特征，可在 T)项中用明语说明。

（10）G)项：跑道平均雪深。跑道平均雪深应在 F)项内容之后加一个空格，以项目编号"G)"开始，后接跑道上平均积雪深度值（单位为 mm）。应从 C)项填写的跑道入口观测，依次填写跑道每三分之一地段平均积雪深度值，三个数值之间用斜线"/"分开。当无法测量或者对运行不重要时用"XX"表示。估计值应精确到：干雪 20 mm，湿雪 10 mm，雪浆 3 mm。

（11）H)项：跑道摩擦系数。根据我国《运输机场运行安全管理规定》，当机场出现三种情况，包括：①遇大雨或者跑道结冰、积雪；②在跑道上施洒除冰液或颗粒；③航空器偏出、冲出跑道时，机场管理机构应当立即测试跑道摩擦系数。跑道日航空器着陆 15 架次以上的机场，应当配备跑道摩擦系数测试设备，机场采用的跑道摩擦系数测试设备参见表 7-2。跑道摩擦系数测试在跑道中心线两侧 3～5 m 范围内进行。跑道表面摩擦系数应当包括跑道每三分之一段的数值及跑道全长的平均值。机场会将摩擦系数测试结果及时提交给航空情报服务部门，用于发布雪情通告。没有配备跑道摩擦系数测试设备的机场，应提供估计的表面摩擦力数字代码，见表 7-3。

跑道摩擦系数应在 G)项内容之后加一个空格，以项目编号"H)"开始，后接测定或计算的系数或估计的表面摩擦力数字代码。应从 C)项填写的跑道入口观测，依次填写跑道每三分之一地段的摩擦系数，三个系数或数字代码之间应用斜线"/"分开。

通过设备测定或计算获得的系数为小数，应直接填写小数点后的两位数字，并在第三个系数后空一格标注测量设备的简称（见表 7-2）；若无法获得此类系数，可采用一位数字表示的估计表面摩擦力数字代码（见表 7-3）；当道面情况或现有测量设备不允许进行可靠测量时，应填写数字代码"9"。

例如：填写测定或计算的系数"H)35/38/42 SFH"或估计的表面摩擦力数字代码"H)3/4/5"。

表 7-2　道面摩擦系数测量设备简称

简称	测量设备	简称	测量设备
SFL	道面摩擦力试验仪（低压轮胎）	SFH	道面摩擦力试验仪（高压轮胎）
GRT	制动试验仪	BRD	制动计量仪
SKL	溜滑仪（低压轮胎）	SKH	溜滑仪（高压轮胎）
RFT	跑道摩擦试验仪	MUM	MU 仪
TAP	泰普莱仪		

注：如使用表中未列的其他设备，可使用明语填写设备全称。

表 7-3　估计的表面摩擦力数字代码

测定或计算的系数	估计的表面摩擦力数字代码	
≥0.4	好	5
0.39～0.36	中等偏好	4
0.35～0.30	中等	3
0.29～0.26	中等偏差	2
≤0.25	差	1
9	不可靠	9

（12）J)项：跑道临界雪堆。当跑道存在临界雪堆时，应在 H)项内容之后加一个空格，以项目编号"J)"开始，后接临界雪堆的具体数值。应从 C)项填写的跑道入口观测，依次填写临界雪堆的高度值（单位为 cm）和离跑道边缘的距离值（单位为 m），两个数值之间用斜线"/"分开，并在第二个数值后标注雪堆位于跑道边缘的"L"（左侧）、"R"（右侧）或"LR"（左右两侧）。

（13）K)项：跑道灯。应从 C)项填写的跑道入口观测，当跑道灯被遮盖时，应在 J)项内容之后加一个空格，以项目编号"K)"开始，紧随填写"YES"，并空一格标注被遮盖的灯光位于跑道的"L"（左侧）、"R"（右侧）或"LR"（左右两侧）。

（14）L)项：跑道清扫计划。跑道清扫计划应在 K)项内容之后加一个空格，以项目编号"L)"开始，后接计划进一步清扫的跑道长度和宽度值（单位为 m），两个数值之间用斜线"/"分开，若计划清扫全部跑道，应填写"TOTAL"（全部）。

（15）M)项：预计完成跑道清扫计划的时间。预计完成跑道清扫计划的时间应在 L)项内容之后加一个空格，以项目编号"M)"开始，后接四位数字，从前至后每两位数字分别表示时和分。

（16）N)项：滑行道堆积物。滑行道堆积物应在 M)项内容之后加一个空格，以项目编号"N)"开始，后接滑行道堆积物的描述，可用 F)项中的数字代码或简缩字说明滑行道的情况。当没有滑行道可供使用时，应填写"NO"。

（17）P)项：滑行道雪堆。当滑行道存在雪堆时，应在 N)项内容之后加一个空格，以项目编号"P)"开始，紧随填写"YES"，并空一格填写雪堆与滑行道边缘的侧向距离值（单位为 m）。

（18）R)项：停机坪堆积物。停机坪堆积物应另起一行，以项目编号"R)"开始，后接停机坪堆积物的描述，可用 F)项中的数字代码或简缩字说明停机坪堆积物的情况。当停机坪不能使用时，应填写"NO"。

（19）S)项：下次预计观测时间。下次预计观测时间应在 R)项内容之后加一个空格，以项目编号"S)"开始，后接八位数字，从前至后每两位数字分别表示月、日、时和分。

（20）T)项：明语说明。明语说明应另起一行，以项目编号"T)"开始，后接以明语和简缩字填写的对机场运行具有重要意义的雪情状况，并在 T)项内容之后加反括号")"作为雪情通告的结束符。明语说明中的数据应标注计量单位，可结合 D)项和 F)项的内容说明未扫清的跑道长度及跑道每三分之一地段的污染情况，说明未扫清的跑道长度时可使用表 7-4 中的表述方法。

表 7-4　跑道污染情况的表述方法和含义

表 述 方 法	含　义
跑道污染百分之十 RUNWAY CONTAMINATION 10 PERCENT	表示跑道污染长度小于 10%
跑道污染百分之二十五 RUNWAY CONTAMINATION 25 PERCENT	表示跑道污染长度为 11%～25%
跑道污染百分之五十 RUNWAY CONTAMINATION 50 PERCENT	表示跑道污染长度为 26%～50%
跑道污染百分之百 RUNWAY CONTAMINATION 100 PERCENT	表示跑道污染长度为 51%～100%

2. 雪情通告编写完整示例

以天津/滨海机场的一份雪情原始资料为例说明雪情通告的编写内容。由天津机场相关单位提交的雪情相关原始资料的信息参见表 7-5，天津空管分局情报室基于此原始资料发布第 15 号雪情通告，假设为发至华北地区情报中心。

编写的雪情通告如下：

```
GG ZBAAOFXX
101535 ZBTJOIXXX
```

SWZB0015 ZBTJ 01101530

(SNOWTAM 0015

A)ZBTJ B)01101530

C)16L D)1600 E)30L F)4/45/6 G)2/70/145 H)32/28/26 SFL J)40/5LR K)YES LR L)2400/45 M)1630 N)NO P)YES 25

C)16R D)2400 E)40R F)4/5/6 G)2/75/150 H)3/2/2 J)45/7L K)YES L L)TOTAL M)1630 N)45 P)YES 27 R)5 S)01101630

T)RWY16L CONTAMINATION 50 PERCENT，LENGTH OF UNCLEARED RWY16L 1600M， SNOW DRIFTING TO 210MM ON TWY P AND TWY N.RWY16R CONTAMINATION 25 PERCENT， LENGTH OF UNCLEARED RWY16R 1200M， SLUSH ON TWY A5 AND A6， OTHER TWY AND ALL APRON COVERED WITH WET SNOW.)

表 7-5　雪情通告相关原始资料

简化报头：国际分发的第 15 号雪情通告，天津滨海机场，观测时间为 1 月 10 日 15 时 30 分（北京时间）。		
雪情通告标志和序号：SNOWTAM 0015		
A) 发生地：天津滨海机场		
B) 观测时间：1 月 10 日 15 时 30 分（北京时间）		
C) 跑道号码	16L	16R
D) 跑道扫清长度	1600 m	2400 m
E) 跑道扫清宽度	30 m，偏左	40 m，偏右
F) 跑道堆积物（每三分之一地段）	干雪、干雪和湿雪、雪浆	干雪、湿雪；雪浆
G) 跑道平均雪深（每三分之一地段）	2 mm、70 mm、145 mm	2 mm、75 mm、150 mm
H) 跑道摩擦系数（每三分之一地段）	测定值：0.32、0.28、0.26 测量设备：道面摩擦力试验仪（SFL）	估计值：中等、中等偏差、中等偏差
J) 跑道临界雪堆	雪堆高度 40 cm 距跑道边缘左右两侧各 5 m	雪堆高度 45 cm 距跑道边缘左侧 7 m
K) 跑道灯	左右两侧跑道灯被遮盖	左侧跑道灯被遮盖
L) 跑道清扫计划	计划扫清跑道长度 2400 m 计划扫清跑道宽度 45 m	计划扫清全部跑道
M) 预计完成跑道清扫计划的时间	16 时 30 分	16 时 30 分
N) 滑行道堆积物	没有滑行道可供使用	干雪和湿雪
P) 滑行道雪堆	雪堆距滑行道边缘侧向距离为 25 m	雪堆距滑行道边缘侧向距离为 27 m
R) 停机坪堆积物：湿雪		
S) 下次预计观测时间：1 月 10 日 16 时 30 分		
T) 明语说明：跑道 16L 污染长度为 26%～50%，未扫清的跑道长度 1600 m，滑行道 P 和 N 的道面上有 210 mm 的吹积雪。跑道 16R 污染长度为 11%～25%，未扫清的跑道长度 1200 m，滑行道 A5 和 A6 的道面上有雪浆，其他滑行道和所有停机坪被湿雪覆盖。		

7.2 雪情通告的发布原则

发布雪情通告应遵循以下几条原则。

（1）对于多跑道运行机场，一份雪情通告在发布两条（含）以上跑道的雪情时，应按照跑道号码从小到大的顺序，针对每条跑道重复 C)项至 P)项（见附录 D），分别说明每条跑道的雪情。当其中一条跑道的雪情发生变化时，也应发布新的雪情通告，可采用最新一次的观测时间，雪情未发生变化的其他跑道可按上一次公布的数据（值）发布。

（2）编写过程中当 D)项至 S)项中的某项没有内容可填写时，应省略该项的项目编号和内容。

（3）雪情通告出现错误时应发布新的雪情通告，不应签发雪情通告更正报。

（4）国际分发的雪情通告应使用英文和简缩字编写，时间应使用协调世界时；国内分发的雪情通告可使用中文和简缩字编写，时间应使用北京时。

（5）雪情通告的最长有效时间为 24 小时。

（6）雪情有重要变化时，应及时发布新的雪情通告，上一份雪情通告同时失效。下列关于跑道情况的变化为重要变化：

摩擦系数变化约为 0.05；

堆积物深度变化大于：干雪 20 mm，湿雪 10 mm，雪浆 3 mm；

跑道可用长度和宽度变化大于 10%（含）；

堆积物类别或覆盖范围有变化，需要重新填写 F)项或 T)项；

当跑道一侧或两侧有临界雪堆时，雪堆的高度或离跑道中心线的距离有任何变化；

跑道灯被遮盖，灯光亮度有明显变化；

根据经验或当地环境，任何其他已知的重要变化。

7.3   雪情通告应用案例及分析

日期：2015 年 2 月 28 日

航班信息：

北京—昆明 DR6501，预计起飞时间：09:55，预计落地时间：13:05，机型：波音 747

```
SNOWTAM:
DD ZUUUOIXX ZUUUYNKG
280103 ZBAAOIXX
SWZB0009 ZBAA 02280846
(SNOWTAM 0009
A) ZBAA B)02280846
C)01 D)2500 E)50 F)5/6/5 H)34/44/34
C)18L E)35 F)1/2/1 G)1/1/1 H)42/45/42
C)18R F)3/3/3 H)43/45/39
T) SNOWING)
```

放行分析：

目前前序航班无延误，DR6501 航班正在有序保障，预计起飞时间前一小时收到北京机场雪情通告，目前三条跑道均报雪情信息。

01/19 号跑道目前清扫出的长度为 2500 m，清扫出的宽度为 50 m，跑道堆积物有湿雪和雪浆，摩擦系数为 0.34/0.44/0.34，经查飞机起飞性能表所需跑道起飞跑道长度超过 2500 m，故不可使用 01/19 起飞。

18L/36R 号跑道目前清扫出跑道全长宽度 35 m，跑道堆积物有潮湿和小块积水，跑道堆积物厚度 1 mm，跑道摩擦系数 0.42/0.45/0.42，一般的准则是，跑道的清除宽度为 40 m。然而，如果在适当的时间内不能清除 40 m（45 m）宽的跑道，则必须符合下列要求：B737/A320：至少 30 m。条件是将相应的侧风限制减少 10 节。当时北京机场侧风 1 m/s，目前符合起飞要求。

18R/36L 号跑道目前跑道全部清扫，跑道堆积物为雾凇，跑道摩擦系数 0.43/0.45/0.39，在跑道摩擦系数不可靠或差时不可起飞，目前符合起飞要求。

目前天气稳定，无重要变化，与塔台确认 18L/36R 和 18R/36L 两条跑道可用，可正常放行。

7.4 新版雪情通告介绍

ICAO 要求各缔约国自 2020 年 11 月 5 日起启用新的 SNOWTAM 格式。新版雪情通告包含有飞机性能计算相关部分和情景意识部分两个方面内容，格式参见表 7-6。

表 7-6 新版雪情通告格式

报头	电报等级→		收电地址 ⇚					
	签发时间→		发电地址 ⇚					
简化报头	SW 国家代码**序号		地名代码		观测时间		任选项	
	S W * *						不填写 ⇚	
（SNOWTAM 序号 ⇚								
飞机性能计算部分								
机场地名代码					M	A)		⇚
评估时间（评估结束时间）					M	B)		
较小跑道号码					M	C)		
跑道每三分之一段跑道状况代码					M	D) / /		
跑道每三分之一段污染物覆盖百分比					C	E) / /		
跑道每三分之一段松散污染物的深度（mm）					C	F) / /		

跑道全程状况说明
（观察跑道的每三分之一段，从跑道号较小的跑道着陆入口开始）
  压实的雪(COMPACTED SNOW)
  干(DRY)
  干雪(DRY SNOW)
  压实的雪上有干雪(DRY SNOW ON TOP OF COMPACTED SNOW)
  冰上有干雪(DRY SNOW ON TOP OF ICE)
  雾凇(FROST)
  冰(ICE)
  雪浆(SLUSH)
  积水(STANDING WATER)
  压实的雪上面有水(WATER ON TOP OF COMPACTED SNOW)
  湿 (WET)
  湿冰(WET ICE)
  湿雪(WET SNOW)
  压实的雪上有湿雪(WET SNOW ON TOP OF COMPACTED SNOW)
  冰上有湿雪(WET SNOW ON TOP OF ICE)
					M	G) / /
						
						→		

跑道宽度（如果小于跑道的公布宽度）					O	H)		
情景意识部分								
缩减了的可用跑道长度（如果小于公布长度）(m)					O	I)		

续表

报头	电报等级→	收电地址 《≡
	签发时间→	发电地址 《≡

| 简化报头 | SW 国家代码**序号　S　W　*　* | 地名代码 | 观测时间 | 任选项　不填写 《≡ |

跑道上的吹雪		J
跑道上铺有散沙	O	K)
跑道上的化学处理	O	L)
跑道上的雪堆[如果存在，表明距跑道中线的距离（m），后跟 "L"，"R" 或者 "LR"]	O	M)
跑道附近的雪堆	O	N)
滑行道上的雪堆[如果存在，表明距跑道边线的距离（m），后跟 "L"，"R" 或者 "LR"]	O	O)
滑行道状况	O	P)
停机坪状况	O	R)
测量的摩阻系数	O	S)
明语说明	O	T)　　　　　　　）《≡

注:
1. *按国际民航组织 Doc 7910 号文件第 2 部分的规定填入 ICAO 国籍字母或其他适用的机场识别代码。
2. 其他跑道的相关资料，自 B 项重复至 P 项。
3. 针对每条跑道、滑行道和机坪，重复情景意识部分中的信息。报告时，酌情重复。
4. 括号内的字不拍发。

新版雪情通告的报头部分与原雪情通告的填写要求相同，其他部分的编写要求如下。

1. 飞机性能计算部分

A 项——机场地名代码（四字地名代码）。

B 项——评估日期和时间（八位数日期/时间组，以协调世界时月、日、时和分表示的观测时间）。

C 项——较小的跑道代号（nn[L]或 nn[C]或 nn[R]）。

注：每条跑道只填入一个跑道代号，填入较小的号码。

D 项——跑道每三分之一段的跑道状况代码。针对跑道的每三分之一段，只插入一个数字（0、1、2、3、4、5 或 6），并以斜线分开（n/n/n）。

E 项——跑道每三分之一段污染物覆盖百分比。当提供这一百分比时，为跑道每三分之一段填入 25、50、75 或 100，并以斜线分开（[n]nn/[n]nn/[n]nn）。

注 1：只有当跑道每三分之一段的跑道状况（D 项）被报告为 6 以外的数字且关于跑道每三分之一段的状况说明（G 项）被报告为干以外的情况时，才提供这一信息。

注 2：当没有报告这些状况时，这将通过为相应的跑道三分之一段填入"未报告"来表示。

F 项——跑道每三分之一段松散污染物的深度。当提供这一深度时，为跑道每三分之一段填入深度数，该深度数用毫米表示并以斜线分开（nn/nn/nn 或 nnn/nnn/nnn）。

注 1：仅为以下污染物类型提供这项信息：

积水，有待报告的数值 04，随后评估的数值。重大改变 3～15 mm 并包括 15 mm。

雪浆，有待报告的数值 03，随后评估的数值。重大改变 3～15 mm 并包括 15 mm。

湿雪，有待报告的数值 03，随后评估的数值。重大改变 5 mm。

干雪，有待报告的数值 03，随后评估的数值。重大改变 20 mm。

注 2：当没有报告这些状况时，这将通过为相应的跑道三分之一段填入"未报告"来表示。

G 项——跑道每三分之一段的状况说明。为跑道每三分之一段填入以下状况说明中的任何一个，并以斜线分开。

压实的雪、干雪、压实的雪面上有干雪、冰面上有干雪、雾凇、冰、雪浆、积水、压实的雪面上有水、湿、湿冰、湿雪、压实的雪面上有湿雪、冰面上有湿雪、干（只在没有污染物时才报告）。

注：当没有报告这些状况时，填入"未报告"来表示。

H 项——跑道状况代码所指跑道的宽度。如果这个宽度小于公布的跑道宽度，填入该宽度（单位：米）。

2. 情景意识部分

注 1：情景意识部分的所有报文都以句号结尾。

注 2：情景意识中的项目，如果不存在相关信息或者不满足进行发布的条件，则完全留空不填。

I 项——跑道长度变短。填入适用的跑道代号和可用的以米为单位的跑道长度（例如：RWY nn [L] 或 nn [C] 或 nn [R] 变短至[n]nnn）。

注：当已使用一套新的公布距离来公布航行通告时，这一信息为有条件信息。

J 项——跑道上有吹积的雪堆。当报告这一信息时，填入"吹积雪堆"。

K 项——跑道上有散沙。当报告跑道上有散沙时，填入较小的跑道代号，并在空格后填入"散沙"（RWY nn 或 RWY nn [L]或 nn[C]或 nn[R]散沙）。

L 项——跑道上的化学处理。当报告进行过化学处理时，填入较小的跑道代号，并在空格后填入"经化学处理"（RWY nn 或 RWY nn[L]或 nn[C]或 nn[R] 经化学处理）。

M 项——跑道上有雪堆。当报告跑道上有雪堆时，填入较小跑道代号，并在空格后填入"雪堆"，然后加空格，其后填入左"L"或右" R"或两边"LR"，然后以米为单位填入距中线的距离，在空格后填入 FM CL（RWY nn 或 RWY nn[L]或 nn[C]或 nn[R]雪堆 Lnn 或 Rnn 或 LRnn FM CL）。

N 项——跑道附近有雪堆。如果报告存在雪堆，厚度穿过机场雪平面中的高度剖面，则填入较小的跑道代号和"附近有雪堆"（RWY nn 或 RWY nn[L]或 nn[C]或 nn[R] 附近有雪堆）。

O 项——滑行道上有雪堆。当报告滑行道上有雪堆时，填入滑行道代号，并在空格后填入"雪堆"。

P 项——滑行道状况。当报告滑行道状况差，填入该滑行道代号，在空格后填入"差"（TWY [n 或 nn]差或所有滑行道都差）。

R 项——机坪状况。当报告机坪状况差，填入该机坪代号，在空格后填入"差"（机坪[nnnn]差或所有机坪都差）。

S 项——测定的摩阻系数。报告该系数时，填入测定的摩阻系数和摩阻测定设备。

注：只有制定了使用经国家批准的摩阻测定设备装置来测定跑道摩阻的相关方案的国家才报告这一项。

T 项——明语备注。

3. 新版雪情通告示例

(SNOWTAM 0152

EADD 02170345 09L 5/5/5 100/100/100 NR/NR/NR WET/WET/WET

EADD 02170134 09R 5/4/3 100/50/75 NR/06/06 WET/SLUSH/SLUSH

EADD 02170225 09C 3/2/1 75/100/100 06/12/12 SLUSH/WET SNOW/WET

SNOW 35 DRIFTING SNOW. RWY 09L LOOSE SAND. RWY 09R CHEMICALLY TREATED. RWY 09C CHEMICALLY TREATED.)

4. 新版雪情通告发布原则

（1）如对一条以上的跑道进行报告，自 B 项重复至 P 项（含）。

（2）如无资料，有关各项及其代号必须全部省略。

（3）必须采用公制，但不报测量单位。

（4）雪情通告有效时间，最长不超过 24 小时。任何时候雪情有重大变化的，必须发布新的雪情通告。下列关于跑道情况的变化被认为是重大变化：

摩擦系数变化约 0.05；

堆积物深度变化：干雪大于 20 mm，湿雪大于 10 mm，雪浆大于 3 mm；

跑道可用长度和宽度变化达 10%或以上；

堆积物类型或覆盖范围有任何变化，需要在雪情通告 F 或 T 项中重新分类的；

跑道一侧或两侧有临界雪堆时，雪堆高度或离跑道中心线距离所出现的任何变化；

跑道灯被遮盖，导致灯光亮度出现的任何变化；

根据经验或当地环境，任何其他已知的重要情况。

新版雪情通告格式与现行雪情通告格式对照参见表 7-7。

表 7-7　新旧雪情通告格式对照表

项目编号	现行雪情通告	项目编号	新版雪情通告	
A	四字地名代码	A	四字地名代码	飞机性能计算相关部分
B	观测时间（测定结束时间）	B	评估时间（评估结束时间）	
C	跑道号码	C	较小跑道号码	
D	跑道扫清长度	D	跑道每三分之一段状况代码	
E	跑道扫清宽度	E	跑道每三分之一段污染百分比	
F	跑道堆积物：跑道每三分之一段	F	跑道每三分之一段松散污染物的深度（mm）	
G	跑道平均雪深：跑道每三分之一段	G	跑道全程状况说明（观察跑道的每三分之一段，从跑道号较小的一端开始）	
H	跑道摩擦系数：跑道每三分之一段	H	跑道宽度（如果小于跑道的公布宽度）	

续表

项目编号	现行雪情通告	项目编号	新版雪情通告	
		I	缩减了的可用跑道长度（如果小于公布长度）（m）	情景意识部分
J	跑道临街雪堆	J	跑道上的吹雪	
K	跑道灯	K	跑道上铺有散沙	
L	跑道清扫计划	L	跑道上的化学处理	
M	预计完成跑道清扫计划的时间	M	跑道上的雪堆[如果存在，表明距跑道中线的距离（m），后跟"L""R"或者"LR"]	
N	滑行道堆积物	N	跑道附近的雪堆	
		O	滑行道上的雪堆[如果存在，表明距跑道边线的距离（m），后跟"L""R"或者"LR"]	
P	滑行道雪堆	P	滑行道状况	
R	停机坪堆积物	R	停机坪状况	
S	下次观测时间	S	测量的摩阻系数	
T	明语说明	T	明语说明	

思 考 题

1. 请解读下面的雪情通告，并思考对运行可能造成的影响。

```
150052 ZYCCOIXX
SWZY0031 ZYCC 03150830
(SNOWTAM 0031
A)ZYCC
B)03150830 C)06 F)5/5/5 G)1/1/1 H)4/4/4 N)5
R)5
T)SNOWING)
```

```
070834 UUUUYNYX
SWUU0978 UUEE 03070810
(SNOWTAM 0978
A)UUEE B)03070810
C)06L F)1/1/1 H)5/5/5 N)1
C)06R F)1/1/1 H)5/5/5 N)1
R)1 S)03071030
T)MAIN TWY,TWY,STANDS AND APRON 50 PERCENT WET)
```

2. 请基于如下原始资料通知单编写雪情通告。

北京/首都机场雪情通告发布申请表

提供时间：2020.02.14	
发生地（四字地名代码）	A) ZBAA
观测时间（测定结束时间）	B) 08:54/09:10/12:05
跑道号码（小跑道号）	C) 18L/01/18R
跑道扫清长度	D)
跑道扫清宽度	E)
跑道堆积物： （从小跑道入口观测，依次填写跑道每三分之一地段的堆积物） NIL—没有积雪，跑道上干燥 1—潮湿　　　　　　　　6—雪浆 2—湿或小块积水　　　　7—冰 3—雾凇或霜覆盖　　　　8—压实或滚压的雪 （深度一般不超过1毫米）　9—冰冻的轮廓或冰脊 4—干雪 5—湿雪	F) 18L:1/1/1 　01:1/1/1 　18R:1/1/1
跑道平均雪深： （从小跑道入口观测，依次填写跑道每三分之一地段的平均雪深）	G)
跑道摩擦系数： （从小跑道号入口观测，依次填写跑道每三分之一地段的摩擦系数） 跑道每三分之一地段摩擦系数的情况和测量设备 ＿＿＿＿＿＿＿＿ ， 测定或计算的系数或估计的表面摩擦力数字代码： 0.4 及以上　　　　　好　　　　　5 0.39～0.36　　　　中等偏好　　　4 0.35～0.30　　　　中等　　　　　3 0.29～0.26　　　　中等偏差　　　2 0.25 及以下　　　　差　　　　　　1 9 不可靠　　　　　　不可靠　　　　9	H) 18L:0.59/0.64/0.59 　01:0.44/0.54/0.44 　18R:0.70/0.62/0.55
跑道临界雪堆	J)
跑道灯	K)
跑道清扫计划	L)
预计完成跑道清扫计划的时间	M)
滑行道堆积物	N)
滑行道雪堆	P)
停机坪堆积物	R)
下次观测时间	S)
明语说明	T) 小雪

飞行区管理部运行监控值班员：	航行资料室值班员： 发送时间：
发送时间：	发布SNOWTAM编号：

第8章 火山通告

1982 年 6 月 24 日，一架英国航空公司波音 747 航空器从马来西亚吉隆坡飞往澳大利亚珀斯方向，在飞行高度到达 37 000 ft（11 300 m）时，四个发动机全部失去了动力，在随后的16 min 内，该航空器在无动力情况下从 37 000 ft 下降到 12 000 ft（即从 11 300 m 下降到3 650 m），驾驶员在这个高度成功地重新启动了三个发动机，并在印度尼西亚雅加达成功紧急迫降。在接下来的几天里，有关民航局、发动机制造商和航空公司对四台发动机熄火的原因展开了紧急调查。通过对机身和发动机进行现场检查发现，机翼前缘和发动机进气道表面、整流罩和驾驶舱窗是普通的"喷砂"外观。对发动机进行孔探检查，没有发现明显的机械损害及燃油问题，但是发现在高压涡轮和喷嘴导向叶片的凹面上沉积了大量不明物质。当时印度尼西亚的一座大火山，即加隆贡火山正在爆发，因此各方快速将怀疑的焦点集中于火山灰云，认为它很可能是导致这次事件的元凶。大约三周后，另一架新加坡航空公司的波音 747航空器飞往澳大利亚墨尔本时报告了相同的事件，进一步印证了这种怀疑。这次事件中，有两台发动机失去了动力，且航空器同样也成功改道迫降到了雅加达。随后拆开检查了这架英国航空公司航空器的发动机，发现"喷砂"、压缩转子路径和旋翼桨尖腐蚀、高压旋翼叶片前缘腐蚀，以及高压喷嘴导向叶片和涡轮叶片上存在熔化的火山碎屑的一般证据。很明显，该航空器的发动机全部熄火是因为吸入了火山灰；而发动机之所以能够重新启动，是因为在无动力下降过程中，正巧飞出了高空火山灰烟云，进入洁净空气中。火山灰除了可能造成重大航空器事故之外，还给国际民航造成惊人的经济损失，包括多个完整发动机更换、发动机的大修、机身翻新、窗户重新抛光和（或）更换全静压系统维修等，以及由于在完成上述各项时航空器停工造成的不可避免的收入损失，航空器延误以及因火山灰变更航线对在容易发生火山爆发区域运营的航空公司造成的大量费用等。2010 年四五月间冰岛埃亚菲亚德拉冰盖火山喷发造成欧洲和北大西洋空域前所未有的关闭，全球经济损失约 50 亿美元。

为了应对火山灰对民航运行的威胁，国际民航组织空中航行委员会迅速决定制定相关文件帮助各国向飞行员传播有关火山灰的信息以及制订有关航空器在受影响地区改航的应变计划。并与世界气象组织（WMO）合作，指定了 9 个有能力检测、追踪和预测火山灰云飘移的区域火山灰咨询中心（VAAC），目前执行的火山灰扩散危险预警方案将全球划分为九大区域（如图 8-1 所示）。国际民航组织在《国际民用航空公约》附件 15 中规定了火山通告（ASHTAM）的格式和发布原则。目前对于火山灰的监测主要依靠卫星显影和地面激光雷达（LIDAR）基站的远程观测，这些技术能够较为有效地识别火山灰的水平范围，火山灰随风移动，因此可以通过对高空风的判断来预警火山灰可能影响的区域，从而提前安排航空器以停航或绕飞的形式避开该区域。我国尚未有活火山喷发，但在我国飞往冰岛、美国、澳大利亚的航线上时常有火山喷发。图 8-2 所示为受火山灰云影响的航空器，其中图 8-2（a）为冰岛附近穿越火山灰云的航空器，（b）为菲律宾丘比海军航空基地地面上覆盖了火山灰的 DC-10。

火山通告（ASHTAM）是针对可能影响航空器运行的火山活动变化、火山爆发和火山灰烟云，以特定格式拍发的一个专门系列航行通告。

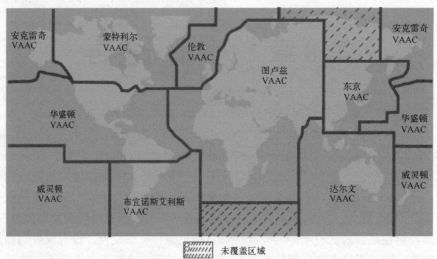

图 8-1　火山灰咨询中心全球分布

（a）穿越火山灰云的航空器

（b）菲律宾丘比海军航空基地地面上
覆盖了火山灰的DC-10

图 8-2　受火山灰影响的航空器

8.1　火山通告的格式及编写示例

8.1.1　火山通告的格式

火山通告的格式参见表 8-1，主要分为三部分：报头、简化报头和正文部分。

表 8-1　火山通告格式

报头	电报等级→		收电地址 ⇚			
	签发时间→		发电地址 ⇚			
简化报头	VA 国家代码**序号		地名代码	报告时间		任选项
	V A * * ⎵ ⎵ ⎵ ⎵		⎵ ⎵ ⎵ ⎵	⎵ ⎵ ⎵ ⎵ ⎵ ⎵		不填写 ⇚
(ASHTAM 序号 ⇚						
受影响的飞行情报区（明语）					A)	⇚
火山第一次爆发时间					B)	⇚

续表

报头	电报等级→		收电地址 ≪≡						
	签发时间→		发电地址 ≪≡						
简化 报头	VA 国家代码**序号			地名代码		报告时间		任选项	
	V|A|*|*|||			||||		||||||||		不填写 ≪≡	

火山名称和编号		C)	≪≡
火山位置[经纬度（精确到分）或距导航设施的方位及距离]		D)	≪≡
火山活动的告警色码等级，包括以前的告警色码等级		E)	≪≡
火山灰云状况		F)	≪≡
火山灰云的移动趋势		G)	≪≡
受影响的航路、航段和飞行高度层		H)	≪≡
关闭的空域、航路或航段，以及可用的备份航路		I)	≪≡
信息来源		J)	≪≡
明语说明		K)	)(

注：≪≡为换行，* 填写 ICAO 文件 7910 中公布的国家代码。

（1）报头。火山通告报头的格式与航行通告相同，包括电报等级、收电地址、签发时间和发电地址。

（2）简化报头。火山通告应采用简化报头，以便火山通告的自动处理、检索和查询。简化报头应另起一行，由三组代码组成"TTAAiiii CCCC MMYYGGgg"的形式，各组代码之间加一个空格，具体含义如下：

TT：火山通告的识别标志，由两个字母组成，填写"VA"。

AA：国家或地区地理位置识别代码，由两个字母组成。国际分发的火山通告应填写中国的国家代码为"ZX"；国内分发的火山通告应视签发单位填写国家代码"ZX"或填写地区代码，例如："ZB、ZL、ZW 或 ZY 等"。

iiii：火山通告序号，由四位数字组成。

CCCC：受火山影响的飞行情报区四字地名代码。

MMYYGGgg：报告时间，由八位数字组成，其中 MM 表示月，YY 表示日，GG 表示时，gg 表示分。

例如：乌鲁木齐飞行情报区第一号火山通告，报告时间为 6 月 18 日 12 时的简化报头："VAZW0001 ZWUQ 06181200"。

（3）火山通告标志和序号。火山通告标志和序号应另起一行，并在标志前加正括号"（"作为火山通告的起始符。火山通告标志为"ASHTAM"，之后加一个空格填写序号；序号由四位数字组成，应与简化报头中的序号一致，编号应从每年公历 1 月 1 日零时开始，第一次发布火山通告的序号为 0001，顺序编号至当年的 12 月 31 日二十四时止。国际分发的火山通告全国统一编号，国内分发的火山通告由各签发单位单独编号。

例如：第十号火山通告："（ASHTAM 0010"。

（4）A)项：受影响的飞行情报区。受影响的飞行情报区应另起一行，以项目编号"A)"开始，后接用明语表示的受火山影响的飞行情报区，应与简化报头中地名代码对应同一区域。例如：简化报头中为"ZYSH"，该项填写"沈阳飞行情报区"或"SHENYANG FIR"。

（5）B)项：火山第一次爆发时间。火山第一次爆发时间应另起一行，以项目编号"B)"开始，后接八位数字，从前至后每两位数字分别表示火山第一次爆发的月、日、时和分。

（6）C)项：火山名称和编号。火山名称和编号应另起一行，以项目编号"C)"开始，后接火山名称和编号（参阅 ICAO 文件 DOC 9691《火山灰云、放射性物质和有毒化学烟云手册》的附录 F 和《世界火山图及重要航空地貌》）。

当火山名称和编号未列入 ICAO 文件 DOC 9691 的附录 F 时，应在发布火山通告前发布一份有关该火山存在情况的永久性航行通告。

（7）D)项：火山位置。火山位置应另起一行，以项目编号"D)"开始，后接火山的坐标（精确到分）或距导航设施的方位及距离（参阅 ICAO 文件 DOC 9691《火山灰云、放射性物质和有毒化学烟云手册》的附录 F 和《世界火山图及重要航空地貌》）。

火山的坐标（精确到分）或距导航设施的方位及距离的表达方式如图 8-3 所示。

火山名称	国家/地区	火山编号	火山坐标		实施导航援助的径向（MAG BRG）和距离
欧洲 — 非洲 — 中东 — 印度洋沿线					
阿拉伊塔	埃塞俄比亚	201-112	N12 52.5	E040 33.4	297°/168NM	吉布提（DTI）VOR/DME
阿尔杜科巴	吉布提	201-126	N11 36.4	E042 27.4	274°/37NM	吉布提（DTI）VOR/DME
坎皮佛莱格瑞	意大利	101-01	N40 49.4	E014 08.2	327°/17NM	索伦托（SOR）VOR/DME
坎皮佛莱格瑞马尔						
西西里	意大利	101-07	N37 06.0	E012 42.0	064°/39NM	潘泰莱里亚（PAN）VOR/DME
凯乌鲁山	非洲东部	202-13	S02 40.5	E037 52.5	269°/17NM	姆蒂托安代（MTA）VOR/DME
达洛尔	埃塞俄比亚	201-041	N14 14.3	E040 18.0	124°/102NM	阿斯马拉（ASM）VOR/DME
戴玛阿里	埃塞俄比亚	201-141	N11 16.3	E041 37.3	258°/88NM	吉布提（DTI）VOR/DME
泰尔山	红海	201-01	N15 42.0	E041 44.3	212°/86NM	吉赞（GIZ）VORTAC
杜比	埃塞俄比亚	201-10	N13 34.5	E041 48.3	222°/99NM	荷台达（HDH）VOR/DME
厄姆瑞安格拉	非洲东部	202-051	N01 30.0	E036 19.5	155°/105NM	洛德瓦尔（LOV）VOR/DME

图 8-3　火山的坐标（精确到分）或距导航设施的方位及距离的表达方式

（8）E)项：告警色码等级。告警色码等级应另起一行，以项目编号"E)"开始，后接表示当前火山活动状况的告警色码等级，或上一次公布的告警色码等级的变化情况；告警色码等级共分为红(RED)、橙(ORANGE)、黄(YELLOW)、绿(GREEN)四个等级，见表 8-2。

告警色码等级"由黄色告警变为红色告警"（RED ALERT FOLLOWING YELLOW）或"由橙色告警变为绿色告警"（GREEN ALERT FOLLOWING ORANGE）。

表 8-2　火山活动告警色码等级

告警色码等级	火山活动状况
红色告警 RED ALERT	火山正在爆发。报告的火山灰柱（云）高于 FL250；或火山存在危险，有可能爆发，预计火山灰柱（云）高于 FL250
橙色告警 ORANGE ALERT	火山正在爆发。火山灰柱（云）没有达到 FL250，且预计不会达到 FL250；或火山存在危险，有可能爆发，预计火山灰柱（云）不会达到 FL250
黄色告警 YELLOW ALERT	火山活动频繁而且近期明显加强，据分析当前无爆发的危险，但应密切观测；或（火山爆发一次之后，即从红色或橙色告警变成黄色告警）火山活动明显减弱，据分析当前无爆发的危险，但应密切观测
绿色告警 GREEN ALERT	据分析火山活动已停止，火山恢复正常状态

（9）F)项：火山灰云状况。火山灰云状况应另起一行，以项目编号"F)"开始，填写对飞行有重要影响的火山灰云水平范围、云底和云顶高度等信息，用坐标（精确到分）或相对

火山源的方位、距离表示水平范围，高度精确至千米。

火山灰云最初的信息可能只能够从"特殊空中报告"中获得，火山活动报告范本如图8-4所示，属于飞行后报告。但其后应尽可能从气象观测部门或火山灰云咨询中心获得更详细的信息。

火山活动特殊空中报告表格（示范火山活动报告）
示范火山活动报告：用于飞行后报告

火山活动报告

空中报告对于评估火山灰云对航空器操作造成的危险来说非常重要。

操作员：	A/C识别员：（如飞行计划所列）		
机长：			
起飞地点：　日期：　时间：协调世界时：	抵达地点：　日期：　时间：协调世界时：		
收件人	特别空中报告		

项目1-8将直接报告给与您联系的空中交通服务单位

1) 航空器识别号	2) 位置
3) 时间	4) 飞行高度或海拔高度

5) 观察到火山活动的地点
　（位置或方位、灰云的估计高度以及与航空器的距离）

6) 空气温度	7) 定点风

8) 补充信息

　a) 检测到的二氧化硫　　是□　否□
　b) 遇到的灰　　　　　　是□　否□

其他 ＿＿＿＿＿＿＿＿＿＿＿＿＿＿＿＿＿＿
＿＿＿＿＿＿＿＿＿＿＿＿＿＿＿＿＿＿
＿＿＿＿＿＿＿＿＿＿＿＿＿＿＿＿＿＿
（简要描述活动，尤其是灰云垂直和横向伸展以及如有可能，水平漂移、增长速度等）

在着陆之后，完成项目9-16，然后将表格传真至：（传真号码由气象主管部门根据本地气象主管部门和相关操作员的安排提供。）

9) 灰云的密度	□ (a)密度较低	□ (b)密度适中	□ (c)非常密集
10) 灰云的颜色	□ (a)白色 □ (d)黑色	□ (b)浅灰色 □ (e)其他＿＿＿＿＿＿	□ (c)深灰色
11) 喷发	□ (a)持续	□ (b)间歇	□ (c)不可见
12) 活动的位置	□ (a)顶点位置 □ (d)多处位置	□ (b)侧面位置 □ (e)未观察到	□ (c)单个位置
13) 其他观察到的喷发特点	□ (a)闪电 □ (d)火山灰沉降物	□ (b)炽热 □ (e)蘑菇云	□ (c)大块 □ (f)全部
14) 对航空器的影响	□ (a)通信 □ (d)全静压	□ (b)导航系统 □ (e)挡风玻璃	□ (c)发动机 □ (f)窗户
15) 其他影响	□ (a)骚乱	□ (b)圣艾尔摩之火	□ (c)其他烟雾
16) 其他信息 　（被认为有用的任何信息）			

图8-4　火山活动报告范本

（10）G)项：火山灰云的移动趋势。火山灰云的移动趋势应另起一行，以项目编号"G)"开始，填写火山灰云在选定高度层上预测的移动方向。

（11）H)项：受影响的航路。受影响的航路应另起一行，以项目编号"H)"开始，填写正在或预计会受到影响的航路、航段和飞行高度层。

（12）I)项：关闭的空域和航路。关闭的空域和航路应另起一行，以项目编号"I)"开始，填写关闭的空域、航路或航段，以及可用的备份航路。

（13）J)项：信息来源。信息来源应另起一行，以项目编号"J)"开始，填写信息的来源，无论火山是否已经爆发或是否有火山灰云的报告都应说明，例如："特殊空中报告""卫星观测"或"火山观测机构"等。

（14）K)项：明语说明。明语说明应另起一行，以项目编号"K)"开始，用明语和简缩字补充说明除了 A)项至 J)项所列内容以外对飞行有重要意义的火山信息，并在 K)项内容之后加反括号"）"作为火山通告的结束符。

8.1.2 火山通告编写示例

以印度尼西亚的一份火山通告为例说明火山通告的编写内容。

火山通告原文：

```
VAWR0319 WAAF 11201133
(ASHTAM 0319
A)UJUNG PANDANG FIR
B)10261307
C)MERAPI    0603-25
D)S073200E1102600
E)RED
F)SFC/FL150S0710E11035-S0755E11035-S0815E10935-S0735E10900-S0655E10925-S0710E11035
G)MOV W 15KT
H)W17,W17S
I)NIL
J)INFO SOURCE: MTSAT-2, CVGHM.
K)ERUPTION DETAILS: VA PLUME TO FL150 LAST OBS 30 NM TO W AT 20/0230Z.
FCST VA CLD +6HR: 20/1700Z
SFC/FL150 S0710E11035-S0755E11035-S0815E10935-S0735E10900-S0655E10925-S0710E11035
RMK:    VA NOT IDENTIFIABLE ON LATEST SATELLITE IMAGERY DUE TOMETEOROLOGICAL
CLOUD, HOWEVER VA STILL EXPECTED IN AREA. NEXT ADVISORY: NO LATER THAN
20101120/1700Z.)
```

火山通告译文：

简化报头：印度尼西亚第 319 号火山通告，乌戎潘当飞行情报区，报告时间：11 月 20 日 11 时 33 分。
火山通告标志和序号：(ASHTAM 0319
A) 受影响的飞行情报区：乌戎潘当飞行情报区；
B) 火山第一次爆发时间：10 月 26 日 13 时 7 分；
C) 火山名称：默拉皮火山，火山编号：0603-25；
D) 火山位置：坐标 S073200E1102600；
E) 告警色码等级：红色；

F) 火山灰云状况: 影响水平范围在 S0710E11035-S0755E11035-S0815E10935-S0735E10900-S0655E10925-S0710E11035 五点连线范围内, 垂直范围从地面至 FL150;

G) 火山灰云的移动趋势: 预计向西移动, 速度 15 kn;

H) 受影响的航路: W17 和 W17S;

I) 关闭的航路: 无;

J) 信息来源: 2 号多功能运载卫星 (MTSAT-2), 由印尼火山及地质减灾中心 (CVGHM) 提供;

K) 火山爆发详细情况: 在 20 日 2 时 30 分观测到的火山灰云位于火山以西 30 n mile 处, 高度达到 FL150; 预测火山灰云在未来 6 h 内, 即 20 日 17 时整, 影响水平范围将在 S0710E11035-S0755E11035-S0815E10935-S0735E10900-S0655E10925-S0710E11035 五点连线范围内, 垂直范围: 地面至 FL150。备注: 由于有气象云团遮挡, 最新的卫星观测图像未能显示火山灰云, 但预计该区域仍存在火山灰云。

下次报告时间: 不迟于 11 月 20 日 17 时。

8.2　火山通告的发布原则

火山通告的发布应遵循以下几条原则:

(1) 当火山活动发生变化, 且该变化已经或预计对飞行产生重要影响时, 应发布火山通告, 提供有关火山活动状况的信息, 这些信息应使用表 8-2 中规定的火山告警色码等级发布。

(2) 当火山爆发产生对飞行有重要影响的火山灰云时, 火山通告应提供火山灰云的位置、范围和移动方向, 以及受影响的航路和飞行高度层等信息。

(3) 为保证及时发布有关火山爆发的信息, 即使没有全部获得 A)项至 K)项的内容, 也应立即签发火山通告, 及时发布以下信息:

火山已经爆发或预计爆发的信息;

已经存在或预计出现对飞行有重要影响的火山活动状况的某种变化;

已获得火山灰云的报告。

(4) 当预计火山爆发而在预计时间并未出现火山灰云时, 应填写 A)项至 E)项内容, 而在 F)项至 I)项中填写 "不适用" 或 "NOT APPLICABLE"。

(5) 当已获得火山灰云的报告 (例如根据 "特殊空中报告"), 而未获得火山源方面的情况时, 应在 A)项至 E)项中填写 "未知" 或 "UNKNOWN", 仅填写 F)项至 K)项内容, 必要时, 可根据 "特殊空中报告" 填写, 直到获得新的信息。

(6) 除 (4) 和 (5) 中所列情况外, 当 A)项至 K)项中某些项的内容尚未获得时, 应填写 "无" 或 "NIL"。

(7) 火山通告的最长有效时间为 24 小时。

(8) 当火山活动发生重要变化, 或告警色码等级发生变化时, 应立即发布新的火山通告。

(9) 应从每年公历 1 月 1 日零时开始, 第一次发布火山通告的序号为 0001, 顺序编号至当年的 12 月 31 日二十四时止。国际分发的火山通告全国统一编号, 国内分发的火山通告由各签发单位单独编号。

(10) 火山通告出现错误时应发布新的火山通告, 不应签发火山通告更正报。

(11) 火山通告提供的数据应明确标注计量单位。

国际分发的火山通告应使用英文和简缩字编写, 时间应使用协调世界时; 国内分发的火山通告可使用中文和简缩字编写，时间应使用北京时。

8.3 火山通告应用案例分析

阿苏山是日本著名活火山，位于九州岛熊本县东北部，是熊本的象征，以具有大型破火山口的复式火山闻名于世。该火山略呈椭圆形，南北长 24 km，东西宽 18 km，周围约 120 km，面积 250 km²。当地时间 2014 年 11 月 26 日阿苏中第一火山口发生喷发，RJFT 机场位于阿苏山火山附近区域，下面是华北空管局情报中心收到的火山通告。

```
VARJ0366 RJJJ 08270903
(ASHTAM 0366/09
A) RJJJ
B) 1411260600
C) ASOSAN
D) N3253 E13106
E) ORANGE
G) MOV SE)
```

当收到火山通告时，航空公司运行控制中心需要根据 D)项位置、E)项火山灰等级和 G)项移动趋势评估对公司航班运行产生的影响，汇集各保障单位意见，选择以下预案之一做出决策：①航班执行改航绕飞；②航班延误；③航班取消。每个航空公司对于不同的预案，都会有自己相应的保障流程规章及措施。火山的位置如图 8-5 所示。

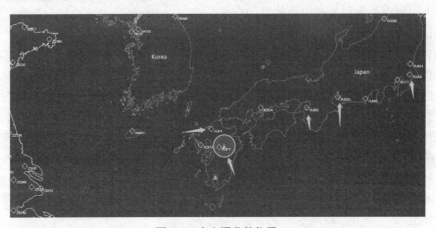

图 8-5　火山爆发的位置

例如国航飞往日本的航班基本涵盖全境，有飞往东京、大阪、名古屋、福冈等地的航班。福冈机场距离该地大概 60 海里。其他通航机场均距离该火山较远，火山灰高度在巡航高度之下，因此重点需要关注福冈机场影响。福冈机场在火山的西北方，与火山灰漂移方向相反，且根据与该机场代理联系，火山灰没有影响福冈机场的进离场航线。遂作出判断该通告目前没有影响，后续需要持续监控。

思 考 题

请解读以下火山通告（ASHTAM），并结合航图判断该 ASHTAM 是影响机场运行还是影响航路运行，为什么？

火山通告 1：

```
GG ZBAAOIXX ZBADOIXX
211003 WRRRYNYX
VAWR9388 WAAF 03210957
(ASHTAM 9388
A)WAAF   B)03170929   C)DUKONO 268010
D)N0141E12753
E)ORANGE ALERT
F)SFC/FL080 N0143E12756-N0037E12801-N0049E12714-N0144E12751
G)MOV SW 5KT
H)NIL
I)NIL
J)HIMAWARI-8
K)VA TO FL080 MOV SW LAST OBS AT 21/0040Z
FCST VA CLD +6 HR:21/1557Z SFC/FL080 N0144E12756-N0045E12803-N0055E12716-N0145E12751
FCST VA CLD +12 HR:21/2157Z SFC/FL080 N0145E12752-N0144E12756-N0045E12753-N0058E12711
FCST VA CLD +18 HR:22/0357Z SFC/FL080 N0143E12756-N0043E12805-N0054E12712-N0144E12751
RMK:VA CURRENTLY NOT DISCERNIBLE ON SAT IMAGERY DUE TO MET CLOUD. VA HEIGHT
AND FORECAST BASED ON HIMAWARI-8, MENADO 21/0000Z SOUNDING AND MODEL GUIDANCE.)
```

火山通告 2：

```
GG ZBAAOIXX ZBADOIXX
221904 MMMXYNYX
VAMM0157 MMFR 03221904
(ASHTAM 0157
A)MMFR
B)03221748
C)POPOCATEPETL   1401-09
D)1901.2N 09837.2W 233 DEG 16NM VOR/DME/PBC
E)YELLOW
F)SFC/FL290
G)S
H)NIL
I)NIL
J)CENAPRED
K)VA CLD IN:N1901 W09838-N1900 W09836-N1841 W09829-N1840 W09837-N1901 W09838)
```

第9章 校核单和明语摘要

9.1 校核单

民用航空情报服务机构在遇到有关航行的设施、服务、程序等的设立、状况、变化以及涉及航行安全的危险情况及其变化的时候，会发布航行通告（NOTAM）来通知与航行相关的所有工作人员和单位。为了帮助用户检查和校对现行航行通告的状况，以保证航行通告数据库的完整和正确，国际民航组织在《国际民用航空公约》附件 15 中规定航空情报服务机构应当建立航行通告的校核制度。航行通告的校核是通过航行通告校核单（checklists of NOTAM）的发布来实现。航行通告校核单指用于帮助用户检查和校对现行航行通告的状况，以保证航行通告的完整和正确，并且提醒用户注意最新发布的航空情报资料的一种特殊形式的航行通告。我国在《民用航空情报工作规则》中规定航空情报服务机构应当在每个日历月至少拍发一次规定格式的航行通告校核单，校核单应当列出现行有效的航行通告清单。

9.1.1 校核单的发布

凡发布航行通告的航空情报服务机构均应在每个月的 1 日发布航行通告校核单。校核单一般采用航行通告代替报 NOTAMR 的形式，以当月的校核单代替上个月的校核单。但如果校核单是某情报单位发布的第一份校核单或者新增航行通告系列的第一份校核单，则需要以航行通告新报 NOTAMN 的形式发布。

每一个航行通告系列应单独发布校核单，即校核单的系列与航行通告的系列对应，目前我国航行通告有 D、C、A、E、F、G、L、U、W、Y 十个系列。发布校核单的单位需要根据本单位的不同系列发布不同的校核单。民航局空管局航行情报服务中心发布国内系列 C 系列，国际系列 A、E、F、G、L、U、W、Y 八个系列的航行通告，因此需要发布 C、A、E、F、G、L、U、W、Y 九个系列的校核单；各地区局情报中心发布 C 系列航行通告校核单；各机场航空情报服务单位发布 D 系列航行通告校核单。

航行通告校核单的发布与航行通告的发布一样都是通过航行情报动态信息处理系统（CNMS）实现，发布界面如图 9-1 所示。民航局空管局航行情报服务中心发布的 A 系列航行通告校核单如下：

```
010056 ZBBBYNYX
(A0552/20 NOTAMR A0301/20
Q)ZBBB/QKKKK/K/K/K/000/999/
```

A)ZBBB B)2003010055 C)2004010400EST

E)CHECKLIST

YEAR=2012 0050

YEAR=2016 1554

YEAR=2017 1173

YEAR=2018 1251

YEAR=2019 1833 3419 4117 4119 4556 4574 4627 4628 4805 4806 4807······

YEAR=2020 0013 0014 0015 0030 0054 0085 0086 0092 0231······

LATEST PUBLICATIONS

AIP-AMDT: NR.04/20(2020-2-15)

AIP-SUP: NR.09/20(2020-2-15)

AIC: NR.03/20(2020-1-15))

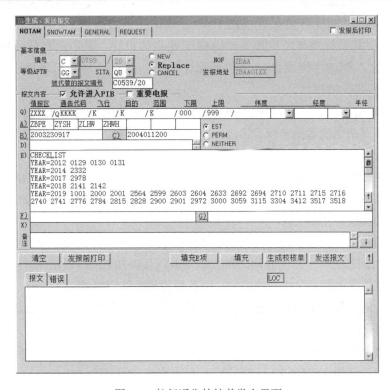

图 9-1 航行通告校核单发布界面

　　从上面的例子可以看出，校核单在格式上与航行通告基本相似，仅每项的填写内容与航行通告不同。

　　航行通告校核单是一份特殊形式的航行通告，它的编号与发布单位的航行通告系列编号连续，即对校核单的编号与对航行通告的编号规则相同。例如，民航局空管局航行情报服务中心发布的最新 A 系列航行通告编号为 A0350/19，接下来要发布校核单代替上个月的校核单A0104/19，则本月的 A 系列校核单的编号应是 A0351/19。地区级情报中心和机场情报室发布的校核单也分别与本单位发布的本系列航行通告的编号连续。

航行通告校核单限定行 Q)项的填写依然遵循航行通告限定行的格式规定，首项填写情报区的四字地名代码。如果该情报单位发布的航行通告只涉及一个情报区，则 Q)项的第一项和 A)项均填写该情报区的四字地名代码。如果该情报单位发布的航行通告涉及多个情报区，则 Q)项的第一项填写 ZXXX，在 A)项中逐一列出所包括的情报区四字地名代码。民航局情报中心发布的校核单的 Q)项的第一项和 A)项均填写 ZBBB。

限定行 Q)项的第二项 Q 码填写 QKKKK。后面跟随的影响飞行的类型、目的和影响范围均填写 K。影响范围的下限和上限填写 000/999。影响范围的中心坐标和影响半径省略不写。即在校核单中，限定行 Q)项除了第一项的情报区之外，其余均相同。

例如：Q)ZXXX/QKKKK/K/K/K/000/999/

　　　A)ZBPE ZLHW ZYSH ZHWH

注：华北空管局地区情报中心发布的航行通告涉及四个飞行情报区，包括北京飞行情报区（ZBPE）、兰州飞行情报区（ZLHW）、沈阳飞行情报区（ZYSH）和武汉飞行情报区（ZHWH），其航行通告发生地大部分属于北京情报区，但是也有部分机场和导航台属于其他情报区。例如：满洲里/西郊机场属于沈阳情报区；乌海机场属于兰州情报区；魏县导航台属于武汉情报区。

A)项应该填写此份校核单所影响的飞行情报区的地名代码，不可填写机场的地名代码。若此份校核单涉及两个或者两个以上情报区，可填写多个情报区代码，但填写情报区代码的数目上限为七个。

B)项为此份校核单的生效时间。一般情况下，校核单属于代替报，即当月发布的校核单代替上个月发布的校核单。生效时间一般直接填写发布校核单的时间，即校核单发布后立即生效，上个月的校核单立即失效。

C)项为此份校核单的失效时间。由于校核单会被下个月发行的校核单代替，失效时间一般是 B)项生效时间加上一个月的时间，并在 C)项时间后添加 EST，表示此时间为预计失效时间。如果有特殊情况未能及时收到校核单，则此份校核单依旧生效。

D)项在航行通告中表示航行通告的分段生效时间。由于校核单不存在分段生效的情况，因此 D)项省略不写。

E)项为校核单的正文部分，包括三部分：

第一部分为关键词"CHECKLIST"，放在 E)项内容的第一行。

第二部分按公历年分组列出有效航行通告，由年份和有效航行通告的序号组成，年份由英文单词"YEAR"加上等号"="再加上四位数字年份组成，中间没有空格，下一年应另起一行填写，例如："YEAR=2010"；有效航行通告序号应在年份后空一格，由小到大依次排列，航行通告编号中的系列代码和年份应省略，仅填写四位数字的序号，序号之间仅加一个空格，最后一个序号后面不加任何符号。

第三部分为最新发布的航空情报资料期号和出版日期，在第一行填写"LATEST PUBLICATION："，然后分行填写以下内容：

① 最新的航空情报资料汇编修订期号和出版日期；

② 最新的航空情报资料汇编补充资料期号和出版日期；

③ 最新的航空资料通报期号和出版日期。

因航空情报资料由我国民航局空管局情报中心发布，因此校核单的第三部分只适用于民航局空管局情报中心发布的 A 系列和 C 系列校核单，其中 A 系列校核单的第三部分填写 AIP 修订、AIP 补充资料以及对国际发布的 AIC 的情况，C 系列校核单的第三部分填写 NAIP 修订、NAIP 补充资料以及对国内发布的 AIC 的情况。校核单的示例如下：

① 由天津空管分局发布的校核单：

```
290004 ZBTJOIXX
(D0024/20 NOTAMR D0015/20
Q)ZBPE/QKKKK/K/K/K/000/999/
A)ZBPE B)2002290801 C)2003312359 EST
E)CHECKLIST
YEAR=2019 0191 0336 0338 0466 0467 0495 0497 0505 0507
YEAR=2020 0013 0014 0016 0022 0023)
```

② 由华北地区航行情报中心发布的校核单：

```
010051 ZBAAOIXX
(C0539/20 NOTAMR C0283/20
Q)ZXXX/QKKKK/K/K/K/000/999/
A)ZBPE ZYSH ZLHW ZHWH B)2003010850 C)2004011200EST
E)CHECKLIST
YEAR=2012 0129 0130 0131
YEAR=2014 2332
YEAR=2017 2978
YEAR=2018 2141 2142
YEAR=2019 1001 2000 2001 2564 2590 2599 2603 2604 2633 2692 2694 2710 2711 2715 2716 2740
2741 2776 2784 2815 2828 2835 2900 2901 2972 3000 3059 3115 3304 3412 3517 3518 3519 3541 3542 3543
3616 3621 3633 3634 3635 3636 3637 3648 3649 3650 3756 3768 3812 3813 3814 3819 3820 3835 3870 3892
3896 3921 3958 3970 3971 3975 3980 3995 3997 4005 4006 4007 4041 4057 4062 4063 4066 4068 4069 4070
4071 4072 4073 4075 4077 4092 4093 4100 4102
YEAR=2020 0054 0096 0148 0155 0163 0164 0165 0166 0171 0208 0213 0224 0225 0270 0376 0411
0412 0432 0433 0442 0447 0475 0493 0496 0497 04990500 0501 0503 0504 0505 0506 0507 0508 0509 0510
0511 0512 0513 0514 0515 0516 0517 0520 0521 0522 0523 0524 0526 0530 0534 0536 0538)
```

③ 民航局航行情报服务中心发布的 C 系列校核单：

```
ZCZC BOB0306 010058
GG ZBAAOFXX ZBAAOIXX ZBAAOIXX ZBADOIXX
010055 ZBBBYOYX
(C0160/20 NOTAMR C0151/20
Q)ZBBB/QKKKK/K/K/K/000/999/
A)ZBBB B)2003010853 C)2004011200EST
E)CHECKLIST
```

YEAR=2019 0504 0557 0627 0838 0841 1359 1557 1576 1577 1588 1593 1596 1673 1674 1691 1717 1718 1719 1769 1812 1934 1935 1982

YEAR=2020 0002 0003 0009 0010 0037 0100 0101 0102 0122 0123 0155 0156 0157 0158 0159

LATEST PUBLICATIONS

NAIP-AMDT: NR.04/20(2020-2-15)

NAIP-SUP: GEN,ENR,AD1/2: NR.01/20(2019-12-1)

　　　　CHART MANUAL: NR.03/20(2020-2-15)

AIC: NR.01/20(2020-1-15))

④ 民航局情报中心发布的 A 系列校核单：

ZCZC BOB0315 010100

GG ZBAAOIXX ZBADOIXX

010056 ZBBBYNYX

(A0552/20 NOTAMR A0301/20

Q)ZBBB/QKKKK/K/K/K/000/999/

A)ZBBB B)2003010055 C)2004010400EST

E)CHECKLIST

YEAR=2012 0050

YEAR=2016 1554

YEAR=2017 1173

YEAR=2018 1251

YEAR=2019 1833 3419 4117 4119 4556 4574 4627 4628 4805 4806 4807 4808 4982 4983 4986 4997 5047 5048 5049 5057 5178 5631 5636 5637 5638 5639 5640 5641 5757 5758 5993 6105 6112 6292 6293 6294 6295 6317 6318 6325 6326 6367 6370 6385 6435 6436 6437 6482 6484 6486 6487 6510 6513 6524 6528

YEAR=2020 0013 0014 0015 0030 0054 0085 0086 0092 0231 0232 0274 0275 0302 0408 0433 0456 0457 0480 0493 0503 0540 0541 0542

LATEST PUBLICATIONS

AIP-AMDT: NR.04/20(2020-2-15)

AIP-SUP: NR.09/20(2020-2-15)

AIC: NR.03/20(2020-1-15))

航行通告校核单不包括 F)项和 G)项。

9.1.2　航行通告校核单的处理

我国的三级民用航空情报服务机构在每个月的 1 日发布航行通告校核单，并且基于接收到的航行通告校核单完成航行通告数据库的校核。航行通告校核单的处理和航行通告一样通过航行情报动态信息处理系统（CNMS）实现，处理界面如图 9-2 所示。

在处理航行通告校核单时，如果数据库中已存在的有效航行通告与校核单上的相同，则表明航行通告数据库完整；若与校核单上的不同，则需要航空情报员基于具体情况进行分析。

图 9-2　航行通告校核单处理界面

（1）若数据库中有效航行通告少于校核单上所列的有效航行通告，则表示本地数据库缺少某份航行通告，且此份航行通告为新报 NOTAMN。例如，A 系列校核单中的 E 项为"YEAR=2019 0467 0866 1024 1035"，而本地数据库中有效航行通告为"A0467 A0866 A1024"，则表明数据库未接收到航行通告 A1035/19。

（2）若数据库中有效航行通告与校核单上所列的有效航行通告的数目相同，但编号有一个不同，原因分为两种：一种情况为缺少一份代替报，另一种情况为缺少一份取消报和一份新报。例如，A 系列校核单中的 E 项为"YEAR = 2019 0467 0866 1024 1035"，而本地数据库中有效航行通告为"A0467 A0866 A1024 A1030"。存在两种情况：一种是 A1035 是代替报，代替了 A1030，但数据库未接收到代替报 A1035/19；另一种情况是 A1030 被某份报文取消之后，航行通告的发布单位发布了新报 A1035/19，此种情况表明缺失了两份航行通告。

（3）若数据库中有效航行通告多于校核单上所列的有效航行通告，则表明数据库中未收到某取消报。例如，A 系列校核单中的 E 项为"YEAR = 2019 0467 0866 1024"，而本地数据库中有效航行通告为"A0467 A0866 A 0988 A1024"。此种情况为未接收到发布单位发布的取消 A0988/19 的取消报。

综合上述分析，可以看出，当数据库中的航行通告与校核单中的有效通告编号不一致时，均是因为数据库中存在未收到航行通告的现象。若存在航行通告的缺失情况，应向校核单的发布单位核实情况并索要缺失的航行通告。

例如，天津空管分局情报室接收到来自华北空管局情报中心的 C 系列校核单，通过分解校核，发现缺少一份新报，则天津空管分局情报室的情报员需要通过 CNMS 向华北空管局情报中心 ZBAAOFXX 索要缺失的航行通告。以下为天津空管分局情报室 ZBTJOIXX 向华北地区情报中心 ZBAAOFXX 请求要报，2019 年 ZBAAOFXX 发布的 C 系列编号为 C0123/19 的航行通告。

```
GG ZBAAOFXX
011130 ZBTJOIXX
RQN ZBAA C0123/19
```

这份报的前两行为报头，第三行为要报的内容，RQN 表示索要航行通告，后面为索要的航行通告发布单位的四字代码、航行通告编号/年份。当航空情报服务单位收到航行通告的要报请求时，应发布回复报，以 RQR 表示。针对上面的请求报，华北空管局情报中心将发布回复报，如下所示：

```
GG ZBTJOIXX
011130 ZBAAOFXX
RQR ZBAA C0123/19
(C0123/19 NOTAMN
Q)…/…/…ETC.)
```

当请求索要多份航行通告时，可以发布一份要报通告而索要多份航行通告，但是回复报一次只能回复一份航行通告。

如果缺失的航行通告为多个连续的编号时，在要报时可以采用简写的方式。以下为克里斯特彻奇（新西兰）向东京索要 A0399/19～A0410/19 号航行通告：

```
GG RJAAYNYX
281030 NZCHYNYX
RQN RJAA A0399/19-A0410/19
```

回复报：

```
GG NZCHYNYX
281035 RJAAYNYX
RQR RJAA A0399/19
(A0399/19 NOTAMN
Q)…/…/…ETC.)
```

此回复报仅仅回复了第一份航行通告，整个回复需要包含 12 个 RQR 报，每个 RQR 报中包含一份航行通告。

当请求一个国家几个不连续的航行通告时，可以依次列出缺失的航行通告编号，中间加空格，同样，一个 RQR 报只能回复一份航行通告。RQN 里包含几个航行通告编号，则需要回复几份 RQR 报。例如，克里斯特彻奇（新西兰）向新加坡要多份航行通告，如下：

```
GG WSSSYNYX
281030 NSCHYNYX
```

> RQN OAKB A0400/19 A0410/19 A0420/19-A0425/19

回复报如下：

> GG NZCHYNYX
>
> 281035 WSSSYNYX
>
> RQR OAKB A0400/19
>
> (A0400/19 NOTAMN
>
> Q)…/…/…ETC.)

以上为第一份回复报，整个回复需要 8 份 RQR 报。

当被索要的航行通告状态发生改变时，应在回复报中予以说明。如下所示：

> GG ZBBBYNYX
>
> 281600 YBBNYNYX
>
> RQR YBBB N0400/19
>
> NOTAM EXPIRED

通过上述报文可以得知 2019 年发布的 N0400 航行通告生效期已满。如果索要的航行通告已经被取消，可以使用"NOTAM CANCELLED"说明。如果所请求的航行通告已经被其他航行通告代替，回复报中应该包含新的航行通告。例如，A0449/19 被 A0451/19 代替，此时的回复报应该为：

> GG RJAAYNYX
>
> 282055 ZBBBYNYX
>
> RQR ZBBB A0449/19
>
> (A0451/14NOTAMR A0449/19
>
> Q)…/…/…/…etc.)

若缺失的是 NOTAM CHECKLIST，则在第三行的要报内容中需用 RQL 表示请求有效航行通告清单。对于回复报，关键字使用 RQR。例如，克里斯特彻奇（新西兰）向我国国际航行通告室要现行有效 A 系列的航行通告清单。

请求报：

> GG ZBBBYNYX
>
> 281030 NZCHYNYX
>
> RQL ZBBB A

回复报：

> GG NZCHYNYX
>
> 281045 ZBBB YNYX
>
> RQR ZBBB A
>
> CHECKLIST 281040
>
> YEAR=2018 0322 0452
>
> YEAR=2019 0001 0006 0010 0015 0035

9.2　明语摘要

　　国际民航组织在《国际民用航空公约》附件 15 中规定必须不加拖延地用明语按月印刷有效航行通告的清单，包括注明最近发布的航空资料汇编修订、航空资料汇编补充资料，以及航空资料通报的校核单。明语摘要主要包括两部分内容，一部分为有效航行通告的集合，航行通告的表述形式如图 9-3 所示。另一部分为有效航空情报资料列表，如图 9-4 所示，有效航空情报资料列表包括最新一期的 AIP 修订、有效的 AIP 补充资料以及有效的航空资料通报。我国《民用航空情报工作规则》第九十条规定全国民用航空情报中心应当定期印发有效航行通告明语摘要。明语摘要是所有有效航行通告的汇总，并以纸质的形式每月发送给每个航空情报资料的订购单位，也可以通过民航局航行情报中心的网站 http://www.aipchina.org/home 下载获取。我国目前发布的明语摘要示例参见附录 G。我国目前发布的明语摘要不再包括第二部分内容，随着 AIM 的实施，根据国际民航组织文件《空中航行服务程序-航空情报管理》（ICAO PANS-AIM, DOC 10066）的规定明语摘要未来将不再发布。

A 0050/12　　A) ZJSA

NOTAMR　　B) 2012/01/30/0253 C) PERM

A 4567/07　　E) 75KM(40NM) LONGITUDINAL SEPARATION SHALL BE APPLIED TO TRAFFIC ON ATS ROUTE A202 AND A1 WHEN RADAR SURVEILLANCE IS AVAILABLE IN SANYA AOR.

ALL ASSIGNED SSR CODES SHALL BE VERIFIED BY THE TRANSFERRING ACC AND THE RECEIVING ACC SHALL BE INFORMED OF CASES OF:

(A)AIRBORNE TRANSPONDER FAILURE,

(B)WRONG CODE IF UNABLE TO CORRECT, AND

(C)NON-AVAILABILITY OF SSR EQUIPMENT TO VERIFY ASSIGNED CODES.

图 9-3　明语摘要中的 NOTAM

Latest AIP Amendment: NR.07/10 (JUN,1,2010.)

Checklist of AIP Supplements in force:01/05,05/08,08/08,
01/09,01/10,02/10,03/10

Checklist of AIC in force:01/04,02/07,03/07,06/07,02/09,03/09,04/09,
01/10

- - -　*END　OF　SUMMARY*　- - -

图 9-4　明语摘要中的有效航空情报资料清单

思　考　题

1. 假设当前时间为 2019 年 12 月 1 日 9：00 AM，中南空管局航行情报室值班情报员发布航行通告校核单，编号为 458，至发布校核单时，依然有效航行通告包括 C0919/18、C0976/18、C0414/19、C0097/19、C0128/19、C0223/19、C0311/19，2019 年 11 月 1 日发布校核单的编号为398。请基于上述信息发布校核单。

　　2. 假设当前时间为 2020 年 3 月 1 日 9：00 AM，天津空管分局航行情报室值班情报员发布航行通告校核单，编号为 38，至发布校核单时，依然有效航行通告包括 D0506/19、D0687/19、D0814/19、D0997/19、D0028/20、D0030/20、DC0033/20，2020 年 2 月 1 日发布校核单的编号为29。请基于上述信息发布校核单。

第 10 章　飞行前资料公告

依法发布的一体化民用航空情报系列资料是实施空中航行的基本依据。飞行前资料公告（pre-flight information bulletin，PIB）是一体化民用航空情报系列资料的重要组成部分。PIB 指在飞行前准备的、对运行有重要意义的有效航行通告资料汇编。PIB 的内容是与飞行紧密相关的有效航行通告，并在飞行前提供给机组参考使用，对保障飞行活动的安全性具有重要作用。

10.1　PIB 的提取方式

目前在我国三级航空情报服务单位，飞行前资料公告 PIB 是通过航行情报动态信息管理系统（CNMS）进行提取的。PIB 是为满足飞行需要，将所有与本次飞行相关的航行通告（NOTAM）、雪情通告（SNOWTAM）、火山通告（ASHTAM）等情报信息按照固定格式汇总起来，供机组进行飞行前准备和飞行过程中参考的各种重要的临时性情报信息的汇集。例如机场关闭和开放、导航设施的工作状况、机场的雪情等。传统的 PIB 资料以纸质的形式提供给机组，随着航行情报服务数字化运行的推广，以后将以电子 PIB 为主要提供方式。飞行前资料公告样本示例如图 10-1 所示。

图 10-1　飞行前资料公告样本

根据《国际民用航空公约》附件 15 的规定，基于不同的用户需求，PIB 可以分为以下五种提取方式：

（1）按机场提取 PIB；

（2）按飞行情报区提取 PIB；

（3）按窄航路提取 PIB；

（4）按情报区航路提取 PIB；

（5）按特殊区域提取 PIB。

目前我国三级航空情报服务单位使用的 CNMS 中 PIB 的提取方式有四种，不包括按特殊区域提取 PIB 的方式。航空情报员可以根据用户的不同需要，选择不同的限制条件，从 CNMS 中提取出飞行前资料公告 PIB。在 CNMS 中，"提取飞行前资料公告"功能在菜单栏的"综合查询"里。提取飞行前资料公告的功能界面如图 10-2 所示。提取飞行前资料公告的窗口由【Areas】【Route】【Manual】【Configure】四页组成。【Areas】用于机场、飞行情报区的 PIB 提取；【Route】用于情报区航路、窄航路的 PIB 提取；【Manual】用于临时航班的 PIB 提取；【Configure】用于对 PIB 题头的设置。

图 10-2　提取飞行前资料公告的功能界面

10.1.1　按机场提取 PIB

1．检索方法

按机场提取 PIB 包括下列两类航行通告：

（1）包括 A)项地名代码与指定机场四字地名代码一致的航行通告；

（2）A)项地名代码与指定机场四字地名代码不一致，但 A)项的范围包括指定机场的范围。

按机场提取 PIB 的检索流程如图 10-3 所示，首先 CNMS 将从数据库中提取出一个大致符合提取条件的集合，然后对这个集合内的航行通告进行分析。当一份航行通告的限定行中第一项的最后两个字母为"XX"时，则判定 A)项为类别二；否则，A)项为类别一（此处的

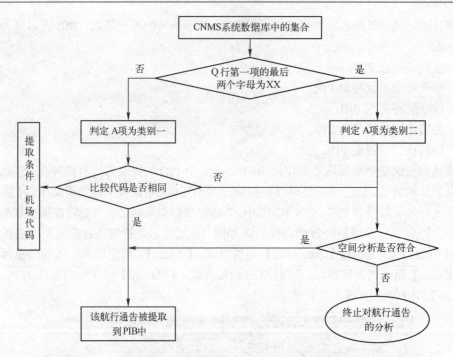

图 10-3　按机场提取 PIB 的检索流程图

判定仅为便于分析提取而设计，结果并不具有准确意义，具体结果要参考限定行和静态数据）。若 A)项为类别一，并且在航行通告中 A)项的机场四字代码与提取条件中的机场代码相符，则该航行通告应被提取到 PIB 中。若 A)项为类别二，或者 A)项中的机场四字代码与提取条件中的机场代码不符，则需要根据提取条件决定是否需要做空间分析。若需要做空间分析，则系统将自动比较此航行通告的限定行中的坐标和影响半径与输入的条件机场在静态数据库中的坐标和半径。若两范围相交，则此份航行通告应该提取到 PIB 中。若不相交，则需要看提取条件是否还包括另外的机场，如果有其他机场，需要继续对其他机场进行空间分析，如果无其他机场，则该航行通告不应该提取到 PIB 中。

　　经过上述的判定分析，若该航行通告均不符合，则系统开始对下一份航行通告进行判定分析，直到检测完集合中的所有航行通告。检测完后，所有符合条件的航行通告将出现在 PIB 中。

2. 提取过程

　　通过选项卡【Areas】可以选取按机场和按飞行情报区提取飞行前资料公告。在【Areas】中单击左上角机场，然后选取需要提取机场的"机场代码"，机场代码可以是一个机场，也可以是多个机场。然后确定其他可选的提取条件，比如时间限制、影响飞行种类等。需要提取国际系列的飞行前资料公告时，应选择"UTC"时间。需要提取国内系列的飞行前资料公告时，应选择"LOC"时间。这两种时间类型的默认时间范围相同，起始时间均为当前时间，结束时间为当前时间再加一天。情报员也可根据用户特殊需要对时间范围进行调整。其他的可选限制条件包括影响飞行类型"目视""仪表"，是否包括分发目的为"M"的航行通告，是否进行"空间分析"，是否提取包含"ZBBB"民航局情报中心发布的航行通告，同样也包括飞行高度层的选择。这些条件选定后，即可提取相应机场的飞行前资料公告，如图 10-2 所示。

10.1.2　按飞行情报区提取 PIB

1．检索方法

按飞行情报区提取 PIB 包括下列两类航行通告：

（1）Q)项第一项地名代码与指定飞行情报区四字地名代码一致的航行通告；

（2）Q)项第一项地名代码与指定飞行情报区四字地名代码不一致，但 Q)项第一项的范围包括指定飞行情报区的范围。

按飞行情报区提取 PIB 的检索流程如图 10-4 所示，首先系统将从数据库中提取出一个大致符合提取条件的集合，然后对这个集合内的航行通告进行分析。当一份航行通告的限定行中第一项的最后两个字母为"XX"时，则判定 A)项为类别二；否则，A)项为类别一。若航行通告的 A)项为类别一，且该机场在提取条件中的情报区内，则认为该航行通告影响提取条件的情报区，应被提取到 PIB 中。若航行通告利用 Q)项判定 A)项为类别二，则需要分析该航行通告的 A)项是否包含提取条件中的情报区，若包含则应被提取到 PIB 中。若以上两种情况均不符合，则需要检测 Q)项的四字码与提取条件的情报区的四字码是否相同，若相同则此份航行通告应当被提取到 PIB 中。若以上三种情况均不符合，则该航行通告不被提取到 PIB 中，系统将继续检测下一份航行通告，直至集合中的所有航行通告均检测完毕提取出 PIB 为止。

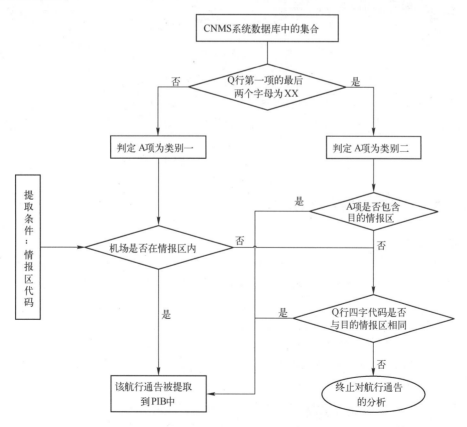

图 10-4　按飞行情报区提取 PIB 的检索流程图

2.　提取过程

按飞行情报区提取飞行前资料公告也在选项卡【Areas】下执行，提取过程与按机场提取 PIB 过程相似，按飞行情报区提取 PIB 时，必须提供的条件为"飞行情报区地名代码"。可选条件包括要提取的时间范围、时间类型、天数限制、影响飞行的种类，是否包含以 M 为目的的航行通告，是否包含 ZBBB 民航局情报中心发布的航行通告、飞行高度层等。具体可选条件的设置与按机场提取 PIB 时的设置相同。提取条件设置后，即可提取出符合这些条件的飞行前资料公告。按飞行情报区提取 PIB 的界面如图 10-5 所示。

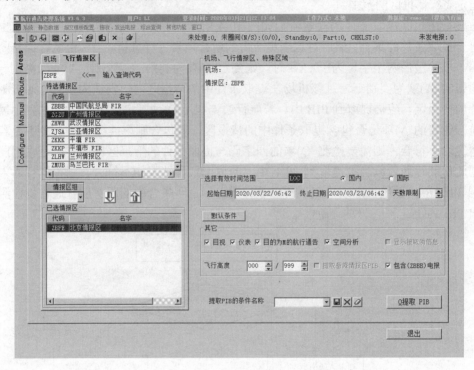

图 10-5　按飞行情报区提取 PIB 的界面

10.1.3　按情报区航路提取 PIB

1.　检索方法

按情报区航路提取 PIB 包括以下三类航行通告：

（1）Q)项第一项地名代码与航路经过的飞行情报区四字地名代码一致且"SCOPE"项为"E"的航行通告；

（2）Q)项第一项地名代码与航路经过的飞行情报区四字地名代码不一致，但 Q)项第一项的范围包括航路经过飞行情报区的航行通告；

（3）A)项是相关机场（包括该航路涉及的起飞机场、着陆机场和选定的备降机场），且"SCOPE"项为"A"的航行通告。

按情报区航路提取 PIB 的检索流程如图 10-6 所示，首先系统将从数据库中提取出一个大致符合提取条件的集合，然后对这个集合内的航行通告进行分析。

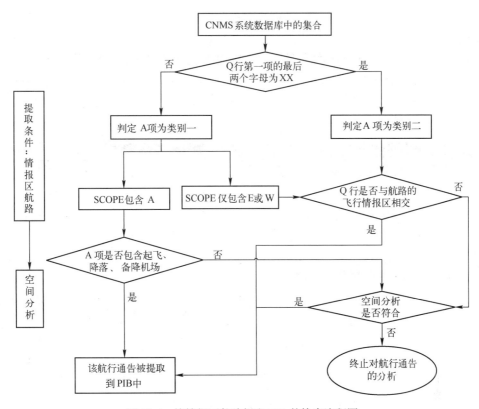

图 10-6 按情报区航路提取 PIB 的检索流程图

当一份航行通告的限定行中第一项的最后两个字母为"XX"时，则判定 A)项为类别二；否则，A)项为类别一。若该航行通告的 A)项是类别一，并且 SCOPE 项中包含"A"，则需判定 A)项是否包含起飞、降落、备降机场。若包含则此份航行通告应该被提取到 PIB 中，若不包含则需要分析该航行通告的影响范围是否与起飞、降落、备降机场相交，若相交则此航行通告应被提取到 PIB 中。若该航行通告的 A 项是类别一，并且 SCOPE 项中包含"E"或"W"，并且不包含"A"，这需要看 Q)项是否与航路的飞行情报区相交，若相交则此份航行通告应当被提取到 PIB 中并且不再做空间分析，否则需要做空间分析。如果该航行通告已经判断出影响机场，则无须做空间分析。若该航行通告的 A)项是类别一，并且 SCOPE 项中包含"A"但不包含"E"或"W"，且该航行通告已判断出影响机场，则无须做空间分析且需要被提取到 PIB 中，否则结束对该航行通告的检测。若该航行通告的 A)项是类别二，并且 SCOPE 项中包含"E"或"W"，且 A)项中的情报区与航路经过的飞行情报区相交，则该航行通告应被提取到 PIB 中并不再做空间分析，否则需要做空间分析。如果其 SCOPE 项中不包含"E"或"W"，则结束对该航行通告的检测。对这个较小集合检测分析完所有航行通告后，即完成并输出飞行前资料公告 PIB。

2. 提取过程

按情报区航路提取飞行前资料公告在选项卡【Route】下执行，在"情报区航路"和"窄航路"间选取"情报区航路"。此种提取方式的必选条件是"航班号"，若情报员熟悉航班号，可以直接在查询条件中输入航班号进行查询，查询结果出现在"待选航班"的内容框内，双击选中或通过下方的选择按钮选中，选中后将出现在"已选航班"内容框中。情报员可以根据机组的特殊要求选中多个航班。已选航班的备降场将出现在下方的内容框内，情报工作人员还可以通过右侧的内容查询和增加等功能选项对本次航班的备降机场进行调整。关于航班的信息设置好后，"航班信息"内容框将显示出此次提取 PIB 的航班信息。可选条件的设置与前两种提取方式相同。两种条件设置好后，就可以执行按情报区航路提取 PIB。按情报区航路提取 PIB 的界面如图 10-7 所示。

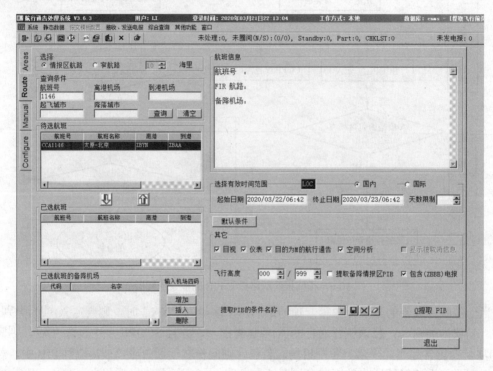

图 10-7 按情报区航路提取 PIB 的界面

10.1.4 按窄航路提取 PIB

1. 检索方法

按窄航路提取 PIB 包括下列两类航行通告：

（1）覆盖指定航路且"SCOPE"项为"E"的航行通告；

（2）A)项是相关机场，包括该航路涉及的起飞机场、着陆机场和选定的备降机场，且"SCOPE"项为"A"的航行通告。

按窄航路提取 PIB 的检索流程如图 10-8 所示，首先系统将从数据库中提取出一个大致符合提取条件的集合，然后对这个集合内的航行通告进行分析。当一份航行通告的限定行中第一项的最后两个字母为"XX"时，则判定 A)项为类别二；否则，A)项为类别一。若航行通告的 A)项是类别一，并且在限定行的"SCOPE"中包含"A"（该航行通告影响机场），则要看 A)项是否包含起飞、降落、备降机场。若包含，则此航行通告应该被提取到 PIB 中。若不包含，如果可选条件选择"空间分析"则需要对该航行通告进行空间分析。

通过空间分析判断起飞、降落、备降机场是否在该航行通告的影响范围内，若在影响范围内则该航行通告应被提取到 PIB 中。若航行通告的 A)项是类别一，并且在限定行的"SCOPE"中包含"E"或"W"（该航行通告影响航路或警告）并且该航行通告不影响机场，若有空间分析的条件则需要进行空间分析。若航行通告已判断出影响机场则不需要进行空间分析。若航行通告的 A)项是类别一，并且在限定行的"SCOPE"中包含"A"但不包含"E"和"W"，则表明该航行通告影响机场则不需要再进行空间分析，结束对该航行通告的检测。若航行通告的 A)项是类别二，并且"SCOPE"项中包含"E"或"W"，则需要做空间分析。如果其"SCOPE"项中不包含"E"或"W"，则结束此份航行通告的检测。在按窄航路提取 PIB 时，空间分析需要判断当前航行通告的影响区域与窄航路的区域是否相交，若相交则此份航行通告应该被提取出来。做空间分析时，此份航行通告的"SCOPE"项必须包含"E"或"W"。对这个较小集合检测分析完所有航行通告后，即完成并输出飞行前资料公告 PIB。该种提取方式适用于航线航班飞行的机组和其他用户，提取的内容针对性很强，机组和用户能够在短时间内掌握小范围影响所飞航线的所有有效航行通告。

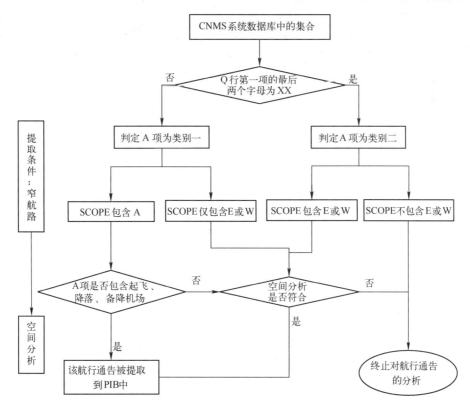

图 10-8　按窄航路提取 PIB 的检索流程图

2. 提取过程

按窄航路提取飞行前资料公告也在选项卡【Route】下执行，"情报区航路"和"窄航路"间选取"窄航路"。当选取"窄航路"后，右侧的海里数变为可操作状态。系统默认为 5 n mile，表示在按照窄航路提取 PIB 时，考虑的航路影响宽度为 5 n mile。情报人员在提取 PIB 时，可根据机组人员的需求进行适当调整。

必须提供的条件同样为"航班号"。关于航班信息的设置方法和按情报区航路提取的设置方法相同。设置好后，"航班信息"内容框将显示出此次提取 PIB 的航班信息。可选条件的设置与前面的提取方式相同。两种条件设置好后，就可以执行按窄航路提取 PIB。按窄航路提取 PIB 的界面如图 10-9 所示。

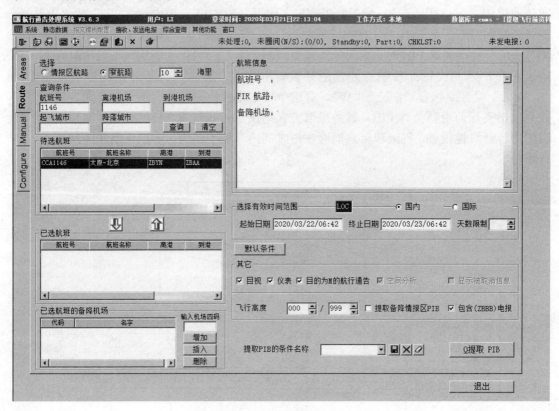

图 10-9　按窄航路提取 PIB 的界面

10.2　PIB 的发布形式

飞行前资料公告与航空资料汇编等航空情报资料不同，其内容可依据用户的需求进行定制，上一节内容已对飞行前资料公告的提取方式做了介绍。例如，不同航线的机组得到的由航空情报员提供的飞行前资料公告内容是不同的。比如飞国内航线的机组只需要了解国内系列的航行通告，因此为飞国内航线机组所提取的 PIB 中只包含 C 系列航行通告，飞国际航线的机组需要了解国际系列的航行通告，因此为飞国际航线机组所提取的 PIB 中包含和该航线运行相关的所有国际系列的航行通告。同一航线的机组也可根据不同需要向航空情报员索取不同提取方式的飞行前资料公告。因此飞行前资料公告是依据不同的需要进行客户化定制的，在内容上都是与此次飞行活动紧密相关的，其他与此次飞行活动无紧密联系的 NOTAM 不会出现在 PIB 上。因此 PIB 会节省飞行机组飞行前准备的时间，有利于机组在短时间内掌握与此次飞行活动相关的临时性航空情报信息。通过 CNMS 系统提取出的 PIB 示例参见本书附录 H。包含的内容如下：

（1）飞行前资料公告的发行单位信息，包括资料的名称、中国民用航空局的标志、发行单位，并附有飞行前资料公告提取单位的 AFTN 地址、全称、SITA 地址。

（2）飞行前资料公告的提取信息，包括公布日期、有效时段、公告类型、飞行种类、选择内容，以及时间 LOC 和 UTC 的选取。公布日期和有效时段分别代表了该份飞行前资料公告的制作日期和生效的时间段，通过此项检查可以确认此份飞行前资料公告在当前时间是否生效。公告类型是对应的飞行前资料公告的提取方式。飞行种类项显示的是情报员在提取飞行前资料公告时选择影响飞行类型时的选项。机组可以检查这些提取信息确定该飞行前资料公告是否满足机组此次飞行活动的需求。

（3）飞行前资料公告的正文内容，即所承载的航空情报信息。经过 CNMS 系统提取后，所有符合提取条件的航行通告、雪情通告、火山通告将显示在此部分。所有的内容分成"机场 PIB 数据"和"情报区 PIB 数据"两大部分。

所有航行通告都按照本书附录 H 中的形式给出，左侧为该航行通告的编号，航行通告下面是 A 项内容。右侧为该航行通告的生效时间 B)项和失效时间 C)项、内容 E)项、上下限 F)项和 G)项（若无则省略）。若为雪情通告和火山通告，左侧也为编号和 A)项发生地，右侧为通告的其他项。

飞行前资料公告是机组人员进行飞行前准备的重要内容，机组人员通告飞行前资料公告能够在短时间内掌握影响此次飞行的临时性航空情报资料信息，做好飞行前准备，保证飞行活动的安全有效进行。目前飞行前资料公告可以从不同的航空情报系统进行提取，并以不同的格式进行呈现，从空管局情报部门 CNMS 中提取的 PIB 示例参见本书附录 H，从不同航空公司情报系统提取的 PIB 示例参见本书附录 I。

思 考 题

1. 请简述飞行前资料公告 PIB 的提取方式。
2. 请分析比较按情报区航路提取 PIB 和按窄航路提取 PIB 两种提取方式的优缺点。

第 11 章　飞行前和飞行后航空情报服务

11.1　飞行前航空情报服务

国际民航组织 ICAO 在《国际民用航空公约》附件 15《航空情报服务》中提到"任何供国际航空运行的机场/直升机场，必须备有为航行安全、正常和效率所必需的航行资料，以及以本机场/直升机场为始发站的各航段的相关航行资料，以提供给飞行运行人员，包括飞行机组和提供飞行前情报服务的人员"。中国民用航空局在《民用航空情报工作规则》中也规定机场民用航空情报单位应该"组织实施本机场飞行前和飞行后航空情报服务"，并且"接受飞行前航空情报服务的单位，应当与有关机场民用航空情报单位签订服务协议，服务协议应当明确双方的责任和义务、服务内容与方式等"。

航空情报服务作为航空器运行过程中的基本服务，对飞行的安全起着至关重要的作用。飞行前航空情报服务是航空情报服务中的重要环节，包括了飞行前资料公告、讲解服务和资料查询。《民用航空情报工作规则》规定，机场民用航空情报单位的航空情报员，应当于每日本机场活动开始前 90 min，完成提供飞行前航空情报服务的各项准备工作，主要包括：

（1）了解当日的飞行计划和动态；

（2）检查处理航行通告；

（3）了解机场、航路、设施的变化情况和有关的气象资料；

（4）检查必备的各种资料、规章是否完整、准确；

（5）检查本单位设备的工作情况。

11.1.1　飞行前资料公告

飞行前资料公告（pre-flight information bulletin，PIB）是在飞行前准备的、对运行有重要意义的有效航行通告资料，对保障飞行安全、高效起着非常重要的作用。以航行通告形式发布的航空情报信息均是短期内生效或者突发状况，更是机组易忽视的新情况。飞行前资料公告可以根据不同的用户需求，按照机场、情报区、窄航路、情报区航路、特殊区域五种不同的方式从航行情报动态信息管理系统（CNMS）中提取。在每次执行航班任务前，会以情报区航路或者窄航路的形式为机组人员提取 PIB，以电子或纸质的形式提交给机组，提示机组在飞行过程中密切关注这些以航行通告形式发布的航空情报信息，保证飞行安全高效进行。

机场民用航空情报单位提供飞行前资料公告时，需遵守以下规定：

（1）飞行前资料公告至少包括制作时间、发布单位、有效期、起飞站、第一降落站及其备降场、航路以及与本次飞行有关的航行通告和其他紧急资料；

（2）提供的飞行前资料公告不得早于预计起飞前 90 min 从航行通告处理系统中提取；

（3）飞行前资料公告的提供情况应有相应记录。

不得早于预计起飞前 90 min 的时间规定，可以保证机场民用航空情报单位提供的飞行资料公告的准确性和实时性。过早提供，可能会导致飞行前资料公告没有将最新的航行通告包含其中；过晚提供不利于机组做飞行前准备。飞行前资料公告的记录是航空情报服务质量管理体系的保证。

11.1.2 讲解服务

当机组要求或航空情报员认为有必要时，应当为机组人员提供讲解服务。航空情报员在提供讲解服务时，应当按照讲解服务清单，逐项进行提示或者检查，结合不同飞行要求，对有关项目进行重点讲解。讲解服务清单的内容应当包括以下几点：

（1）法规与程序，包括航空资料及其修订、航空资料补充资料、空域使用的程序、空中交通服务程序、高度表拨正程序；

（2）气象服务简况，包括气象设施、预报和报告的可用情况以及其他获得有效气象情报的规定；

（3）航路及目的地信息，包括可用航路的建议，保证航路安全高度的航迹、距离、地理和地形特征，机场和机场设施的可用性，导航设施的可用性，搜寻援救的组织、程序和设施；

（4）通信设施和程序，包括地空通信设施的可用性、通信程序、无线电频率和工作时间；

（5）航行中的危险情况；

（6）其他影响飞行的重要信息。

机组提供飞行前航空情报服务时，航空情报员应当讲解和受理查询与该机组飞行任务有关的资料。为外国机组提供飞行前航空情报服务时，航空情报员只能讲解和受理查询《中华人民共和国航空资料汇编》、批准对外提供的航行规定以及国际航行规定和资料。

11.1.3 资料查询

向机组提供自我准备所需要的规定和资料，包括：

（1）设立地图板，张挂航空地图。航空地图上，应当标画飞行情报区、管制区界限和航路、机场的有关数据。对外开放机场，还应当张挂或者展示适当比例尺的、标有国际航路、国际机场的世界挂图或者世界区域图。

（2）备有供机组查阅的航空资料，包括《中华人民共和国航空资料汇编》《中国民用航空国内航空资料汇编》《军用备降机场手册》，通信和导航资料以及其他与飞行有关的资料。对外开放机场，还应当备有供国际飞行机组查阅的其他资料。

（3）备有供机组查阅的规章、文件。对外开放机场，还应当备有国际民航组织的有关文件。

11.2 飞行后航空情报服务

机场民用航空情报单位，应当在机组飞行活动结束后收集机组对有关飞行保障设施工作情况的意见、鸟群活动等信息，以及机组填写的《空中交通服务设施服务状况及鸟情状况报告单》，如图 11-1 所示。机场民用航空情报单位应将《空中交通服务设施服务状况及鸟情状况报告单》或者其他相关信息的内容及时转告有关部门处理。

空中交通服务设施服务状况及鸟情状况报告单

航空器国籍及注册标记:			
营 运 人 及 航 班 号:			
起飞机场:		起飞时间（UTC）:	
着陆机场:		着陆时间（UTC）:	
设　施	位　　置	缺陷的详细情况	观察时间
鸟　情	位　　置	详细情况	观察时间
日期:＿＿＿年＿＿月＿＿日　　　机组签字:＿＿＿＿＿＿＿			

图 11-1　《空中交通服务设施服务状况及鸟情状况报告单》

收到《空中交通服务设施服务状况及鸟情状况报告单》或者其他相关信息的有关部门，应当及时核实有关情况，并将处理情况反馈机场民用航空情报单位。

思　考　题

如何更好地提供飞行前航空情报服务？

第 12 章　导航数据库

导航数据库（navigation database），是指任何以电子形式存储在系统中、用于支持导航应用的导航数据集合、打包及格式化文件的总称。它是现代大中型运输机飞行管理系统（FMS）及自动飞行控制系统（AFCS）飞行操控的主要信息源和重要依据，是保障飞行及运行安全的重要环节之一。机载导航数据库是 20 世纪 70 年代开始出现的飞行管理系统的组件之一，这一辅助功能的出现大大简化了飞行员在飞行计划管理方面的劳动强度，导航数据库相当于飞机的中枢神经，包含航路、导航台、航路点、机场、进离场程序等航行运行的核心数据，其数据质量关系到整个飞行安全。基于性能导航（PBN）运行，将飞行方式从导航台到导航台的飞行转变为航路点到航路点的飞行，使航空器飞行运行极大地依赖导航数据库，因此随着 PBN 运行的全面实施，导航数据对飞行的安全和效益将会有更为直接与重要的影响。

12.1　机载导航数据库的数据格式及分类

12.1.1　机载导航数据库的数据构成

导航数据库包括导航设备、航路点、航路数据、机场及跑道数据、进离场程序、等待程序、公司航线、特殊用途空域、公司特别程序等内容，主要的数据构成如图 12-1 所示。

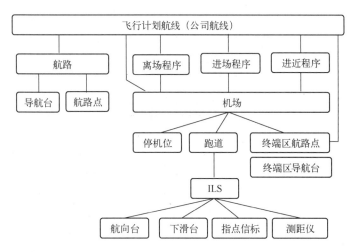

图 12-1　导航数据库数据构成图

12.1.2 机载导航数据库的数据格式

1. 数据格式

机载导航数据库的数据格式采用 ARINC424 导航数据库标准，该标准是美国航空无线电公司（ARINC）于 1975 年制定，并被航空电子工程委员会采纳的。该标准的主要作用是确立机载导航数据库标准格式，统一各种电子设备与导航数据库间的数据接口。ARINC424 导航规范自 1975 年制定以来一直在不断地修订和补充，目前已历经 20 次改版。该规范已成为航空工业标准，应用范围也延伸至飞行程序设计、飞行计划制订与实施、电子航图制作等诸多领域。文件中所描述的数据库，也适用于运行控制计算机飞行计划系统、飞行模拟机和其他应用。规范中所描述的数据库标准，适用于导航服务供应商、机载航空电子系统制造商，以及其他用于飞行运行、制订飞行计划的数据库用户。

ARINC424 导航数据分为若干章，每一章用不同字母代替，比如导航台（D）、航路（E）、机场（P）、公司航路（R）、特殊用途空域（U）、巡航高度表（T）、最低航路偏航高度（A），各章再细化为具体的节，同样以不同的字母或空格代替，比如导航台章（D）又分为 NDB（B）和 VHF（空格）。即各个航空数据以章与节的两位字母进行归类，见表 12-1。

表 12-1 导航数据章节分类及名称

章代码	章名称	节代码	节名称
D	导航台	Blank	VHF 导航台
		B	NDB 导航台
E	航路	A	航路点（waypoint）
		M	航路标记（airway marker）
		P	等待航线（holding patterns）
		R	航线（airways）
		T	优选航路（preferred routes）
		U	航路限制（airways restrictions）
		V	通信（communications）
P	机场	A	机场基准点（airport reference points）
		B	停机位（gates）
		C	终端区航路点（terminal waypoints）
		D	标准仪表离场程序（SIDs）
		E	标准仪表进场程序（STARs）
		F	进近（approaches）
		G	跑道（runway）
		I	航向台/下滑道（localizer/glide slope）
		K	终端区进场高度（terminal arrival altitude）
		L	微波着陆系统（MLS）
		M	指点标/航向台（marker/localizer）
		N	终端区 NDB（terminal NDB）

章代码	章名称	节代码	节名称
P	机场	P	SBAS 航经点（SBAS path point）
		Q	GBAS 航经点（GBAS path point）
		R	飞行计划进场/离场数据记录（flight planning arrival/departure data record）
		S	最低安全高度（MSA）
		T	GNSS 着陆系统（GNSS landing system）
		V	通信（communications）
R	公司航路和备用目的地	Blank	公司航路（company route）
		A	备用记录（alternate record）
U	特殊用途空域	C	管制空域（controlled Airspace）
		F	飞行情报区/高空飞行情报区（FIR/UIR）
		R	限制性空域（restrictive airspace）
T	巡航高度表	C	巡航高度表（cruising tables）
		G	地理参考表（geographical reference table）
A	MORA	S	最低航路偏航高度（MORA）

ARINC424 导航规范格式统一采用 132 位纯文本记录，对各种导航数据库元素进行编码，从 1 到 132 位，使用每若干位定义某航空要素的某一特定属性。对不同的航空要素有不同的定义格式，具体可分为下列几种常见格式：机场、跑道、终端区程序（进场、离场、进近）、导航台、航路点、航路、航路等待、停机位、公司航线等。航空要素的编码记录表分为主记录、续记录、模拟机续记录、飞行计划续记录，如图 12-2 所示。这样设计的目的是基于不同用户的需求，保证那些希望单独使用该文件作为机载导航系统运行的用户不受影响，同时保证支持机载导航软件运行和模拟机或飞行计划系统的用户不用改造软件。

4.1.3.1 NDB NAVAID Primary Records

Columns	Field Name (Length)	Reference
1	Record Type (1)	5.2
2 thru 4	Customer/Area Code (3)	5.3
5	Section Code (1)	5.4
6	Subsection Code (1)	5.5
7 thru 10	Airport ICAO Identifier (4)	5.6
11 thru 12	ICAO Code (2)	5.14

（a）主记录

4.1.3.2 NDB NAVAID Continuation Records

Columns	Field Name (Length)	Reference
1 thru 21	Fields as on Primary Records	
22	Continuation Record No. (1)	5.16
23	Application Type (1)	5.91
24 thru 92	Notes (69)	5.61
93 thru 123	Reserved (Expansion) (31)	
124 thru 128	File Record No. (5)	5.31
129 thru 132	Cycle Data (4)	5.32

（b）续记录

4.1.3.3 NDB NAVAID Simulation Continuation Record

Columns	Field Name (Length)	Reference
1 thru 21	Fields as on Primary Records	
22	Continuation Record No. (1)	5.16
23	Application Type (1)	5.91
24 thru 27	Blank (Spacing) (4)	
28 thru 32	Facility Characteristics (5)	5.93
33 thru 79	Reserved (Spacing) (47)	
80 thru 84	Facility Elevation (5)	5.92
85 thru 123	Reserved (Expansion) (39)	
124 thru 128	File Record No. (5)	5.31
129 thru 132	Cycle Data (4)	5.32

（c）模拟机续记录

4.1.3.4 NDB NAVAID Flight Planning Continuation Records

This Continuation Record is used to indicate the FIR and UIR within which the NDB NAVAID defined in the Primary Record is located and the Start/End validity dates/times of the Primary Record.

Columns	Field Name (Length)	Reference
1 thru 21	Fields as on Primary Records	
22	Continuation Record No. (1)	5.16
23	Application Type (1)	5.91
24 thru 27	FIR Identifier (4)	5.116
28 thru 31	UIR Identifier (4)	5.116
32	Start/End Indicator (1)	5.152
33 thru 43	Blank (Spacing) (11)	
44 thru 123	Reserved (Expansion) (80)	
124 thru 128	File Record No. (5)	5.31
129 thru 132	Cycle Date (4)	5.32

（d）飞行计划续记录

图 12-2　编码记录表分类

下面以导航台和终端区程序的主记录表为例介绍 ARINC424 的编码格式。

（1）导航台的数据库编码格式。导航台的编码包含了导航台的频率、导航台等级、导航台经纬度坐标等信息。VOR 导航台主记录数据编码的信息参见表 12-2。

表 12-2　VOR 导航台主记录数据编码信息

位	含　义（长度）
1	记录类型（1）
2～4	客户/区域代码（3）
5	章代码（1）
6	节代码（1）
7～10	机场 ICAO 四字地名代码（4）
11、12	ICAO 代码（2）
13	空格（1）
14～17	VOR 识别标志（4）
18、19	空格（2）
20、21	ICAO 代码（2）
22	连续记录号（1）
23～27	VOR 频率（5）
28～32	导航台的等级（5）
33～41	VOR 台的纬度（9）
42～51	VOR 台的经度（10）

续表

位	含　义（长度）
52～55	DME 台的识别标志（4）
56～64	DME 台的纬度（9）
65～74	DME 台的经度（10）
75～79	DME 台的台偏差（5）
80～84	DME 台的天线标高（5）
85	VOR 信号状态指示（1）
86、87	ILS/DME 偏置（2）
88、90	频率保护距离（3）
91、93	水平参考系统（3）
94～118	VOR 导航台的全称（25）
119～121	空格（3）
122	不适用于 RNAV 航路的 DME 说明（1）
123	DME 运行信号覆盖范围（1）
124～128	文件记录号（5）
129～132	周期日期（4）

例如：VOR/DME 台的 ARINC424 编码。XINGLIN VOR/DME 导航台如图 12-3 所示。

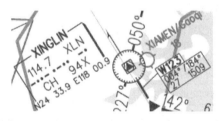

图 12-3　XINGLIN VOR/DME 导航台的信息

"XINGLIN" VOR/DME 台的 ARINC424 编码如下：

> SEEUD ZSAMZS XLN ZS 11470VDHWN24335400E118005400 XLNN24335400E118005400

W00201442 XINGLIN，根据表 12-2 对 ARINC424 编码进行分解，分解后见表 12-3。

表 12-3　XINGLIN VOR/DME 台 ARINC424 编码分解

1	2～4	5	6	7～10	11、12	13	14～17	18、19	20、21	22	23～27	28～32
S	EEU	D		ZSAM	ZS		XLN		ZS		11470	VDHW

33～41	42～51	52～55	56～64
N24335400	E118005400	XLN	N24335400

65～74	75～79	80～84	85	86、87	88～90	91～93	94～100
E118005400	W0020	1442					XINGLIN

101～118	119～121	122	123	119～121	122	123	124～128	129～132

第 1 位"S"是 standard 的缩写，表示该记录为标准格式。第 2～4 位"EEU"表示该程序所处的地理分区（east europe）的代码，"EEU"区为中国所属区。第 5 位"D"表示主章节号。第 6 位是空白间隔符。第 7～10 位"ZSAM"表示厦门高崎机场四字地名代码。第 11、12 位"ZS"表示机场所在情报区。第 14～17 位为导航台识别编码；第 20、21 位为该导航台所属情报区；第 23～27 位为该 VOR 台的频率；第 28～32 位为该导航台的等级（V—VOR, D—DME, H—high altitude, W—no voice on frequency）；第 33～51 位为 VOR 台的纬度和经度；第 52～55 位为 DME 台的识别码；第 56～74 位为 DME 台的纬度和经度；第 75～79 位为磁差值；第 80～84 位为 DME 台天线的标高；第 94～123 位为该导航台的全名。

（2）终端区程序的数据库编码格式。终端区程序分为进场、离场和进近三种程序，这三种程序的 ARINC424 格式是一致的。终端区程序主记录数据编码信息参见表 12-4。

表 12-4　终端区程序主记录数据编码信息

位	含　义（长度）
1	记录类型（1）
2～4	客户/区域代码（3）
5	章代码（1）
6	空格（1）
7～10	机场 ICAO 四字地名代码（4）
11、12	ICAO 代码（2）
13	节代码（1）
14～19	SID/STAR/进近程序编号（6）
20	航路类型（1）
21～25	过渡识别标志（5）
26	程序设计适用的航空器类型（1）
27～29	顺序号（3）
30～34	定位点识别（5）
35、36	定位点所属情报区的 ICAO 代码（2）
37	VOR 台的经度（1）
38	节代码（1）
39	连续记录号（1）
40～43	航路点描述代码（4）
44	转弯方向（1）
45～47	RNP（3）
48、49	航径终止码（2）
50	提前转弯指示（1）
51～54	推荐的导航设备（4）
55、56	ICAO 代码（2）

续表

位	含 义（长度）
57～62	固定半径转弯的半径（6）
63～66	磁方位（4）
67～70	距导航台的 NM 距离（4）
71～74	磁航道（4）
75～78	航段里程/等待距离或时间（4）
79	推荐导航设备章代码（1）
80	推荐导航设备节代码（1）
81	入航边/出航边指示（1）
82	预留（扩展）（1）
83	高度描述（1）
84	高度由 ATC 指定（1）
85～89	高度（5）
90～94	高度（5）
95～99	过渡高度（5）
100～102	速度限制（3）
103～106	垂直角（4）
107～111	中心定位点或者 TAA 程序转弯点（5）
112	多扇区代码或者 TAA 扇区代码（1）
113、114	ICAO 代码（2）
115	章代码（1）
116	节代码（1）
117	GNSS/FMS 代码
118	速度限制描述
119	航路类型 1（1）
120	航路类型 2（1）
121～123	垂直偏差量（3）
124～128	文件记录号（5）
129～132	周期日期（4）

例如：厦门高崎国际机场 05 号跑道离场程序 TEBON-81D 的 ARINC424 编码。厦门高崎国际机场 05 号跑道离场程序 TEBON-81D 如图 12-4 所示，包括四个航段 05 号跑道 DER 至转弯点，转弯点至 VOR/DME 台"XLN"，"XLN"至航路点 AM401，航路点 AM401 至 TEBON，ARINC424 编码为 4 行 132 位文本记录，如下：

```
SEEUP ZSAMZSDTEB81D2RW05    010                 CA          0550 @00820  200
SEEUP ZSAMZSDTEB81D2RW05    020XLN ZS     1      L   DF XLN ZS       +02960
SEEUP ZSAMZSDTEB81D2RW05    030AM401ZB    1          TF          2270 +07880
SEEUP ZSAMZSDTEB81D2RW05    040TEBONZB    1          TF
```

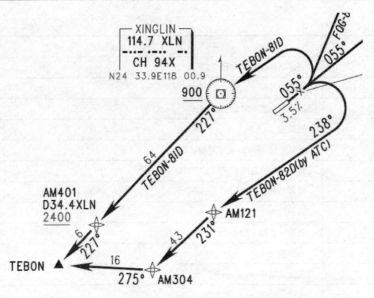

图 12-4　厦门高崎国际机场 05 号跑道离场程序 TEBON-81D

根据表 12-4 对第二个航段转弯点至 VOR/DME 台"XLN"的 ARINC424 编码进行分解，分解后见表 12-5。

表 12-5　ARINC424 编码分解

1	2～4	5	6	7～10	11、12	13	14～19	20	21～25	26	27～29	30～34
S	EEU	P		ZSAM	ZS	D	TEB81D	2	RW05		020	XLN

35、36	37	38	39	40～43	44	45～47	48、49	50	51～54	55、56	57～62	63～66
ZS			1		L			DF		XLN	ZS	

67～70	71～74	75～78	79	80	81	82	83	84	85～89	90～94	95～99
							+		02960		

100～102	103～106	107～111	112	113、114	115	116	117	118	119	120

121～123	124～128	129～132

该行编码的含义如下：第 1 位字节"S"是 standard 的缩写，表示该记录为标准格式。第 2～4 位字节"EEU"表示该程序所处的地理分区代码，"EEU"区为中国所属区。第 5 位"P"表示主章节号。第 6 位是空白间隔符。第 7～10 位"ZSAM"表示厦门高崎国际机场四字地名代码。第 11、12 位"ZS"表示机场所在情报区。第 13 位"D"表示副章节号，代表离场程序（SID）。第 14～19 位"TEB81D"为程序识别号。第 20 位"2"表示航路类型。第 21～25 位"RW05"为过渡标识，本段中其表明了起飞跑道号。第 27～29 位为航段序号，表示该行记录表示的航段在离场航路 TEB81D 中的顺序号：例如，"010"表示为该程序的第一段。第 30～34 位（XLN）为定位点名称。第 35、36 位表示定位点所属情报区（上海情报区）。第

37、38 位为定位点章节号（用于匹配定位点）。第 39 位"1"为续行标志，表示若有接续行，该行是第几行。第 44 位"L"表示该航段为逆时针转弯，如果为"R"，则表示该航段为顺时针转弯。第 48、49 位"DF"为航径终止码，其表示该航段的轨迹类型，下文将对此作详细介绍。第 51～54 位"XLN"表示为该航段提供引导信号的导航台。第 55～56 位表示航迹引导导航台所属的飞行情报区。第 63～66 位表示航迹引导导航台的方位。第 67～70 位表示距导航台距离。第 71～74 位表示该航段的方位角，第三个航段的方位角为 227°，则表示为"2270"，末位为 1 位小数。第 83 位"+"为高度描述符。高度描述符包括+、−、@、B、C 等，其中"+"表示高度要求大于等于第一个高度值，"−"表示高度要求小于等于第一个高度值，"@"表示高度要求等于第一个高度值，"B"表示高度要求大于等于第一个高度值小于等于第二个高度值，"C"表示高度要求大于等于第二个高度值。85～89 位"02960"为第一个高度值描述，单位 ft。第 90～94 位为第二个高度值描述，单位 ft。第一个高度值描述和第二个高度值描述有时有数值，有时为空，比如当高度描述符为 B 时，第一个高度值描述和第二个高度值描述均有数值，当高度描述符为"−"时，第一个高度值描述有数值，而第二个高度值描述为空。第 100～102 位为速度限制。第 103～106 位为航段仰角。其余没有提到的字位是预留空白字位或者本程序没有涉及到。

2. 航径终止码

为了使航空器能够解读终端区程序中每个航段的飞行方式，航空界为终端区程序开发的"航径与终止条件"的概念，规定了飞行程序依据标准的航径终止码进行存储，描述航段的导航方式和终止条件，即精确描述了航空器在某一航段的飞行方式。使用航径终止码不但可以对飞行程序进行规范化描述，还可以将飞行程序信息转化为二进制代码输入机载导航数据库（NDB），由飞行管理系统（FMS）实施飞行程序的运行。

ARINC424 规范中确定了不同航段的"航径终止码"。"航径终止码"由两个字母组成，在描述航空器的机动飞行时，每个字母都有各自的含义。其中第一个字母代表航段导航方式，第二个字母表示航段终止方式，航径终止码字母含义见表 12-6，每个航段的终止条件同时作为下一航段的起始条件，从而连续而完整地完成对飞行程序的编码描述。

表 12-6　航径终止码字母含义

第一个字母（导航方式）	含　义	第二个字母（终止方式）	含　义
A	沿 DME 弧至	A	规定高度
C	沿航线至	C	规定的沿航迹距离
D	直飞至	D	指定 DME 距离
F	自定位点开始沿规定航向飞行至	F	定位点
H	实施等待程序	I	截获
I	起始位置	M	人为终止
P	程序转弯	R	规定径向线
R	保持固定转弯半径至		
T	沿预定航迹至		
V	保持航向至		

可以看出，航迹共有四种几何构型：直线（C、D、F、T、V）、圆弧（A、R）、等待程序（H）和程序转弯（P）。航迹的终止时机可以分为固定的点（F）、无线电限制信号（I、D、R）、

距离限制（C）、高度限制（A）和人工接管（M）。

例如，将一条从一个确定的定位点到另一个定位点的直飞航线用航径终止码定义为"TF"，其英文定义为"track between fixes"。"T"代表所飞航径的类型（此处指一条航迹），"F"说明该航段在定位点终止。目前，ARINC 424 中确定的有 23 种不同的航径终止码，航径终止码的矩阵见表 12-7。其中的 14 种可以应用于 PBN 程序，见表 12-8。

表 12-7　航径终止码矩阵表

		终止						
		定位点	高度	手工终止	距离	DME 距离	截获下一航段	径向线
航径	定位点	IF						
	从定位点沿航迹至	TF	FA	FM	FC	FD		
	沿航线角至	CF	CA			CD	CI	CR
	飞航向至		VA	VM		VD	VI	VR
	直飞	DF						
	等待	HF	HA	HM				
	沿 DME 弧至	AF						
	沿固定半径至	RF						
	程序转弯						PI	

表 12-8　PBN 飞行程序使用编码

编码	含义	编码	含义
IF	起始定位点	HM	等待至手动结束
TF	定位点至定位点的航迹	CA	沿×××航向至高度
RF	至定位点的半径	FM	定位点至手动结束
DF	直飞定位点	VA	沿×××航向至高度
FA	定位点至高度	VM	沿×××航向至手动结束
CF	沿×××航向至定位点	VI	沿×××航向切入

（1）IF（initial fix）。IF 是航线或过渡航线的起始航路点，IF 本身并不构成一段预期航迹，而是用于连接其他的航径终止码，从而描述预期航迹，通常进场和进近程序的起点编码为 IF，IF 示意图如图 12-5 所示，示例如图 12-6 所示，图 12-6 中的 VOR 台 MTR 和 VOR 台 CHA 分别为起始进近定位点和进近程序的起始航路点。

图 12-5　IF 示意图

（2）TF（track between fixes）。TF 是两个航路点间的直线航段，是应用最广泛的航径终止码，对导航数据库的要求最小，适用于所有的飞行管理系统。TF 仅要求有前后两个点的坐标；前一航段的终结点必须是 F，如 CA 后不能接 TF；RNAV 程序中要求中间进近航段和最后进近航段应采用 TF 航段。TF 航段示意图如图 12-7 所示，示例如图 12-8 所示，从起始进近定位点 MTR 至中间进近定位点 DF289 的航段，航径终止码为 TF。

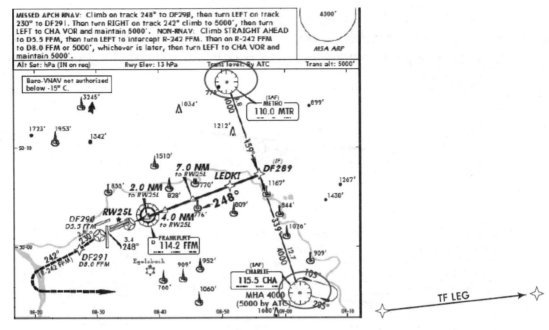

图 12-6　IF 示例　　　　　　　　　　　图 12-7　TF 航段示意图

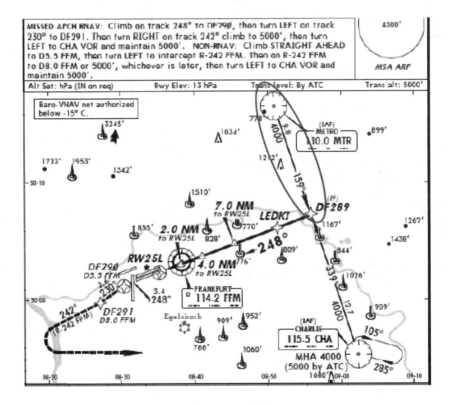

图 12-8　TF 示例

（3）CF（course to a fix）。CF 用于描述保持指定航线角（修正风的影响）飞至一个指定航路点的航段；通常在离场和复飞程序中 CA 或 FA 后使用 CF，可以有效地限制航迹的发散；CA/CF 组合可以有效地减少起始离场的环境影响，防止早转弯。CF 航段示意图如图 12-9 所示，示例如图 12-10 所示，复飞程序中从点 D11.1 FFM 左转沿 269°航线角飞至 VOR 台 TAO 的航段航径终止码为 CF。

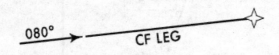

图 12-9　CF 航段示意图

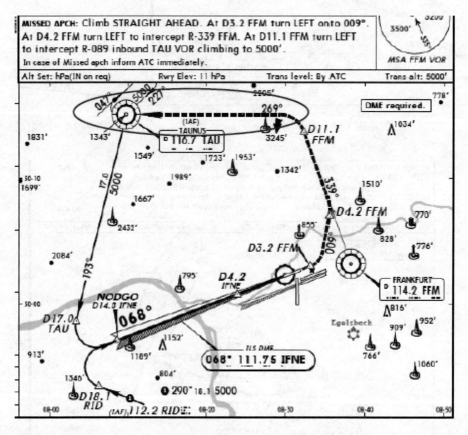

图 12-10　CF 示例

（4）DF（direct to a fix）。DF 用于描述从航空器当前航迹上的一个未指定位置至一个指定航路点的直飞航段。应用 DF 的飞行轨迹是不可预计、不可重复且极易变化的，离场时应用在 CA、FA、VA 后，轨迹分布非常分散，可以用来分散对起始离场航段的环境影响；从某一高度至一个指定航路点，应用 DF 的飞行距离最短。DF 航段示意图如图 12-11 所示，示例如图 12-12 所示，复飞程序中左转直飞 VOR 台 TAU 的航段航径终止码为 DF。

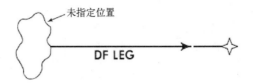

图 12-11 DF 航段示意图

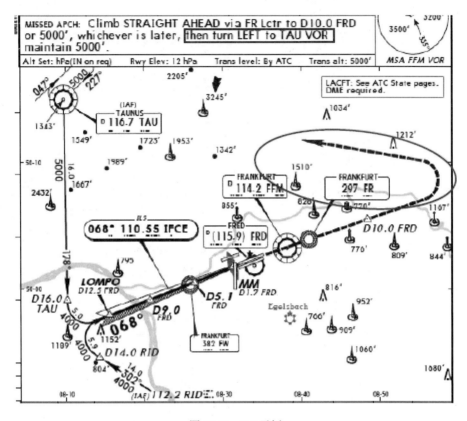

图 12-12 DF 示例

（5）FA（course from a fix to an altitude）。FA 用于描述从一个指定航路点保持指定航线角（修正风的影响）飞至一个指定高度的航段，其终结位置并不固定。FA 通常应用于复飞程序；离场时使用 FA 受惯导偏移的影响容易造成航空器低高度突然转弯。FA 航段示意图如图 12-13 所示，示例如图 12-14 所示，复飞程序中沿 VOR 台 GHA 的 302°径向线直线爬升至 3550 ft 的航段航径终止码为 FA。

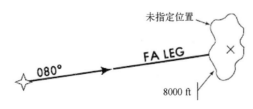

图 12-13 FA 航段示意图

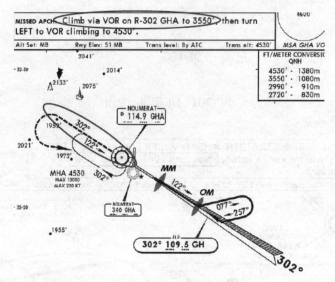

图 12-14　FA 示例

（6）FC（track from a fix from a distance）。FC 用于描述从一个指定航路点保持指定航线

图 12-15　FC 航段示意图

角（修正风的影响）飞至一个指定距离的航段。FC 航段示意图如图 12-15 所示，示例如图 12-16 所示，进近程序中沿 VOR 台 CRN 的 196°径向线飞行 2 min（最大指示空速 210 kn）的航段航径终止码为 FC。

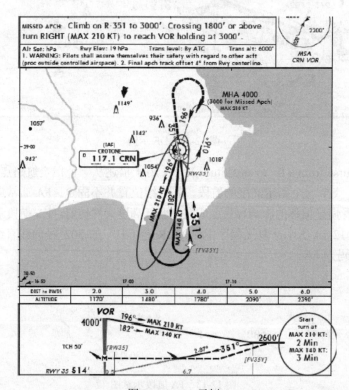

图 12-16　FC 示例

（7）FD（track from a fix toa DME distance）。FD 用于描述从一个指定航路点保持指定航线角（修正风的影响）飞至一个由 DME 距离确定位置的航段。FD 航段示意图如图 12-17 所示，示例如图 12-18 所示，进近程序中沿 VOR/DME 台 TAU 的 193°径向线飞行至距 VOR/DME 台 TAU 的 DME 距离 17.0NM 的点，该航段航径终止码为 FD。

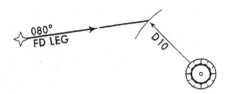

图 12-17　FD 航段示意图

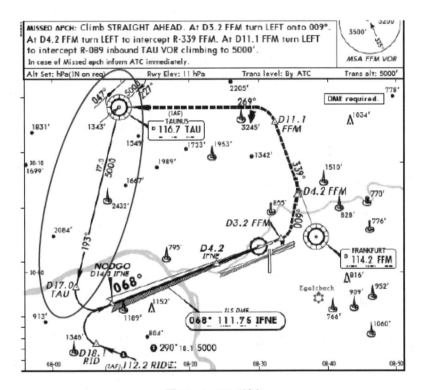

图 12-18　FD 示例

（8）FM（course from a fix to a manual termination）。FM 用于描述从一个指定航路点保持指定航线角（修正风的影响）直至开始雷达引导，由飞行员人工干预。FM 航段示意图如图 12-19 所示，示例如图 12-20 所示，复飞程序中沿 VOR 台 CB 的 5°径向线飞行直至开始雷达引导，该航段航径终止码为 FM。

图 12-19　FM 航段示意图

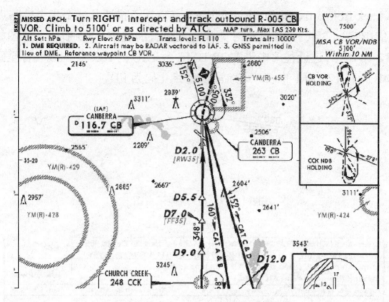

图 12-20　FM 示例

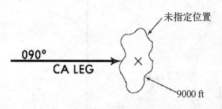

图 12-21　CA 航段示意图

（9）CA（course to an altitude）。CA 用于描述保持指定航线角（修正风的影响）出航飞至一个指定高度的航段，其终结位置并不固定。离场起始阶段优先采用 CA 代替 FA，以防止因惯导偏移而造成航空器低高度突然转弯。CA 航段示意图如图 12-21 所示，CA 示例如图 12-22 所示，复飞程序中沿航线角 267° 爬升至 4000 ft，该航段航径终止码为 CA。

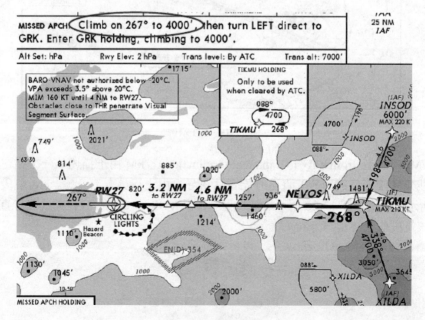

图 12-22　CA 示例

（10）CD（course to a DME distance）。CD 用于描述保持指定航线角（修正风的影响）飞至一个 DME 距离的航段。CD 航段示意图如图 12-23 所示，示例如图 12-24 所示，离场程序中从位置报高点 PANOL 沿 VAL 的 65°径向线至 D55 VAL 航段，该航段航径终止码为 CD。

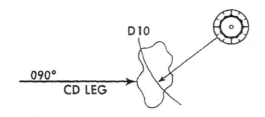

图 12-23　CD 航段示意图

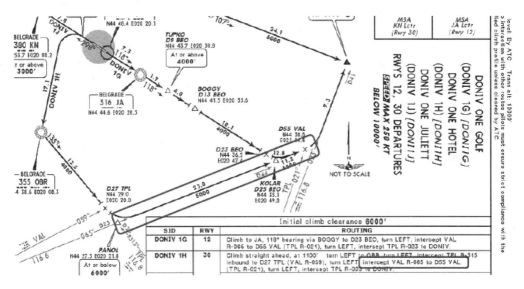

图 12-24　CD 示例

（11）CI（course to an intercept）。CI 用于描述保持指定航线角（修正风的影响）飞至截获下一航段。CI 航段示意图如图 12-25 所示，CI 示例如图 12-26 所示，复飞程序中右转沿航迹 179°飞至截获下一航段（VOR 台 VSJ 的 134°航线角），该航段航径终止码为 CI。

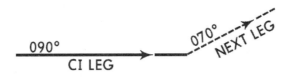

图 12-25　CI 航段示意图

（12）CR（course to a radial termination）。CR 用于描述保持指定航线角（修正风的影响）飞至截获 VOR 的特定径向线。CR 航段示意图如图 12-27 所示，CR 示例如图 12-28 所示，复飞程序中从定位点 D12.0 HLZ 右转沿航迹 360°飞至截获 VOR 台 HLZ 的 269°径向线，该航段航径终止码为 CR。

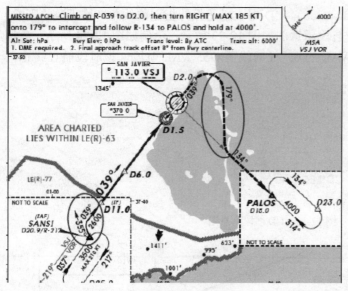

图 12-26 CI 示例

图 12-27 CR 航段示意图

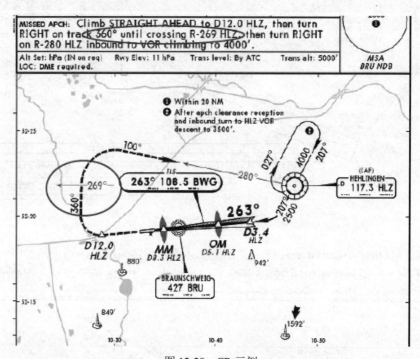

图 12-28 CR 示例

（13）RF（constant radius arc to a fix）。RF 描述了指定圆心的圆弧航径，终止于指定的航路点，圆弧的起点是上一航段的终止点。RF 航段的终点、转弯方向及圆心由导航数据库给出，RNAV 系统根据圆心至终止点的距离算出转弯半径；一个圆弧可以用来描述 2°至 300°的转弯；具备 RF 功能的 RNAV 系统需满足有关的 RNP-RNAV 要求。RF 航段示意图如图 12-29 所示，示例如图 12-30 所示，进近程序中从航路点 TT3φ2 至航路点 TT3φ3 航段为固定半径转弯，该航段航径终止码为 RF。

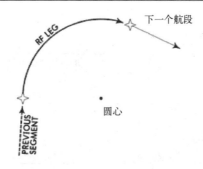

图 12-29　RF 航段示意图

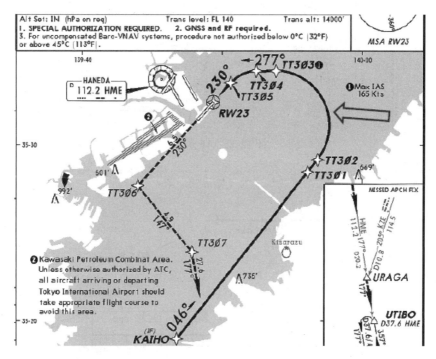

图 12-30　RF 示例

（14）AF（arc to a fix）。AF 描述沿指定 DME 弧飞至定位点。AF 航段示意图如图 12-31 所示，示例如图 12-32 所示，进近程序中从定位点 D15.0 CBA 沿 DME 台 CBA 的 13NM DME 弧飞至定位点（该定位点由 CBA 的 262°径向线和 13NM DME 弧定位），该航段航径终止码为 AF。

（15）VA（heading to an altitude）。VA 用于描述保持指定航向（不修正风的影响）飞至一个指定高度的航段，其终结位置并不固定；仅在平行离场时使用，因同时离场的两架航空器同时受风的影响，有利于保持侧向间隔。VA 航段示意图如图 12-33 所示，示例如图 12-34 所示，复飞程序中沿航向 191°爬升至 3550 ft 航段的航径终止码为 VA。

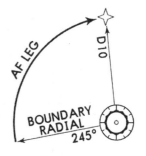

图 12-31　AF 航段示意图

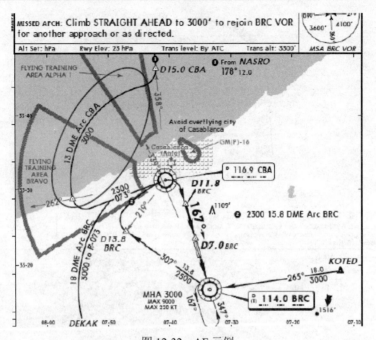

图 12-32　AF 示例

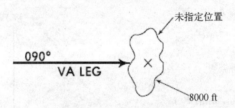

图 12-33　VA 航段示意图

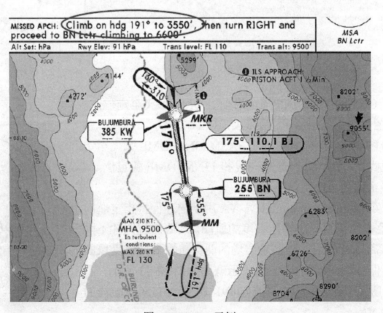

图 12-34　VA 示例

（16）VD（heading to a DME distance termination）。VD 用于描述保持指定航向（不修正风的影响）飞至一个指定 DME 距离的航段，采用的 DME 距离应为距导航数据库中的 DME 台的距离。VD 航段示意图如图 12-35 所示，示例如图 12-36 所示，离场程序中沿跑道方向飞至距 VOR/DME 台的 DME 距离 4.5 NM 航段的航径终止码为 VD。

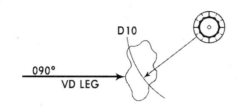

图 12-35　VD 航段示意图

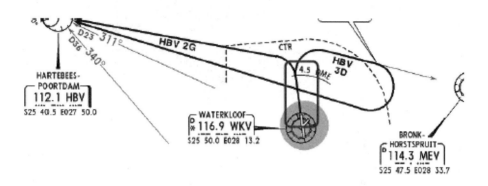

These SIDs require a minimum climb gradient of
286' per NM (4.7%).

Gnd speed-KT	75	100	150	200	250	300
286' per NM	357	476	714	952	1190	1428

▼ LOST COMMS ▼ LOST COMMS ▼ LOST COMMS ▼ LOST COMMS ▼ LOST COMMS ▼ LOST COMMS ▼ LOST COMMS ▼ LOST COMMS ▼ LOST COMMS

Comply with SID, maintain last assigned　FL to HBV, at HBV continue as per flight plan and climb to flight plan　FL.
Aircraft wishing to return must continue to SID termination point and climb to preferred　FL above MSA at or below last assigned　FL. At HBV enter holding and comply with the appropriate STAR LOST COMMS procedure.
Note: Fuel jettisoning may be done in the holding prior to commencing the STAR.
Caution: Holdings below　FL110 will be conducted partially outside controlled airspace.

▲ LOST COMMS ▲ LOST COMMS ▲ LOST COMMS ▲ LOST COMMS ▲ LOST COMMS ▲ LOST COMMS ▲ LOST COMMS ▲ LOST COMMS ▲ LOST COMMS

HBV 2G: Climb to **8000'**, further climb under radar control.		
SID	**ROUTING**	
HBV 3D	Climb on runway heading to WKV 4.5 DME, turn RIGHT towards MEV, at turn RIGHT to HBV, then as per flight plan.	**8000'**
HBV 2G	Climb on runway heading to WKV 4.5 DME, turn LEFT to HBV, then as per flight plan.	

图 12-36　VD 示例

（17）VI（heading to intercept）。VI 用于描述保持指定航向（不修正风的影响）直至

截获下一航段。VI 航段示意图如图 12-37 所示，示例如图 12-38 所示，离场程序中沿 60°
航向飞至截获下一航段（沿 VOR 台 JSV 的 31°径向线至 D20 JSV），该航段的航径终止码
为 VI。

图 12-37　VI 航段示意图

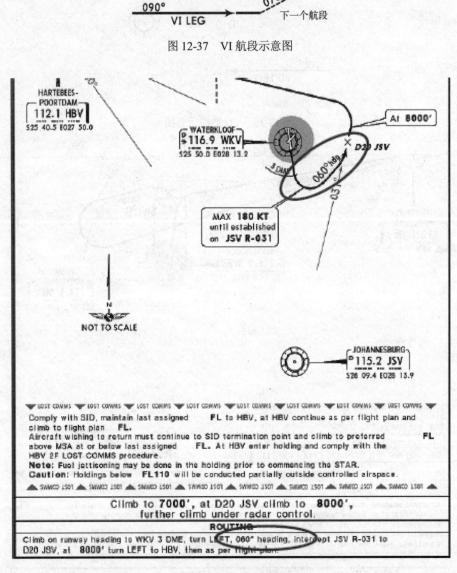

图 12-38　VI 示例

（18）VM（heading to a manual termination）。VM 用于描述保持指定航向（不修正风的影
响）直至开始雷达引导，由飞行员人工干预的航段。VM 航段示意图如图 12-39 所示，示例如
图 12-40 所示，进场程序中从航路点 EKCHO 开始飞航向 15°至开始雷达引导，该航段的航径
终止码为 VM。

图 12-39   VM 航段示意图

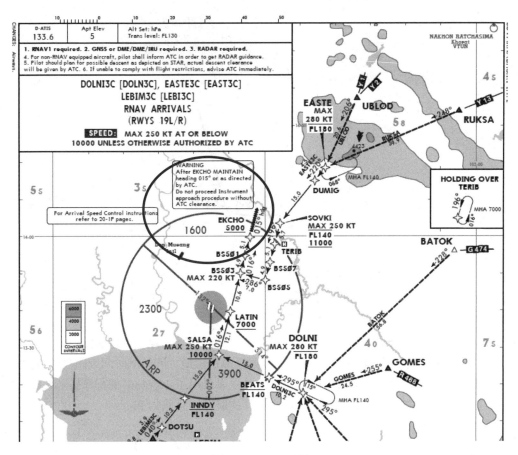

图 12-40   VM 示例

（19）VR（heading to a radial termination）。VR 用于描述保持指定航向（不修正风的影响）直至截获 VOR 的特定径向线的特定径向线。VR 航段示意图如图 12-41 所示，示例如图 12-42 所示，复飞程序中右转沿 320° 航向飞至截获 VOR 台 WKV 的 214° 径向线航段的航径终止码为 VR。

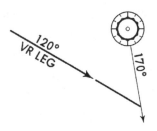

图 12-41   VR 航段示意图

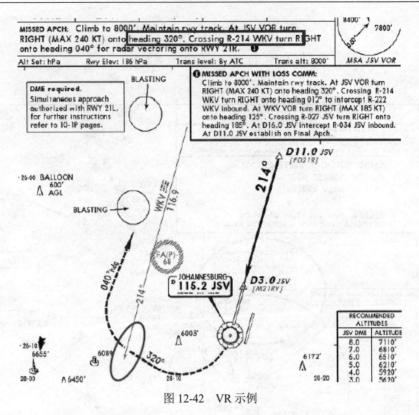

图 12-42　VR 示例

（20）PI（045/180 procedure turn）。PI 描述了一个开始于特定数据库航路点的反向程序，包括出航边和 180° 转弯截获下一个航段，数据库中包括最大的出航时间或距离。PI 航段示意图如图 12-43 所示，示例如图 12-44 所示，进近程序采用了 45°/180° 的程序转弯，出航边航线角为 139°，出航边长度为 10 NM，该程序转弯的航径终止码为 PI。

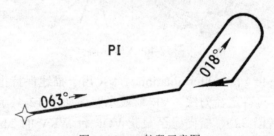

图 12-43　PI 航段示意图

（21）HA/F/M（holding/racetrack to an altitude/fix/manual termination）。HA、HF 和 HM 三个航径终止码都是用来描述等待程序的，但是终止等待程序的时机不同。HA 描述的等待程序在指定的高度或以上再次飞越等待航路点时自动终止；HF 描述的等待程序在航空器完成等待进入程序后第一次飞越等待航路点时结束，通常用于反向航段；HM 描述的等待程序由飞行员手动结束。HA/F/M 航段示意图如图 12-45 所示，HA 示例如图 12-46 所示，复飞程序中在 NDB 台 SE 上的等待程序终止于等待高度 5500 ft；HF 示例如图 12-47 所示，TOXPA 点的等待程序在航空器完成等待进入程序后第一次飞越等待航路点时结束；HF 示例如图 12-48 所示，WOSIM 点的等待程序由飞行员手动结束。

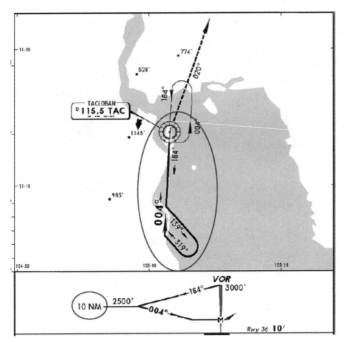

图 12-44　PI 示例

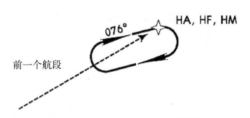

图 12-45　HA/F/M 航段示意图

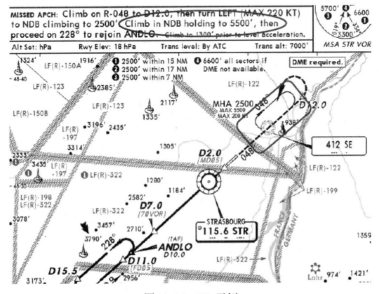

图 12-46　HA 示例

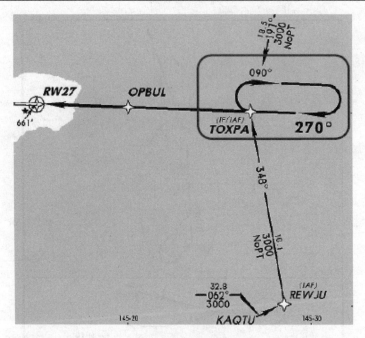

图 12-47　HF 示例

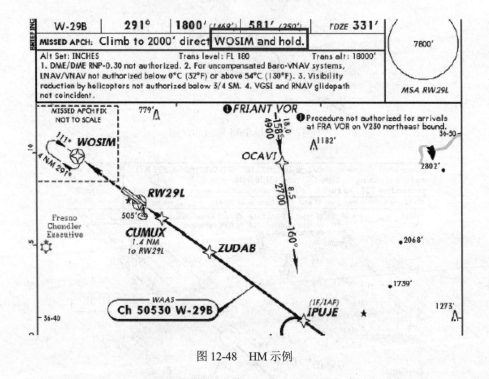

图 12-48　HM 示例

12.1.3　机载导航数据库的数据分类

导航数据库内容的构成比较复杂，可以从多个维度进行分类。主要分类方法包括根据技术复杂性分类和根据数据来源分类。

1. 按技术复杂性分类

按照技术复杂性分类分为简单数据和复杂数据。

简单数据包括以下内容。

（1）导航设备：主要包括 VOR、DME、NDB 和 ILS，导航台的编码主要包含导航台的频率、导航台等级、导航台经纬度坐标等信息。

（2）位置报告点：主要包括航路位置报告点与终端区位置报告点，位置报告点的编码主要包含位置报告点的名称和经纬度坐标等信息。

（3）机场：主要包括机场的 ICAO 地名代码、IATA 代码、机场基准点的经纬度坐标、机场的标高、机场磁差、机场最长跑道的跑道号等信息。

（4）跑道：主要包括跑道号、跑道着陆入口的经纬度、跑道入口标高、跑道磁方向、跑道长度、跑道宽度、跑道入口内移距离、跑道坡度、停止道等信息。

复杂数据包括以下内容。

（1）高低空航路。分为高空、低空航路和大型机场进离场过渡航路，每一条航路被分成多条按顺序排列的航段数据，每个航段数据主要包含航路代号、航路类型、航线角、航段距离、航路高度限制等信息。

（2）标准仪表进离场程序和进近程序。由多个按顺序排列的航段数据组成，每个航段数据主要包含航段类型、速度限制、高度限制、转弯的方向、梯度等信息。

（3）公司航路。按照航空公司要求定制的航路，包括起飞机场、航路的走向、着陆机场。每条公司航路包含以下基本信息：公司航路名称、沿航路的定位点、定位点类型及坐标、经由的航路。公司航路的命名与标准航路不同，使用 ICAO 四码或者 IATA 三码，加上一定数量的后缀，共计十位字符表示，其航路走向与领航计划电报/放行电报保持一致。

（4）客户化程序。主要包括航空公司制定的 RNP AR 程序以及单发失效程序。比如国航拉萨/贡嘎机场的 RNP AR 进近程序，是波音公司与 NAVERUS 合作，专门为国航 B757-200 机型设计，属于国航的客户化程序。

2. 按数据来源分类

从数据来源角度分类可以分为标准数据（standard data）和客户化数据（tailored data），如图 12-49 所示。图 12-50 所示为全球区域划分示意图，表 12-9 为全球区域划分代码表。

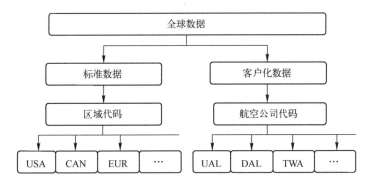

图 12-49　导航数据分类：标准数据和客户化数据

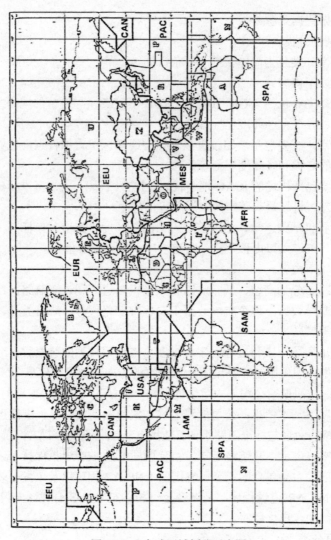

图 12-50　全球区域划分示意图

表 12-9　全球区域划分代码表

区域	区域代码
美国（USA）	USA
加拿大和阿拉斯加（Canada and Alaska）	CAN
太平洋（Pacific）	PAC
拉丁美洲（Latin America）	LAM
南美洲（South America）	SAM
南太平洋（South Pacific）	SPA
欧洲（Europe）	EUR
东欧（Eastern Europe）	EEU
中亚东亚南亚（Middle East South Asia）	MES
非洲（Africa）	AFR

标准数据是指根据各国/地区公布的航空资料汇编（AIP）、修订/补充资料、航行通告（NOTAM）及其他相关文件制作的航空数据。

客户化数据是指根据航空运营人向数据服务提供商提供的原始数据及信息，由数据服务提供商根据航空运营人客户化要求定制的航空数据。主要包括公司航路和航空公司特殊程序。

12.2　机载导航数据库的制作

航空情报数据必须先经过导航数据服务提供商转换成 ARINC424 编码，再由航空电子设备制造商将其转换为专用导航数据格式才能将数据库安装加载至航空器的飞行管理系统。

12.2.1　航空数据链

航空数据链（aeronautical data chain）是航空数据从采集到最终使用过程中数据处理各环节的概念性表述，包括航空数据采集、收集整理、编码、创建、传输和使用等环节，航空数据链是一系列相互关联的环节，每个环节提供了一个功能，以制作、传输和使用航空数据作为特定目的。航空数据链内的组织机构，包括航空运营人、数据服务提供商、原始设备制造商（OEM）、航空电子设备制造商、缔约国航行情报服务和数据服务专业机构等，航空运营人作为航空数据链内的终端用户。导航数据是航空数据中的一种数据，导航数据链如图 12-51 所示。

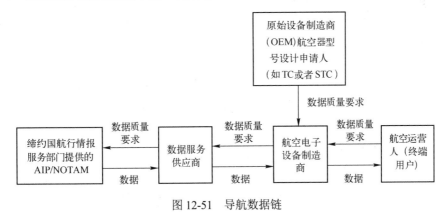

图 12-51　导航数据链

12.2.2　数据服务提供商

数据服务提供商（data service provider），是指负责搜集整理、处理和创建航空数据库的组织机构（不包含缔约国和代表缔约国的实体机构）。尽管导航数据库如此重要，但是目前世界上仅有少数公司能提供导航数据服务，国际上提供导航数据服务的公司主要有两类，一类是数据服务提供商，指从缔约国或其他途径收集航空数据，并且按照航空电子设备制造商指定的格式将航空数据输入一个电子文件的组织机构。对导航数据而言，数据服务提供商通常按 ARINC-424 规范将数据处理成标准格式电子文件。另一类是航空电子设备制造商，负责将符合 ARINC424 格式的导航数据格式转换为其机载航电设备可使用的专用导航数据格式。航空电子设备制造商从数据服务提供商处接收航空数据文件并将数据载入地面处理软件。地面处理软件自动校验数据、定制地理区域覆盖和数据内容，然后按目标航电指定格式压缩和打包数据，最后生成一个或一组导航数据文件供客户使用，该文件即机载导航数据库。

如果数据服务提供商能证明符合已定义的数据库制作规范性文件的要求，则可以获得相关组织或机构颁发的接受函（LOA）。在美国由 FAA 认定导航数据服务提供商的资质并颁发 LOA，在欧洲由 EASA 负责认定并颁发 LOA，在加拿大由交通部负责认定并向数据服务提供商颁发与 LOA 等效的确认函（AL）。欧洲、美国、加拿大三方相互认可导航数据服务提供商资质，中国民航局也认可这三方认定的导航数据服务提供商资质。

LOA 分为两种类型，包括 1 类 LOA 和 2 类 LOA，其具体定义和要求如下。

1. 1 类 LOA

1 类 LOA 证明持有人具备航空数据处理资质，数据处理过程符合 RTCA DO-200A 数据质量的要求，如图 12-52 所示。

U.S. Department
of Transportation
**Federal Aviation
Administration**

**Transport Airplane Directorate
Los Angeles Aircraft
Certification Office**
3960 Paramount Boulevard
Lakewood, California 90712-4137

August 12, 2005

Jeppesen Sanderson, Inc.
ATTN: Mr. Barry McDaniel
        Director, Quality and Standards
55 Inverness Drive East
Englewood, Co 80112-5498

Dear Mr. McDaniel:

**TYPE 1 FAA LETTER OF ACCEPTANCE
LOA0002LA**

The FAA has verified that Jeppesen Sanderson complies with AC 20-153 and RTCA/DO-200A with regards to their processing of navigation data. The Type 1 LOA does not authorize Jeppesen Sanderson to supply navigation data directly to an operator (e.g. end user, airlines) for loading into the installed equipment.

The following terms and conditions are applicable to this letter of acceptance:

1. Jeppesen Sanderson receives data, such as Aeronautical Information Publications, from approved State sources. Data quality requirements for the receipt of data from other sources and for the delivery of data to their customers, data quality requirements are defined in Jeppesen Sanderson's NavData Data Definition Document (DDD).

2. Jeppesen Sanderson's procedures for processing data are defined in departmental procedures that are compliant with Jeppesen Sanderson's Corporate Quality Manual.

3. Reporting of Data Failures, Malfunctions, and Defects. Jeppesen Sanderson must report to the FAA ACO- Mr. Ha Nguyen, ANM-130L, 3960 Paramount Blvd, Lakewood, CA 90712-4137 any failure, malfunction, or defect of the aeronautical data produced under this LOA that may have a safety effect on operational use of the data.

4. Maintain a Quality Management System (QMS). Jeppesen Sanderson must maintain a quality management system as described in RTCA/DO-200A, section 2.5. Changes to the QMS that may affect the data quality objectives must be reported to the FAA ACO- Mr. Ha Nguyen, ANM-130L, 3960 Paramount Blvd, Lakewood, CA 90712-4137 before implementation.

Purpose - Aviation Safety   Professionalism - Technical Excellence Pride -Highest Quality

图 12-52 1 类 LOA 证明

　　1 类 LOA 与航电系统具体的合格证无关[如型号合格证（TC）、补充 TC（STC）或技术标准令（TSO）或设备类型]，不涉及特定航电系统兼容性问题。

　　1 类 LOA 提供商不能将导航数据库直接交付给终端用户供航空器飞行使用。

　　JEPPESEN（杰普逊公司）、Lufthansa Systems（汉莎系统公司）和 NAVBLUE 等均持有 1 类 LOA。

2．2 类 LOA

　　2 类 LOA 证明持有人具备航空数据处理资质，数据处理过程符合 RTCA DO-200A 数据质量的要求，并且其交付的数据与特定的航电系统兼容。加拿大 AL 等效于 2 类 LOA。

　　2 类 LOA 颁发给航电系统设计批准持有人，或者满足航空电子设备设计批准持有人数据定义要求的数据提供商。如果取得 2 类 LOA 资质的导航数据服务提供商不是航电系统设计批准持有人，但航电系统设计批准持有人为该数据提供商提供数据打包工具，则 2 类 LOA 认定该数据服务提供商使用打包工具处理数据符合 RTCA DO-200A 要求。

　　2 类 LOA 提供商可以将导航数据库直接交付给终端用户供航空器飞行使用。

　　Honeywell、Collins 和 Universal 等均持有 2 类 LOA。JEPPESEN、Lufthansa Systems 获得了多家航空电子设备制造商的数据打包代理权，所以同时具备 1 类、2 类 LOA，但 JEPPESEN 未能获得 Honeywell 和 Collins 等航空电子设备制造商的周期化数据打包代理权。

12.2.3　机载导航数据库的数据处理流程

　　机载导航数据库的数据处理流程分为六个阶段，即数据接收、数据汇总、数据转换、数据选择、数据格式化和数据分发，如图 12-53 所示。

1．接收阶段

　　数据接收阶段，涉及数据接收、检查、验证等工作，检查确保收到的数据在传送过程中是完好的，验证数据以便核实数据的一致性和可用性。

　　如果发现错误、遗漏或不一致，须向数据供应商（或数据提供方）报告，通过数据跟踪来修改数据。

2．汇总阶段

　　数据汇总阶段，收集和校对来自不同数据供应商的数据。通过数据汇总，可以得到满足航空数据链中下一环节要求的数据集。

　　对已汇总数据进行检查，可以保证数据满足质量要求。如果发现错误、遗漏或不一致，须告知责任数据供应商并提请分析和修改，并由数据汇总方跟踪数据源以确保正确修改数据，记录相关问题并提醒下一环节参与方。

　　如果收到的源数据精度、分辨率和完好性等有任何变更，需要记录变更详情并归档备查。

3．转换阶段

　　数据转换阶段，涉及数据信息表达形式的转变。如果仪表飞行程序用文本形式描述，则需要按照 ARINC 424 编码规则转变为 ARINC 424 格式航段类型（或航径终结码）。

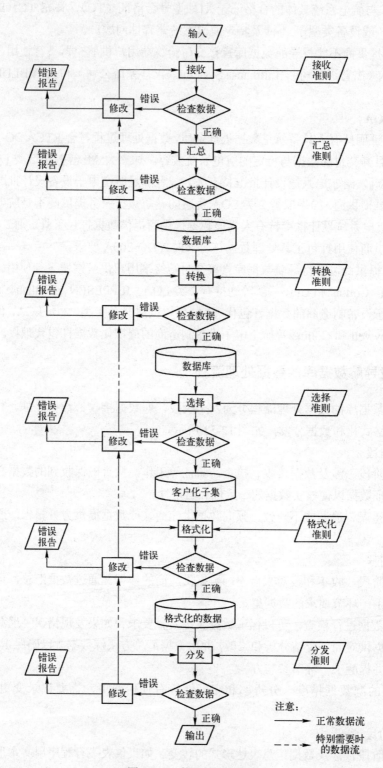

图 12-53　数据处理流程图

数据转换后须进行检查，确保转换过程没有改变原始数据的一致性和完整性。

4. 选择阶段

数据选择阶段，主要从经汇总处理后收集的航空数据中选择需要的数据元素。选择工作阶段之后，将生成一个原始收集数据子集，该子集符合下一环节对数据质量的要求。

在选择阶段，须检查数据子集以确保与原始收集数据一致，确保需要的数据没有遗漏或更改。

5. 格式化阶段

格式化阶段，将选择的数据子集转换为下一环节可接受的格式数据。导航数据可以参照 ARINC424 标准进行格式化，以便生成用于飞机导航、飞行计划、飞机模拟机使用的导航数据库，或者按照专利格式转换为目标系统可接受的格式，或者按照其他可以接受的格式转换。

在格式化过程中，须检查格式化数据是否与选定数据格式一致，力求发现每一项误差引起的原因以便修改。

为了预防虽然数据存在错误但却通过了用户的检查和验证的情况发生，在数据格式化过程中可以采取满足数据最低要求的完好性保护措施（如 CRC 校验）来检查数据。

6. 分发阶段

数据分发是航空数据处理的最后一个环节，该阶段的主要任务是将格式化数据子集打包成数据库并分发给用户。可以用磁盘或光盘来分发数据，也可以通过互联网或其他可接受的方式分发数据。

在分发过程中，须进行检查数据并确保分发数据满足用户要求，并且无物理介质错误。如果航空运营人发现数据错误或信息遗漏，须通报数据供应商并按流程修改数据，数据供应商应记录相关问题并通告终端用户。

12.2.4　导航数据制作案例

1. 数据处理和转换流程

以机型 B737-800 导航数据为例，JEPPESEN 公司作为数据服务提供商，首先采集来自各国政府对外公布的航空情报，主要包括航空资料汇编（AIP）和国际系列航行通告，该部分数据为标准数据，同时收集由航空公司根据公司运行需要提供的公司航路、单发失效程序、RNP AR 程序等客户化数据，JEPPESEN 公司对标准数据和客户化数据进行数据分析，按照 ARINC424 标准进行编码处理，然后将符合 ARINC424 标准的编码文件提交给航空电子设备制造商通用电气公司（GE），由 GE 公司将编码文件转换成其机载航电设备可使用的专用导航数据格式，并按目标航电指定格式压缩和打包数据，最后生成一个或一组导航数据文件即机载导航数据库，GE 公司会将该导航数据文件提供给 JEPPESEN 公司，然后由 JEPPESEN 公司提供给航空公司，流程如图 12-54 所示。

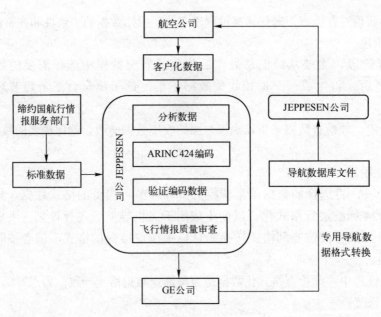

图 12-54　数据处理和转换流程

2. 机载导航数据库保障时间轴

为了保证航空公司收到的机载导航数据库能够在 AIRAC 规定的共同生效日生效,需遵循的时间要求如图 12-55 所示。JEPPESEN 公司 2020 年的客户化数据截止时间要求如图 12-56所示。

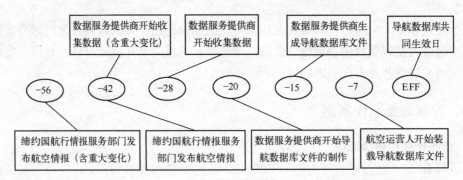

图 12-55　机载导航数据库保障时间轴

（1）在生效日前 7 天,航空公司收到导航数据库文件,根据一体化航空资料变化情况以及提交的客户化需求,自行或委托第三方对导航数据库数据的准确性进行检查。如果存在公司认为不可接受的异常或错误时,需要求数据供应商提供二版或三版数据库。没有数据异常或者公司认为可接受时,则安排装载至航空器的飞行管理系统（FMS）、飞行计划系统和性能系统。

（2）在生效日前 15 天,数据服务提供商完成导航数据库文件的制作,向航空公司提供导航数据库文件。

（3）在生效日前 20 天,数据服务提供商开始对导航数据进行电子化处理和数据质量管控。

（4）在生效日前 28 天,数据服务提供商收集新一期生效的标准数据和航空公司提供的客户化数据。

（5）在生效日前 42 天，缔约国航行情报服务部门发布新一期生效的航空情报。

（6）对于包含重大变化的航空情报，国际民航组织建议航空情报发布时间应在生效日前 56 天。

Year 2020
Jeppesen Database Production Schedule

Cycle	Terminal Procedures and Special Request Cut Off / 12:00 PM MST	Company Route and Gate Request Cut Off / 4:00 PM MST	Data Extract	Baseline ARINC 424 Estimated Electronic Data Transmission	GE FMCS Estimated Electronic Data Transmission	Cycle Effective
2001	6-Dec-19	9-Dec-19	13-Dec-19	18-Dec-19	25-Dec-19	2-Jan-20
2002	3-Jan-20	6-Jan-20	10-Jan-20	15-Jan-20	22-Jan-20	30-Jan-20
2003	31-Jan-20	3-Feb-20	7-Feb-20	12-Feb-20	19-Feb-20	27-Feb-20
2004	28-Feb-20	2-Mar-20	6-Mar-20	11-Mar-20	18-Mar-20	26-Mar-20
2005	27-Mar-20	30-Mar-20	3-Apr-20	8-Apr-20	15-Apr-20	23-Apr-20
2006	24-Apr-20	27-Apr-20	1-May-20	6-May-20	13-May-20	21-May-20
2007	22-May-20	25-May-20	29-May-20	3-Jun-20	10-Jun-20	18-Jun-20
2008	19-Jun-20	22-Jun-20	26-Jun-20	1-Jul-20	8-Jul-20	16-Jul-20
2009	17-Jul-20	20-Jul-20	24-Jul-20	29-Jul-20	5-Aug-20	13-Aug-20
2010	14-Aug-20	17-Aug-20	21-Aug-20	26-Aug-20	2-Sep-20	10-Sep-20
2011	11-Sep-20	14-Sep-20	18-Sep-20	23-Sep-20	30-Sep-20	8-Oct-20
2012	9-Oct-20	12-Oct-20	16-Oct-20	21-Oct-20	28-Oct-20	5-Nov-20
2013	6-Nov-20	9-Nov-20	13-Nov-20	18-Nov-20	25-Nov-20	3-Dec-20
2014	4-Dec-20	7-Dec-20	11-Dec-20	16-Dec-20	23-Dec-20	31-Dec-20
2101	1-Jan-21	4-Jan-21	8-Jan-21	13-Jan-21	20-Jan-21	28-Jan-21

NOTES:

* Tailored Departure, Arrival, and Approach Procedure requests must be received no later than seven (7) days prior to the extract date (Column #2).

* Company Routes and Airport Gate Requests must be submitted no later than four (4) days prior to the extract date (Column #3).

* Large requests for Company Route, or Tailored Procedures may require additional lead time.

* Jeppesen will make every effort to complete all requests as quickly as possible. However, occasionally due to source changes beyond our control, we will not always be able to complete your requests within the cycle. In such events, we will contact you.

图 12-56　JEPPESEN 公司 2020 年的客户化数据截止时间要求

3．客户化数据提供案例

以某航空公司 2020 年第 5 期客户化数据为例进行阐述。

1）时间要求

2020 年第 5 期数据生效时间为 2020 年 4 月 23 日，最晚应于 3 月 27 日提供终端区程序，3 月 30 日提供公司航路数据。

2）包括的内容

需修订的公司航路、需修订的机场客户化 PBN 程序、新增机场的基础数据和客户化 PBN 程序（如有）、当前有效数据库中数据错误或缺失数据。

3）各项内容的格式要求

（1）增加进离场程序：

> For ZSXZ, please add the following procedures:
>
> SID: LYG81D、LYG91D、FYG81D、FYG91D
>
> STAR：LYG81A、LYG91A、FYG81A、FYG91A
>
> APP：R09, R27

（2）增加某一机场的 ILS 数据及 PBN 进离场程序、进近程序数据：

```
For ZBLF, please add ILS as follow:
ILS Id     Latitude       Longitude       RWY Id    Freq      Bearing     St.Dec1
ILF        N331411.3      E1135638.4      RWY17     108.90    175.0       W004.7
Please add all the RNP SIDs, RNP STARs, I17 y, R17, R35.
```

（3）新增机场（提供机场基本信息、跑道基本信息、盲降基本信息、所有 PBN 程序信息）：

For ZBHD, please add the following data:

Airport Id	Latitude	Longitude	Elev	Mag Var		
ZBHD	N351439	E1132916	249	W005.9		
Runway Id	Latitude	Longitude	Elevation	Bearing	Length	Threshold Cross Hgt
RWY05	N354529.8	E1132728.2	249	052	8531	50
RWY23	N350238.1	E1131909.7	225	232	8531	50
ILS Id	Latitude	Longitude	RWY Id	Freq	Bearing	St.Dec1
IHD	N352503.7	E1135709.9	RWY05	109.3	052	W005.9
IKK	N351652.4	E1135937.6	RWY23	108.5	232	W005.9

SID: ALL

STAR: ALL

APP: I05z、I23z、R05、R23

（4）修订之前错误的公司城市对航路数据：

1.Please revise "...VADMO W4 WXI" to "...VADMO W4 GULEK" for VHHHZSJN1, VTBSZSJN1, VTSPZSJN1, WSSSZSJN1, ZBHHZSJN1, ZGHAZSJN1, ZGHYZSJN1, ZGKLZSJN1, ZGNNZSJN1, ZHHHZSJN1, ZHSYZSJN1, ZLICZSJN1, ZLLLZSJN1, ZLXNZSJN1, ZLXYZSJN1, ZLYAZSJN1, ZPPPZSJN1, ZUCKZSJN1, ZUGYZSJN1, ZUMYZSJN1, ZUTRZSJN1, ZUUUZSJN1, ZUWXZSJN1, ZWWWZSJN1；

（5）新增公司城市对航路数据：

ZBHDZSQD1: ZBHD WXI W4 MUMUN P229 YQG W103 WFG P218 P308 GODOP ZSQD

ZSQDZBHD1: ZSQD YO W103 YQG P229 MUMUN W4 WXI ZBHD

ZBLFZLLL1: ZBLF BIVAT W175 TYN W87 GODON B215 BELIP P203 ZLLL

ZLLLZBLF1: ZLLL LEVGI W211 ZWX W219 YHD B215 GODON W87 TYN W175 BIVAT ZBLF

ZBLFZSQD1: ZBLF YCE P145 P399 LYA W45 NUNGA W4 TAMIX P384 VADMO W4 MUMUN P229 YQG W103 WFG P218 P308 GODOP ZSQD

ZSQDZBLF1: ZSQD YO W103 YQG P229 MUMUN W4 VADMO P384 TAMIX W4 NUNGA P399 P355 LIMGI W175 YCE ZBLF

12.3 机载导航数据库的管理

航空运营人应根据《航空运营人导航数据库管理规范》及导航数据库使用各环节要求，建立导航数据库管理流程，其他相关部门包括飞行技术部、运行标准部、机务工程部、模拟机中心等（或等同职能部门），有职责协助导航数据库管理机构开展导航数据库管理工作。导航数据库日常管理参考流程如图 12-57 所示。

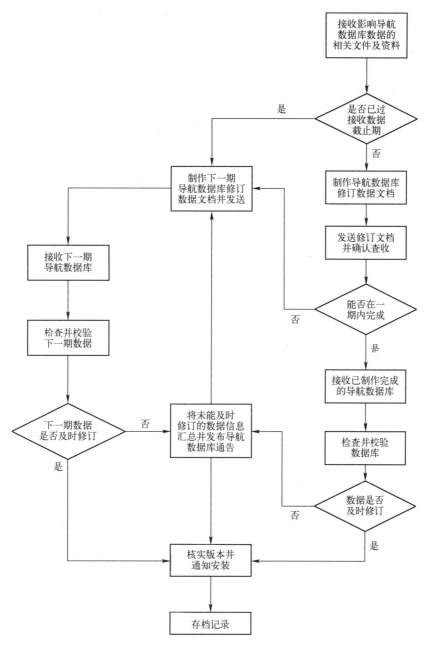

图 12-57 导航数据库日常管理参考流程图

航空运营人导航数据库日常管理和维护工作主要包含以下几部分。

12.3.1 航行情报信息监控和发布

当机场信息、航路/航线、导航台及航路点、仪表飞行程序航图或飞行程序编码等导航数据发生变更时，在该版本导航数据库没有修改和验证之前，航空运营人发布告警信息。在导航数据库完成修订并生效后,取消相应告警信息。

导航数据库管理机构收集、整理飞行机组在飞行运行中反馈的导航数据库问题,并与数据库服务商沟通交流,分析反馈问题对飞行运行的潜在影响,必要时向飞行机组发布公司通告进行告警提示。

12.3.2 导航数据维护

导航数据库管理机构在服务商规定的导航数据提交截止日期前,将下一周期的客户化数据修订和标准数据选取需求提交给导航数据库服务商,并明确导航数据库生效周期。导航数据库维护文件需要保存至导航数据库失效日期后 3 个月以上,存档备查。

12.3.3 导航数据质量检查

在导航数据库周期更替时,航空运营人须对新周期导航数据库进行质量检查并出具检查报告。在收到新一期导航数据库后,航空运营人应根据提交的修订需求,检查并确认导航数据库修订结果是否满足要求。如果质量检查结果发现修订有误,应及时联系导航数据服务商重新完成修订工作,或发布告警信息,提醒机组自新周期导航数据库生效日起停止使用飞行程序对应的导航数据库内容。导航数据库管理机构建立质量记录并存档备查。

12.3.4 数据比对和验证

航空运营人是导航数据库的终端用户,也是航空数据链中的最后一个环节,负责导航数据库最后比对和验证,确保数据准确无误。比对和验证工作可以由航空运营人完成,也可以委托第三方完成。

与传统运行相比,PBN 运行对导航数据的完好性要求更高,因此航空运营人必须对涉及 PBN 运行的终端区导航数据进行严格比对和验证。比对和验证主要内容包括但不限于以下内容。

(1)比对新周期导航数据并做记录。

(2)委托有资质的第三方比对新周期导航数据,并向受委托运营人提供比对报告。

(3)对于新增加的 PBN 飞行程序,或有修改的 PBN 飞行程序,必须使用其他适合的工具软件或/和模拟机对导航数据库进行检查确认;必要时应进行模拟机验证和实地飞机试飞验证。

(4)如果验证结果表明导航数据存在飞行安全潜在风险,航空运营人须与航空数据链相关方进行充分沟通并提请修改导航数据,生成适用于飞行运行的导航数据。如有必要,还需再次进行模拟机验证和/或实地飞行验证。

12.3.5 导航数据库装载

机务人员负责在导航数据库生效前将其装载到飞机上。机务部门与导航数据库管理机构之间应建立信息反馈机制。

12.3.6　飞行机组使用

飞机机组必须在飞行管理计算机系统初始化时确认导航数据库现行有效。

如果飞行机组在飞行前制订飞行计划过程中，或者在飞行运行过程中，或其他任何时候，发现导航数据中存在任何影响飞行安全的问题，飞行机组应记录相关问题并报告导航数据库管理机构。

在 PBN 运行过程中，如果在飞行中发生 AIRAC 周期更替，航空运营人和飞行机组应建立相应程序确保导航数据的准确性，包括用于确定航路/航线和飞行程序的导航设施的适用性，通常利用纸张数据来核对电子数据。一种可接受的方法是在起飞之前对比新旧航图，来核实导航定位点信息。如果已公布该程序的修订航图，则不得再使用旧版数据库。

12.3.7　新程序导航数据库编码管理

新程序是指为一个新建或者改扩建机场专门设计的仪表飞行程序，或者为一个正在运行的机场新设计的仪表飞行程序。新程序导航数据库编码管理流程主要包括导航数据库编码资料获取、导航数据库服务商选择、时间节点管理、导航数据库完好性验证、导航数据库修改等流程，如图 12-58 所示。

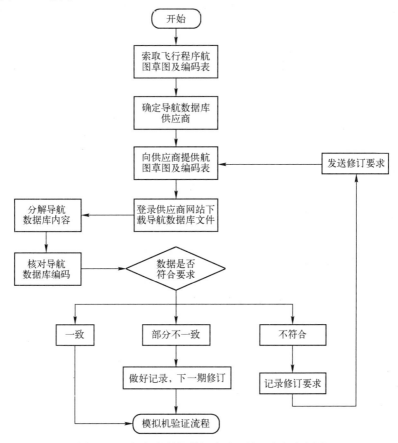

图 12-58　新程序导航数据库编码管理流程参考图

1. 数据库编码资料获取

在一个新程序导航数据库制作之前，航空运营人导航数据库管理机构须参与该程序设计评审工作，并向程序设计方索取中、英文版飞行程序航图及数据编码表。导航数据库管理机构负责向数据库服务商提供飞行程序航图及数据编码表，供数据库服务商导航数据处理和制作导航数据库使用。

2. 机型及数据库服务商选择

根据机场运行要求及新飞行程序设计要求，承担试飞验证任务的航空运营人应选择并明确合适的机型、数据库服务商，以完成试飞验证任务。

3. 导航数据库检查

根据新程序设计单位提供的原始飞行程序航图和数据编码表，由本公司或者委托第三方检查导航数据库内容，确认两者是否一致。检查内容应包括但不仅限于：机场基准点、机场标高、机场磁差、机场跑道端入口坐标（PBN 程序要求）、跑道入口标高、跑道磁方位、跑道长度、导航台坐标、航路点坐标、航径终结码、高度限制、速度限制等。

4. 导航数据库修改

导航数据库经过检查，如果发现数据严重不符，承担试飞验证任务的航空运营人导航数据库管理机构应立即告知试飞任务受委托方和数据库服务商，追踪修改完成情况直至获得符合要求的导航数据库。

12.3.8 导航数据库模拟机验证

导航数据库模拟机验证的主要目的是验证飞行管理计算机对导航数据库的解析结果、导航数据库的完好性以及飞行程序的可飞性等。模拟机验证参考流程如图 12-59 所示，主要包括以下几点：

1. 验证前准备

承担试飞验证任务的航空运营人（导航数据管理人员），在模拟机验证前应及时向相关部门获取模拟机验证机场跑道信息，并向模拟机中心提供和确认机场数据更改完成情况。导航数据管理人员、试飞机组、飞行程序设计方和局方监察员等相关人员，应共同制订模拟机验证计划。在模拟机试飞验证之前，需要确认以下内容：

（1）导航数据库确认。确认模拟机装载的导航数据库为最新周期版本，确认机载数据库包含验证机场所有需要验证的仪表飞行程序，确认数据库内容。

（2）模拟机视景确认（如需要）。

（3）地形数据库确认。确认验证模拟机上装载的验证机场地形数据库版本及信息。

2. 模拟机验证

试飞机组按照已制定的模拟机验证计划实施试飞验证，以验证飞行程序的可飞性、导航数据库的完好性和飞行程序编码的正确性等。

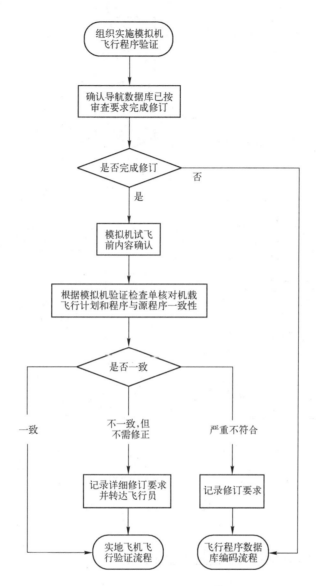

图 12-59　模拟机验证参考流程图

　　承担试飞验证任务的航空运营人，应详细、准确记录验证飞行情况并向局方提交试飞验证报告。

12.3.9　导航数据库实地试飞验证

　　飞机实地飞行验证，可以进一步验证机载飞行管理计算机对导航数据库的解析结果、导航数据库的完好性以及飞行程序的可飞性等，并且可以发现模拟机验证过程中没有呈现的导航数据库相关问题，实地试飞验证流程如图 12-60 所示。

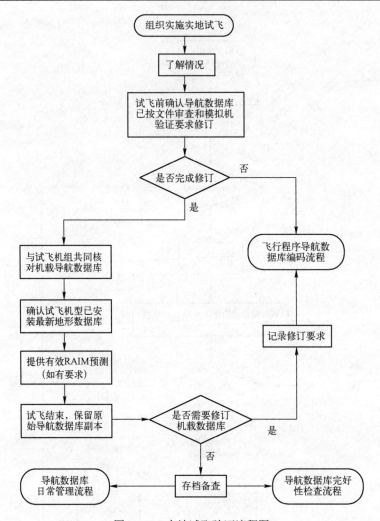

图 12-60　实地试飞验证流程图

12.4　机载导航数据库的校验案例分析

某航空公司对 2019 年第 11 期一版导航数据库（NAV DATE:XXX1191101）进行校验，发现问题如下。

（1）数据库中太原/武宿和呼和浩特/白塔机场 RNP APCH 进近程序缺失，导致不能执行上述机场 RNP APCH 进近程序。

应对方案如下：

1911 期二版数据库中的数据已更新，但部分飞机未装载二版数据库，因此发布公司航行通告如下：

(X0070/19 NOTAMN

Q)ZBPE/QNPLT/IV/NBO/A/000/999/

A)ZBHH B)1910100000 C)PERM

E）因厂商原因，1911 期一版导航数据库（NAV DATE:XXX1191101）中误删除进近程序 RNP RWY08 和 RNP RWY26,该进近程序无法执行；

1911 期二版数据库（NAV DATE:XXX1191102）数据正确，可正常执行。

两个数据库版本有效期相同，均为 OCT10-NOV06/19。目前部分飞机已装载二版，请飞行机组注意核实数据库版本，确定程序可用性。

（2）一版导航数据库中 P281 和 P53 未更名。

在新一期航路图中，航路点 P281 更名为 BODUV，航路点 P53 更名为 EMVIL，但是一版导航数据库中（NAV DATA: XXX1191101）公司航路航路点 P281 和 P53 的名称未更新，如图 12-61 所示。涉及以下公司航路：

ZHHHZUGY1、ZUASZSNJ1、ZUGYZHHH1、ZSNJZUGY1、ZPPPZSNJ1、ZUGYZSNJ1、ZSNJZPPP1、ZHSYZUGY1、ZSNJZUAS1。

应对方案如下：

1911 期二版数据库中的数据已更新，但部分飞机未装载二版数据库，航行情报员在机组放行资料里添加了飞行注意事项："导航数据库公司航路失效，航路点 P281 未更名为 BODUV，P53 未更名为 EMVIL。"

（a）航图中的航路点名称 1

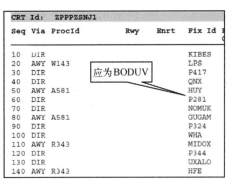

（b）导航数据库中的航路点名称 1

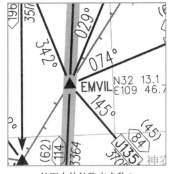

（c）航图中的航路点名称 2

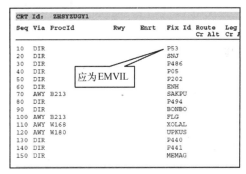

（d）导航数据库中的航路点名称 2

图 12-61　导航数据库中航路点名称未更新

（3）一版导航数据库中 ZSYTZBYN1 公司航路错误。

一版导航数据库（NAV DATA:XXX1191101）中公司航路 ZSYTZBYN1 中出现多余航段 VAGBI-ANPIG，如图 12-62 所示，因此公司航线 ZSYTZBYN1 失效。

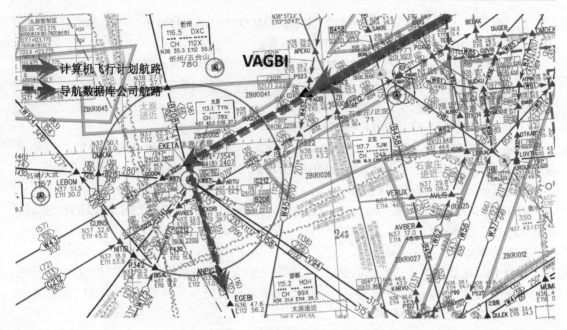

图 12-62　导航数据库中的多余航段

应对方案如下：

1911 期二版数据库中的数据已更新，但部分飞机未装载二版数据库，航行情报员在机组放行资料里添加飞行注意事项："导航数据库公司航路失效，多余航段为 VAGBI-ANPIG。"

（4）一版导航数据库中北京/首都和大同/云冈机场部分失效程序未删除。

1911 期一版导航数据库（NAV DATA：XXX1191101）中北京/首都和大同/云冈机场部分失效程序未删除，飞行机组不得调用。

涉及程序见表 12-10。

表 12-10　未删除的失效程序

北京/首都		大同/云冈	
离场方向	进场方向	离场程序	进场程序
CDY	BOBAK	LAR01D	LAR01A
JB	DOGAR	LAR11D	LAR11A
KM	GITUM		LAR12A
LADIX	JB		SEL01A
RENOB	KM		SEL02A
SOSDI	VYK		SEL11A
TONIL			
YV			

应对方案如下：

1911 期二版数据库中的数据已更新，但部分飞机未装载二版数据库，因此发布公司航行通告如下：

(X0068/19 NOTAMN

Q)ZBPE/QNPLT/IV/NBO/A/000/999/

A)ZBAA B)1910100000 C)PERM

E）因厂商原因，B737 导航数据库中北京首都机场数据存在以下风险：

（1）未删除原 CDY、JB、KM、LADIX、RENOB、SOSDI、TONIL、YV 方向离场程序和 BOBAK、DOGAR、GITUM、JB、KM、VYK 方向进场程序，飞行机组不可调用。

（2）进近程序 ILS01 的 IAF 点 AA421 高度限制错误，应为 1500/4900 ft 及以下，请飞行机组注意。

(X0069/19 NOTAMN

Q)ZBPE/QNPLT/IV/NBO/A/000/999/

A)ZBDT B)1910100000 C)PERM

E）因厂商原因，B737 导航数据库中大同机场数据存在以下风险：

（1）未删除原离场程序 LAR01D、LAR11D 和进场程序 LAR01A、LAR11A、LAR12A、SEL01A、SEL02A、SEL11A，飞行机组不可调用。

（2）离场程序 TOD01D 中 BJZ 处高度限制缺失，请飞行机组注意。

本节中和导航数据库相关的航空公司航行通告中的 Q 码 NP 为航空公司自定义 Q 码。

12.5　导航数据技术发展方向

民用航空导航数据应用关键技术都集中在欧美国家。这些国家制定和发布了导航数据相关标准和行业规范，把握着导航数据应用技术的发展方向。目前，国际航空界已制定了较为成熟的机载导航数据标准，这些技术标准包括数据处理和应用标准、航空数据处理和应用规范，主要包括 RTCA/DO-200A《航空数据处理标准》和 RTCA/DO-201A《航空信息标准》。其中，《航空数据处理标准》是根据航空应用中对导航、地形、障碍物等航空数据信息的需求，制定处理机载导航、飞行线路规划、地形提示告警、飞行仿真以及其他航空应用所需的航空数据的最低标准，是明确数据生产、修订应用和评估的质量保证与管理规范。

考虑到机载设备的数据需求、性能需求和操作约束等，美国和欧洲正在各自分头研究，努力在 ARINC424 数据模型的基础上建立新型的机载导航数据库标准。该标准应用 UML 模型描述机载导航数据库，除了包含 ARINC424 规定的数据之外，还增加地形数据、障碍物数据等，同时支持飞行实时数据等动态信息。该标准还建立嵌入式机载导航数据交换模型（BXML），实现机载设备之间的导航数据转换和共享。充分考虑到现行的导航数据 ARINC424 标准和开放式的导航数据标准，下一代的导航数据标准将会集成两种标准的特点，以 ARINC424A 发布，成为下一代导航数据的技术规范。

由德国汉莎航空公司倡议，ARINC AEEC 启动了 NDBX 项目"导航数据库开放标准"。NDBX 的主要目标是能较好地实现 FMC 和导航数据库之间的隔离，因此数据也可以运用在其他的机载应用程序上。为了结合 NDBX 的优势和现有的 ARINC 数据的规范、流程和技术，ARINC AEEC 做出了合并 424 和 NDBX 标准的决定，提出了 ARINC 424A 标准。

思 考 题

1. 航径终止码 CA 和 VA 的区别是什么？

2. 航径终止码 FC 和 FD 的区别是什么？

3. 航径终止码 IF、HF、AF、RF、CF、DF、TF 的相同点是什么，不同点是什么？

4. 写出下述航段描述的航径终止码：

（1）沿航线角 120°爬升至 600 ft；

（2）右转直飞 VOR 台 VHK；

（3）飞航向 36°，等待雷达引导；

（4）从航路点 ALPHA 飞至航路点 BRAVO；

（5）右转航线角 68°，截获 VOR 台 XLN 的 145°径向线；

（6）左转沿 VOR 台 WHY 的 50°径向线飞向 VOR 台 WHY。

5. 机载导航数据库中标准数据的数据来源是什么？

6. 机载导航数据库中客户化数据包括哪些？

7. 请写出图 12-63 中各航段的航径终止码。

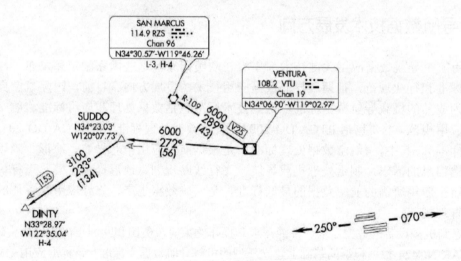

图 12-63　思考题 7 图

第13章 电子飞行包

电子飞行包（electronic flight bag，EFB）是一种由硬件和软件组成，用于驾驶舱或客舱以支持飞行运行的电子信息系统。EFB 能显示多种航空信息数据或进行基本的性能、配载等计算，如图 13-1 所示，其主要功能传统上是使用纸质材料或是由航空公司的飞行签派向机组提供数据来完成的。EFB 显示运行信息的方式与其拟取代方式应具有同等的可达性、可用性和可靠性。

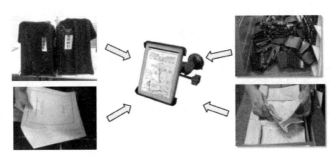

图 13-1　电子飞行包

EFB 作为航空公司运行信息使用和管理的重大革新之一，近年来已在世界各国航空公司得到了广泛应用。为适应 EFB 技术的快速发展，推动 EFB 的规范应用，特别是便携式 EFB 的使用，国际民航组织（ICAO）采纳了关于 EFB 的标准和建议措施（SARPS）并发布了相应的指导手册《电子飞行包（EFB）手册》（ICAO Doc 10020），美国联邦航空局（FAA）、欧洲航空安全局（EASA）等多个国家或地区的民航当局也相应地对其 EFB 运行规章进行了修订，包括 FAA 发布的《电子飞行包的认证、适航和运行使用指南》（FAA AC 120-76C）、《电子飞行包的使用批准》（FAA AC 120-76D）、《电子飞行包组件的安装》（FAA AC 20-173），EASA 发布的《电子飞行包（EFBs）的适航和运行考虑》（EASA AMC 20-25）。我国在 2018 年 8 月发布了咨询通告《电子飞行包（EFB）运行批准指南》（AC-121-FS-2018-031R1）。

13.1　电子飞行包的发展背景

电子飞行包的名称取自传统的飞行包，通常指飞行员携带到驾驶舱的一个文件袋，重量可达 40 lb/18 kg。电子飞行包以数字形式取代这些文件，典型的电子飞行包重量通常为 1～5 lb（0.5～2.2 kg），与纸质文档的重量和体积相比非常轻便。最早的电子飞行包源自 1990 年，一些飞行员使用他们的个人笔记本电脑和通用软件（例如电子表格和文字处理程序）执行重量和平衡计算、填写操作表等功能。1991 年联邦快递（FedEx）使用机场性能便携式计算机在飞机上进行机场性能计算。1996 年德国的劳埃德航空公司（Aero Lloyd）引进两款笔记本电脑进行性能计算和访问文档，该系统被称为飞行管理桌面（flight management desktop，FMD），允许劳埃德航空公司在德国民航局协议下移除驾驶舱内的所有纸质文件和标准起飞重量图表。但是第一个真正专为取代飞行员整个飞行包而设计的电子飞行包（EFB）是 1999 年由Angela Masson获取专利的电子套件包（electronic kit bag，EKB）。2005 年发布了第一个商用 2 级 EFB 的补充型号合格证（STC），其中包括了安装 2 级 EFB 计算机和触摸屏显示系统的规定。2009 年美国大陆航空公司使用 Jeppesen 机场地面移动地图（AMM）成功完成了世界上第一次飞行，该地图在 2 级电子飞行包平台上展示了自身位置。AMM 应用程序使用高分辨率数据库动态渲染机场地图，通过使用 GPS 技术向飞行员展示了在机场地面图上航空器的自身位置，大大提高了飞行机组人员的位置/态势感知能力，可以减少在具有复杂跑道和滑行道布局的繁忙商业机场地面运行期间的跑道侵入。2011 年 Richard Luke Ribich 向美国专利商标局申请了一系列关于在航空器上部署平板电脑即 EFB 的专利，这一系列专利中包括了将 Apple iPad 和 Microsoft Surface 等平板电脑设备与航空器集成的必要方法。2013 年 4 月至 2016 年 5 月期间发布了一系列涉及 EFB 安装、设备电源、飞机数据接口和软件开发人员工具包的专利。这些专利通过各国政府之间的各种条约和双边技术协议在整个美国以及北美、欧洲、亚洲、非洲和南美洲实施。

13.2　电子飞行包的分类

电子飞行包从硬件角度分为便携式 EFB 和安装式 EFB，软件角度分为 A 类、B 类和 C 类三类。

13.2.1　硬件分类

1. 便携式 EFB

便携式 EFB 能够显示 EFB 应用软件的 PED，其主要功能如下：

（1）飞行机组必须可控并无须工具和维护活动，就能方便地从固定装置上移除或连接到固定装置上；

（2）能够临时连接到现有的飞机电源插座为电池充电；

（3）可以连接到安装式飞机电源、数据接口（有线或无线）或天线。

便携式 EFB 如图 13-2 所示。便携式 EFB 功能完善，可供飞行员全周期使用；其软件为自主开发软件，可实现各种要求，拓展性高。目前我国安装便携式 EFB 的机型较多，运行经验丰富。

图 13-2　便携式 EFB

2．安装式 EFB

按照相应适航规章安装的 EFB，被视为航空器的一部分。安装式 EFB 如图 13-3 所示。安装式 EFB 采用原厂设备材质，质量高，但同时增加了运行成本，只能供机上适用，不能供飞行员全周期适用，并且因无法自行开发软件，客户化程度较低。我国目前选装安装式 EFB 的机型较少。

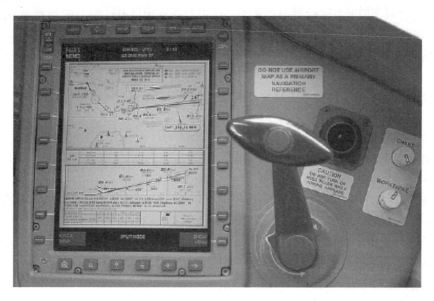

图 13-3　安装式 EFB

3．我国主流机型 EFB 的选型

我国目前主流机型的 EFB 的选型参见表 13-1。

表 13-1　我国主流机型的 EFB 选型

主流机型	EFB 类型	
	便携式 EFB	安装式 EFB
B737 系列	√	
B747 系列	√	√
B777 系列	√	√
B787 系列	√	√
A320 系列	√	
A330 系列	√	
A350 系列	√	
ARJ	√	

13.2.2　软件分类

1．A 类应用软件

A 类应用软件主要应用于飞行员工作负荷较小的地面运行或飞行的非关键阶段，如地面滑行、巡航等。

（1）失效状况类别为无安全影响，《电子飞行包（EFB）运行批准指南》（AC-121-FS-2018-031R1）的附件A提供了可接受的A类应用软件列表；

（2）不能替代或取代任何适航或运行规章要求的纸质材料、系统或设备；

（3）不要求特别的使用批准，A类具体应用软件不需要在运行规范中列出和管控。

《电子飞行包（EFB）运行批准指南》（AC-121-FS-2018-031R1）中规定A类应用软件包括：

（1）机场改航指令指导，包括列出特殊机场或经批准的具有应急医疗（EMS）支持设施的机场；

（2）飞行管理系统（FMS）/飞行管理与指引系统（FMGS）问题报告表；

（3）航空器部件手册；

（4）维修缺陷记录；

（5）甚高频全向信标（VOR）检查记录；

（6）机场的有关规章和规定；

（7）机场/设施指导（A/FD）数据[如燃油可用性、特定跑道组合的着陆与短暂等待运行（LAHSO）距离等]；

（8）进离场航空器减噪程序；

（9）国际运行手册，包括地区补充信息以及与ICAO的差异；

（10）航空资料汇编（AIP）；

（11）航空信息手册（AIM）；

（12）驾驶员飞行和值勤日志；

（13）飞行机组必要休息日志；

（14）飞行机组资格日志（如航空器资格、II级导航飞行机组资格、CAT III类资格、夜航经历日志、针对121部合格证持有人的特殊区域、航路、机场的机长资格和特殊机场资格）；

（15）飞行机组资格保持记录，包括航空器资格、着陆经历、飞行时间和值勤时间、机长经历要求等；

（16）机长报告（如机长事故征候报告表）；

（17）飞行机组调查表；

（18）应急医疗服务参考资料（在应急医疗中适用）；

（19）行程计划和报价单；

（20）航空器机长日志；

（21）反恐简介资料；

（22）危险品（HAZMAT）/氧化剂查询表；

（23）海关申报表；

（24）特殊报告表（如空中危险接近报告、鸟击和遭遇野生动物等）；

（25）机载其他设备对航空器电子设备干扰事件；

（26）不同机场的当前燃油价格；

（27）基于计算机的训练模块，飞行检查员和飞行教员记录；

（28）航空公司政策和程序手册（PPM）；

（29）中国民航规章；

（30）乘客信息（一些直接提供给登机口服务处或代理商以满足飞行要求的信息，如特殊餐食需求、轮椅需求、无人陪伴儿童、转机飞行的登机口信息、转机的航班信息等）；

（31）服务通告（SB）/发布的适航指令（AD）等；

（32）机组排班计划。

2．B 类应用软件

B 类应用软件同样能替代提供航空信息的纸质应用，可以使用于飞行计划中和飞行的各个阶段，能对数据进行操作和显示，是具有人机交互功能的应用程序。

（1）失效状况类别为轻微危害，《电子飞行包（EFB）运行批准指南》（AC-121-FS-2018-031R1）附件 B 提供了可接受的 B 类应用软件列表；

（2）可以替代或取代要求的用于签派放行或飞机上应携带的纸质信息产品；不能替代或取代任何适航或运行规章要求的安装设备；

（3）要求特定的运行使用批准，每个 B 类 EFB 应用软件由局方在运行规范中单独批准。

《电子飞行包（EFB）运行批准指南》（AC-121-FS-2018-031R1）中规定 B 类应用软件包括：

（1）飞机飞行手册（AFM）和飞机飞行手册补充件（AFMS）。

（2）飞行乘务手册（F/A）。

（3）飞行运行手册（FOM）。

（4）小型航空器的驾驶员操作手册（POH）。

（5）公司运行类手册。

（6）维修手册。

（7）航空器维修报告手册。

（8）最低设备清单（MEL）。

（9）构型偏离清单（CDL）。

（10）公司标准操作程序（SOP）。

（11）航空器运行和信息手册（性能数据、载重平衡、系统、限制等）。

（12）航空器性能数据手册（固定非交互式材料）。

（13）机场性能限制手册（如起飞和着陆性能计算的参考）。

（14）载重和平衡（W&B）手册（如果单独成册，固定非交互式材料）。

（15）载重平衡计算。

（16）起飞、航路、进近和着陆、复飞等性能计算。从计算数据或基于软件算法的性能计算得到数据。

（17）其他航空器性能数据手册，包括结合先进的尾流模型技术的、着陆与短暂等待运行（LAHSO）预测等使用的特殊性能数据（用于计划目的的固定非交互式材料）。

（18）运行规范（OpSpecs）、授权函（LOA）。

（19）动力装置的减推力设置。

（20）跑道限制性能计算。

（21）成本指数模型/飞行计划优化软件。

（22）飞行计划及更新。

（23）洋区和远程导航的交互式标图[如果飞机的导航显示器移动地图提供当前飞行计划、

飞机位置、航迹（或航向）的同步显示，则可以在 EFB 应用软件中包含 EFB 自身位置标绘；EFB 应用软件可显示附加的特有数据（如其他的洋区航路），但是必须有足够的共有数据供机组判别二者的差异]。

（24）维修缺陷签署日志（维修缺陷日志要求至少每周下载一次并保存于永久记录介质）。

（25）客舱维修缺陷报告表/位置代码（维修缺陷日志要求至少每周下载一次并保存于永久记录介质）。

（26）电子航图[如航路、区域、进离场、进近和机场航图，可以是静态/预编定（栅格）的，或者动态/数据驱动（矢量）的。如果飞机的导航显示器移动地图提供当前的飞行计划、飞机位置、航迹（或航向）的同步显示，则可以在 EFB 应用软件中包含 EFB 自身位置标绘；EFB 应用软件可显示附加的特有数据（如空域边界），但是必须有足够的共有数据供机组判别二者的差异]。

（27）电子快速参考手册（eQRH），包括正常、不正常和应急检查单。EFB 的电子快速参考手册不能与其他航空器系统交互。

（28）使用互联网和/或其他航空类通信方式/航空公司运行通信（AOC）或公司维修专用数据链，开展诸如收集、处理和发布数据用于备件和预算管理、备件/存货控制、非计划的维修等（维修缺陷日志要求至少每周下载一次并保存于永久记录介质）。

（29）天气和航空数据（如果飞机的气象雷达显示提供邻近天气危害的同步显示，则可以在 EFB 应用软件中包含 EFB 自身位置标绘；EFB 应用软件可显示附加的特有数据，如颠簸或气象雷达显示范围外的数据，但是必须有足够的共有数据供机组判别二者的差异）。

（30）装在客舱的监视器和航空器外部监视器显示。

（31）航空器飞行日志和服务记录。

（32）航空器 CAT Ⅱ/CAT Ⅲ 着陆记录。

（33）自动驾驶进近和自动着陆记录。

（34）驾驶舱观察员简令卡。

（35）洋区导航进程日志。

（36）批准的使用公钥基础设施（PKI）或私钥技术的电子签名。

（37）客舱维修记录（维修缺陷日志要求至少每周下载一次并保存于永久记录介质）。

（38）维修人员签署的缺陷记录（维修缺陷日志要求至少每周下载一次并保存于永久记录介质）。

（39）航空器维修手册（AMM）。

（40）航行通告（NOTAM）。

（41）所需的签派或飞行放行资料。

（42）除冰保持时限表。

（43）《与危险品有关的航空器事故征候的应急响应指南》（ICAO Doc 9481）。

3．C 类应用软件

C 类应用软件能够包括一些非电子飞行包范围的航电应用软件，如通信、导航和监视，主要用于机载功能，其失效条件等级达到重要或更高。C 类应用软件需要由局方进行批准。

4．其他应用软件

与飞行运行无直接关系的其他应用软件，不能对 EFB 的运行产生不利影响。EFB 管理员应对其他应用软件进行管控。

13.3　目前我国航空器电子飞行包中的主要应用软件

1．航图的电子显示

EFB 中能够显示目视航图、高/低空航路图、区域图和其他终端区图，EFB 中的电子航图可以提供与纸质航图同等水平的信息，但以比纸质图表更灵活有效的方式提供信息。目前我国各航空公司的 EFB 中都集成了国内航图和 JEPPESEN 公司制作的航图，并能够兼容 FAA 和公司自制的航图。

2．载重平衡应用软件

B 类载重平衡应用软件是为简化航空器载重平衡计算，通过数据调用和数学计算，使用局方批准的 AFM、POH（飞行员操作手册）或载重平衡手册中现有信息的应用软件。载重平衡应用软件可使用算法或电子数据表计算结果，可进行插值计算，但不能向外插值。

3．性能应用软件

B 类性能应用软件是为简化航空器性能数据计算，通过数据调用和数学计算，使用局方批准的 AFM、POH 或性能手册中现有数据的应用软件。性能应用软件可使用算法或电子数据表计算结果，可进行插值计算，但不能超出当前公布的数据范围向外插值。利用 EFB 中的性能计算软件，飞行机组可以实时计算各飞行阶段的飞机性能数据。

13.4　电子飞行包的优势

电子飞行包的推广和应用可以实现驾驶舱少纸化，减少运营维护成本、降低人为因素风险、提高工作效率，随着无线网络技术的日益成熟，可进一步实现远程放行一体化，减少代理中转环节，从而降低运营成本，提高运营效率，是民航发展的必然趋势。在实际使用过程中，电子飞行包的优点非常明显。

1．提高机组携带资料的更新效率和准确率

与传统的人工传递资料相比，电子飞行包可以使飞行员更及时地从航空公司运行控制部门获取数据和信息，并降低了人为差错的可能性。以常用的航图和手册为例，传统的航图需要 28 天更新一次，而完成一次手册的更新需要 3～7 天。使用电子飞行包后，这些更新都可以通过与服务器交互的方式立即完成。

2．提高机组信息检索的效率

传统的纸质资料，机组需要翻阅大量的文件来找到自己所需的资料信息；而电子飞行包将资料电子化后，机组可以通过文件之间相互关联和模糊搜索等方式，快速定位到自己所需的信息。同时电子飞行包也可以将重要的信息通过各种方式进行提示或告警，以便引起机组的注意，并及时阅读。

3．降低成本

纸质版资料电子化能最大限度实现驾驶舱少纸化甚至无纸化，从而能够使飞机减重，降低了燃油成本，同时降低资料维护成本和相关人员的工作负荷。

性能计算功能可以使飞行机组实时进行各阶段的性能计算，有效提升航空器在复杂情况

下的业载能力，同时有助于机组便捷地获取起飞减推力设置，从而延长发动机使用寿命，降低故障率和维修成本。

放行计划实时推送是运行组织环节的重大突破，整个签派放行信息传递过程由原来的半小时缩短到几秒钟，使放行关口前移，飞行员和签派员实时双向沟通，使共同决定燃油政策成为可能，在大幅提升节油减排效率的同时，节约打印设备、纸张成本和人工传送成本。

13.5　电子飞行包的项目管理

13.5.1　纸质材料移除政策

如果运营人的 EFB 项目有经局方批准的足够缓解措施，或对现有 EFB 项目进行修改制定达到同等安全水平的足够缓解措施，防止 EFB 故障造成飞行运行所需航空信息的丧失，则可从飞机上部分或全部地移除纸质材料。

（1）在向少纸化、无纸化驾驶舱过渡的阶段，运营人需要建立可靠的备份方式，向飞行机组提供规章所要求的信息，并确保与现行的纸质产品相当的安全和完整性水平。可接受方案包括：

① 在一定时期内携带纸质产品，用定量手段证实 EFB 的可靠性；

② 使用打印设备打印所有飞行所需数据；

③ 使用航空器传真设备向驾驶舱上传与纸质文件相当的信息；

④ 局方认可的其他备份方式。

（2）已获批开展少纸化、无纸化驾驶舱运行，申请新的 EFB 运行，可采用经局方批准的确保同等安全水平的 EFB 作为备份。

13.5.2　运行程序

1．EFB 硬件和应用软件的运行程序

EFB 项目必须包含在航空器上使用 EFB 的运行程序。这些程序须明确飞行机组、客舱机组、签派员等的职责，包括但不限于：

（1）机组在地面运行和各种飞行条件下如何使用 EFB 每个功能的程序；

（2）飞行机组人员报告 EFB 硬件或应用软件异常情况，以及根据飞行机组人员反馈修改现有政策、流程等的程序；

（3）飞行机组在正常、不正常和紧急情况下的使用程序；

（4）飞行机组在空中遇到 EFB 应用软件密码失效或无法登录等情况下能够一次性使用EFB 主要功能到落地的应急程序；

（5）任何 EFB 项目修改的通知程序；

运行程序必须包含飞行前 EFB 功能确认和使用，飞行中的使用、存放、供电保证，以及关闭程序。

2．EFB 同驾驶舱其他系统一起使用的程序

程序和训练应包括在 EFB 与驾驶舱其他系统提供的信息不一致时，或不同 EFB 间提供的信息不一致时应采取的行动。如果 EFB 与驾驶舱现有的航电显示器在同时显示信息时，程序必须包含适当的型号设计考虑以确保差异化，并确认主用和辅助信息源。

EFB 的显示应尽可能支持现有的驾驶舱设计理念，同时确保机组知道为达到某种目的应使用哪个系统，特别是当 EFB 和其他航空器系统提供相似信息时。

3．飞行机组确认 EFB 软件和数据库修订的程序

运营人应制定程序使得飞行机组能在每次飞行前确认 EFB 上装载的数据库和软件的有效性。发现 EFB 中装载的应用软件或数据库过期时（如航图数据库修订周期为 28 天），程序应规定要采取的行动。

飞行机组不需要确认不影响飞行运行的其他数据库的修订日期，如维修日志表、机场代码列表等。

4．减轻和控制工作量的程序

应制定程序以减轻和控制使用 EFB 所产生的额外工作量。

5．明确性能和载重平衡计算的责任

应制定程序明确飞行机组和签派在创建、检查和使用 EFB 性能和载重平衡计算中的作用和责任。

13.6　我国电子飞行包的批准过程

对 CCAR121 和 135 部运营人，在驾驶舱和客舱中引入和使用 EFB 需要得到局方的批准。需局方评估的内容包括：所有操作程序、相关的训练模块、检查单、运行手册、训练手册、维修方案、MEL 以及其他相关文件和报告程序。

13.6.1　批准或接受的一般过程

局方批准 EFB 包括下列五个阶段。

1．阶段一：预先申请

运营人向局方申请运行批准，局方和运营人应就运营人做的工作、局方的作用和工作、运营人必须准备好的报告和文件等方面达成共识。

2．阶段二：正式申请

运营人向局方提交正式审定申请。局方必须确保在进行彻底的审查和分析以前，运营人所提交的申请材料是完整的并且符合格式要求。局方指定监察员开展审定工作；若需要，应协调 AEG 和航空器审定部门。

运营人所提交的申请材料一般应包括：

（1）EFB 构型文件。

（2）公司 EFB 使用政策和管理制度。

（3）适航审定文件（如适用）。

（4）AEG 评估报告（如适用）。

（5）AFM（如适用）/公司相关运行手册：

① 系统限制；

② 非正常程序；

③ 正常程序，包括飞行前和飞行后检查单；

④ 硬件和软件系统描述。

（6）训练大纲。

（7）MEL（如适用）。

（8）工程管理手册（如适用）。

（9）维修方案及维修手册文件（如适用）。

（10）信息安全管理文件。

（11）风险评估报告。

（12）EFB 应用软件开发报告。

3. 阶段三：文件审查和临时批准

局方对运营人所提交申请材料就以下几个方面做深度审查和分析，包含对规章符合性、安全运行程序、工作计划合理性及相关人员训练等。

在文件审查期间，运营人应组织开展桌面推演，并在停放的飞机或经过认证的模拟机上进行演示，以评估 EFB 的实际运行情况。局方完成 EFB 评审后，向运营人授予临时批准，进入一般不少于 6 个月的验证测试阶段。

4. 阶段四：验证测试

本阶段是运行批准程序的主要阶段并涉及有效性测试。在该阶段，运营人将执行特定的运行，以便采集数据或监察员观察。运营人收集数据并达到计划目标后，可以申请减少运行测试时间。但测试期少于 6 个月的，需要由局方决定。在验证测试结束前，局方应开展飞行评估。在运行测试结束后，运营人应出具运行评估报告。如果运营人提供了达到所有计划目标的充分证据，或者运营人不能令人满意地完成计划，第四阶段就宣告结束。

5. 阶段五：最终批准

验证测试成功完成（或终结）之后，局方正式批准计划中成功完成的项目，或对未完成（或终结）的项目不予批准并书面告知运营人。对于 CCAR121 和 135 部运营人，局方通过颁布运行规范 A0046 对 EFB 授予批准。

13.6.2 对已批准项目的修改

1. 小的修改

允许运营人自行评估小的修改并纳入批准的 EFB 项目，不需要局方的检查和评估。小的修改包括：

（1）增加/更新 A 类 EFB 应用软件；

（2）更新 B 类 EFB 应用软件；

（3）操作系统更新；

（4）对现有 EFB 应用软件的小的用户界面更改。

B 类 EFB 应用软件和 EFB 操作系统的更新可能包含飞行机组训练、程序和使用的重要修改。如果对项目修改存疑，除非运营人通过联系局方监察员确定为小的修改，否则应视为重要修改。

2．重要修改

如果不属于小的修改，纳入批准的 EFB 前需要局方的正式检查和评估。不同于 EFB 的初始申请，对批准的 EFB 的修改可由局方监察员酌情简化，原则上不需要再次进行飞行评估。

思 考 题

1．简述电子飞行包的分类。

2．B 类应用软件需要获得局方的运行使用批准吗？

附录 A 航空资料汇编（AIP）的内容

第1部分 总则（GEN）

航空资料汇编以一卷以上的形式编制和分发，而且每卷均有单独的修订及补充服务，每卷汇编中必须包括单独的引言、航空资料汇编修订记录、航空资料汇编补充记录、航空资料汇编活页校核单以及现行手改修订的目录。

GEN 0.1 引言

航空资料汇编（AIP）简介，包括：

（1）发行当局的名称；

（2）适用的国际民航组织文件；

（3）航空资料汇编的结构及定期修订的时间间隔；

（4）航空资料汇编中发现错漏时的联络单位。

GEN 0.2 航空资料汇编修订记录

AIP 修订和根据航空资料定期颁发制（AIRAC）颁发的 AIRAC AIP 修订记录含：

（1）修订编号；

（2）发布日期；

（3）插入日期（如属 AIRAC AIP 修订，生效日期）；

（4）插入修订的官员的草签。

GEN 0.3 航空资料汇编补充记录

已发行的航空资料汇编补充记录含：

（1）补充编号；

（2）补充内容；

（3）AIP 受到影响的部分；

（4）有效期；

（5）撤销记录。

GEN 0.4 航空资料汇编活页校核单

航空资料汇编活页校核单含：

（1）活页页码/图表标题；

（2）有关航空资料的发布日期或生效日期（年月日）。

GEN 0.5 航空资料汇编手改修订目录

航空资料汇编现行手改修订目录含：

（1）受到影响的 AIP 页；

（2）修订文字；

（3）发布手改修订所使用的 AIP 修订编号。

GEN 0.6 第 1 部分目录

第 1 部分 总则（GEN）所含各节、分节目录。

注：分节可按字母顺序排列。

GEN 1 国家规章和要求

GEN 1.1 指定的主管当局

为便利国际空中航行而指定的每一个主管当局（民航、气象、海关、移民、卫生、航路及机场/直升机场收费、农业检疫和航空器事故调查等）的地址，含每个主管当局的：

（1）主管权限；

（2）名称；

（3）邮政地址；

（4）电话号码；

（5）传真号码；

（6）电子邮件地址；

（7）航空固定服务（AFS）地址；

（8）网站地址（如果有）。

GEN 1.2 航空器进场、过境和离场

关于航空器国际飞行进场、过境和离场预先通知和申请准许的规章和要求。

GEN 1.3 乘客和机组进场、过境和离场

关于非移民乘客和机组进场、过境和离场的规章（包括海关、移民和检疫以及预先通知及申请准许的要求）。

GEN 1.4 货物进场、过境和离场

关于货物进场、过境和离场的规章（包括海关和预先通知及申请准许的要求）。

注：有关便利灭失或坏损航空器的搜寻、援救、救助、调查、修理或救护的规定，详见 GEN 3.6 搜寻与援救。

GEN 1.5 航空器仪表、设备和飞行文件

航空器仪表、设备和飞行文件简介，包括：

（1）仪表、设备（包括航空器通信、导航和监视设备）和机载飞行文件，包括附录 F 第 I 部分第 6、7 章规定以外的任何特别要求；

（2）根据地区航行会议有关在指定陆域上空飞行的规定，附录 F 第 I 部分 6.6 和第 II 部分 6.4 中列出的应急定位发射器（ELT）、信标装置和救生设备。

GEN 1.6 国家法规和国际协定/公约摘要

国家规范空中航行有关法规的名目和索引目录及适用时其摘要，以及国家已经批准的国际协定/公约的目录。

GEN 1.7 与国际民航组织的标准、建议措施和程序的差异

列出国家规章和措施与国际民航组织有关规定之间的重大差异，包括：

（1）受到影响的规定（附件及版本号，段落）；

（2）全文差异。

本分节必须列出所有重大差异。所有附件必须按数字顺序排列，没有差异的也不能例外，

并必须以"无差异"注明。对于国家差异或者不适用地区补充程序（SUPPS）的程度，必须在紧随有关补充程序所涉及的附件之后加以说明。

GEN 2　图表和代码

GEN 2.1　计量制、航空器标志、节假日

GEN 2.1.1　计量单位

介绍所使用的计量单位，包括计量单位表。

GEN 2.1.2　时间参考系统

介绍所使用的时间参考系统（历法和时制），并说明是否采用节光夏时制以及航空资料汇编中统一使用的时间参考系统表述方式。

GEN 2.1.3　水平参考系统

简介所使用的水平（测地）参考系统，包括：

（1）参考系统名称/代号；

（2）标明凸出物；

（3）标明所用的椭圆；

（4）标明所用的基准面；

（5）适用的区域；

（6）如适用，解释用星号标出的那些不符合附件 11 和附件 14 精确性要求的坐标。

GEN 2.1.4　垂直参考系统

简介所使用的垂直参考系统，包括：

（1）参考系统名称/代号；

（2）所用大地水准面模型的说明，包括在所使用的模型和 EGM-96 之间进行高度转换所需要的参数；

（3）如适用，解释用星号标出的那些不符合附件 14 精确性要求的标高/大地水准面波幅。

GEN 2.1.5　航空器国籍和登记标志

说明航空器的国籍和国家采用的登记标志。

GEN 2.1.6　公共节假日

列出公共节假日，并说明各项服务受到影响的情况。

GEN 2.2　AIS 出版物使用的简语

按字母顺序列出国家航空资料汇编中和发布航空资料/数据时所使用的简语及其各自的含义，并对国家简语与航行服务程序 国际民航组织简语和代码（PANS—ABC，Doc 8400 号文件）中的简语之间的不同之处做出适当说明。

注：还可以添加按字母顺序编排的定义/术语表。

GEN 2.3　图表符号

图表中使用符号的，按图表系列列出符号。

GEN 2.4　地名代码

按字母顺序列出为编码和译码目的对航空固定站所在地规定使用的地名代码。对与 AFS 不连通的地点必须加以说明。

GEN 2.5　无线电助航设备目录

按字母顺序排列的无线电助航设备目录含：

（1）识别信号；

（2）站名；

（3）设施/设备类型；

（4）说明助航服务属于航路（E）、机场（A）或是双重（AE）性质。

GEN 2.6　换算表

换算表的内容为：

（1）海里与公里之间互相换算；

（2）英尺与米之间互相换算；

（3）弧度不整数分与弧度秒之间互相换算；

（4）其他适用的换算表。

GEN 2.7　日出/日落时刻表

简介用以确定日出/日落表中给出的时刻的标准，并按字母顺序列出给出时刻的地名连同其在时刻表中的相关页码，以及选定的航站/地点的日出日落表，包括：

（1）站名；

（2）国际民航组织地名代码；

（3）按度数和分钟的地埋坐标；

（4）给出时刻所涉及的日期；

（5）民用曙光初现时刻；

（6）日出时刻；

（7）日落时刻；

（8）民用暮色黑定时刻。

GEN 3　服务
GEN 3.1　航空情报服务

GEN 3.1.1　负责的服务部门

介绍所提供的航空情报服务（AIS）及其主要组成部分，包括：

（1）服务部门/单位名称；

（2）邮政地址；

（3）电话号码；

（4）传真号码；

（5）电子邮件地址；

（6）AFS 地址；

（7）网站地址（如果有）；

（8）说明有关服务所依据的国际民航组织文件，并且注明在航空资料汇编中列出差异（如有）的所在部分；

（9）如服务不属于 24 小时（H24）的，予以说明。

GEN 3.1.2　责任区域

负责提供航空情报服务的区域。

GEN 3.1.3 航空发行物

介绍综合性配套航空资料的内容，包括：

（1）航空资料汇编及有关修订服务；

（2）航空资料汇编补充；

（3）航空资料通报；

（4）航行通告和飞行前资料公告（PIB）；

（5）校核单和有效航行通告清单；

（6）取得上述资料的办法。

用航空资料通报公布发行物价格的，必须在航空资料汇编的这一节中加以说明。

GEN 3.1.4 航空资料定期颁发制

简介实行航空资料定期颁发制的情况，并列表说明当前及近期的 AIRAC 日期。

GEN 3.1.5 机场/直升机场飞行前情报服务

列出例行提供飞行前资料的机场/直升机场，包括对下述做出说明：

（1）其备有的综合性配套航空资料的内容；

（2）其备有的地图和航图；

（3）此类数据覆盖的一般区域。

GEN 3.1.6 电子地形和障碍物数据

获取电子地形和障碍物数据的详细情况，包括：

（1）负责的个人、服务机构或组织的名称；

（2）负责的个人、服务机构或组织的街道地址和电子邮件地址；

（3）负责的个人、服务机构或组织的传真号码；

（4）负责的个人、服务机构或组织的联系电话号码；

（5）服务时间（可以联系的时间，包括时区）；

（6）可以用来与负责的个人、服务机构或组织进行联系的在线资料；

（7）如何及何时与负责的个人、服务机构或组织进行联系的必要补充资料。

GEN 3.2 航图

GEN 3.2.1 负责的服务部门

介绍负责绘制航图的服务部门，包括：

（1）服务部门名称；

（2）邮政地址；

（3）电话号码；

（4）传真号码；

（5）电子邮件地址；

（6）AFS 地址；

（7）网站地址（如果有）；

（8）说明有关服务所依据的国际民航组织文件，并且注明在航空资料汇编中列出差异（如有）的所在部分；

（9）如服务不属于 24 小时（H24）的，予以说明。

GEN 3.2.2 航图的更新

简述航图的修改和修订方式。

GEN 3.2.3 订购安排

取得航图的具体安排，含：

（1）服务/经销处；

（2）邮政地址；

（3）电话号码；

（4）传真号码；

（5）电子邮件地址；

（6）AFS 地址；

（7）网站地址（如果有）。

GEN 3.2.4 可以提供的航图系列

列出可以提供的航图系列，并对每一系列做出一般性介绍，说明其预定用途。

GEN 3.2.5 可以提供的航图目录

列出可以提供的航图，包括：

（1）航图系列的标题；

（2）航图系列比例尺；

（3）每幅航图或航图系列中每张图纸的名称和/或编号；

（4）每张图的价格；

（5）最新修改的日期。

GEN 3.2.6 世界航图（WAC）索引——国际民航组织 1：1 000 000

一国绘制的 WAC 1：1 000 000 的航图，其覆盖范围和图面编排的索引图。如果绘制的是航图——国际民航组织 1：500 000 而不是 WAC 1：1 000 000，则必须用索引图说明航图——国际民航组织 1：500 000 的覆盖范围及图面编排。

GEN 3.2.7 地形图

详细介绍取得地形图的方法，含：

（1）服务/经销处名称；

（2）邮政地址；

（3）电话号码；

（4）传真号码；

（5）电子邮件地址；

（6）AFS 地址；

（7）网站地址（如果有）。

GEN 3.2.8 未载于 AIP 中的航图的修正

列出对未载于 AIP 中的航图的各项修正，或者说明如何能够获得这种资料。

GEN 3.3 空中交通服务

GEN 3.3.1 负责的服务部门

介绍空中交通服务部门及其主要组成部分，包括：

（1）服务部门名称；

（2）邮政地址；

（3）电话号码；

（4）传真号码；

（5）电子邮件地址；

（6）AFS 地址；

（7）网站地址（如果有）；

（8）说明有关服务所依据的国际民航组织文件，并且注明在航空资料汇编中列出差异（如有）的所在部分；

（9）如服务不属于 24 小时（H24）的，予以说明。

GEN 3.3.2　责任区域

简要介绍提供空中交通服务的责任区域。

GEN 3.3.3　服务类型

简要介绍所提供的空中交通服务的主要类型。

GEN 3.3.4　营运人与 ATS 之间的协调

营运人与 ATS 之间进行协调的一般条件。

GEN 3.3.5　最低飞行高度

用以确定最低飞行高度的标准。

GEN 3.3.6　ATS 单位地址录

按字母顺序列出各 ATS 单位及其地址，含：

（1）单位名称；

（2）邮政地址；

（3）电话号码；

（4）传真号码；

（5）电子邮件地址；

（6）AFS 地址；

（7）网站地址（如果有）。

GEN 3.4　通信服务

GEN 3.4.1　负责的服务部门

介绍负责提供电信和导航设施的服务部门，包括：

（1）服务部门名称；

（2）邮政地址；

（3）电话号码；

（4）传真号码；

（5）电子邮件地址；

（6）AFS 地址；

（7）网站地址（如果有）；

（8）说明有关服务所依据的国际民航组织文件，并且注明在航空资料汇编中列出差异（如有）的所在部分；

（9）如服务不属于 24 小时（H24）的，予以说明。

GEN 3.4.2　责任区域

简要介绍提供电信服务的责任区域。

GEN 3.4.3　服务类型

简要介绍提供服务和设施的主要类型，包括：

（1）无线电导航服务；

（2）话音和/或数据链服务；

（3）广播服务；

（4）使用的语文；

（5）说明从何处可以获得详细的资料。

GEN 3.4.4　要求和条件

简要介绍提供通信服务的要求和条件。

GEN 3.5　气象服务

GEN 3.5.1　负责的服务部门

简要介绍负责提供气象情报的气象服务部门，包括：

（1）服务部门名称；

（2）邮政地址；

（3）电话号码；

（4）传真号码；

（5）电子邮件地址；

（6）AFS 地址；

（7）网站地址（如果有）；

（8）说明有关服务所依据的国际民航组织文件，并且注明在航空资料汇编中列出差异（如有）的所在部分；

（9）如服务不属于 24 小时（H24）的，予以说明。

GEN 3.5.2　责任区域

简要介绍提供气象服务的区域和/或航路。

GEN 3.5.3　气象观测和报告

详细介绍提供国际航空使用的气象观测和报告，包括：

（1）气象台名称和国际民航组织地名代码；

（2）观测种类和次数，包括对自动观测设备的说明；

（3）气象报告的种类（如航空定期天气报告 METAR），以及是否提供趋势预报；

（4）观测和报告地面风、能见度、跑道视程、云底、温度以及适用时风切变所用的测量系统的具体类型和观测点的数目（例如跑道交叉点的杯式风速表，在接地区附近的透射仪等）；

（5）工作时间；

（6）说明可以提供的航空气候资料。

GEN 3.5.4　服务种类

简要介绍所提供服务的主要种类，包括有关简报、查询、展示气象资料，提供营运人和飞行机组成员使用的飞行文件以及用以提供气象资料的方法和手段的细节。

GEN 3.5.5　对营运人的通知要求

气象当局对营运人要求变更简报、查询、飞行文件和其他气象资料所要求的最短预先通知时间。

GEN 3.5.6　航空器报告

在必要时，气象当局对编制和发送航空器报告的要求。

GEN 3.5.7　VOLMET 服务

介绍 VOLMET 和/或 D-VOLMET 服务，包括：

（1）发射台名称；

（2）呼号或识别信号及无线电通信发射用的简语；

（3）广播所用频率；

（4）播放时间；

（5）服务时间；

（6）报告和/或预报所包括的机场一览表；

（7）所包含的报告、预报和 SIGMET 资料以及备注。

GEN 3.5.8　SIGMET 和 AIRMET 服务

介绍在有空中交通服务的飞行情报区内或管制区内所提供的气象观察，包括气象观察室一览表：

（1）气象观察室名称，国际民航组织地名代码；

（2）服务时间；

（3）所服务的飞行情报区或管制区；

（4）SIGMET 有效期；

（5）适用于 SIGMET 资料的具体程序（如火山烟云和热带旋风程序）；

（6）（根据有关的地区航空协定）适用于 AIRMET 资料的程序；

（7）供有 SIGMET 和 AIRMET 资料的空中交通服务单位；

（8）补充资料（如有关任何服务限制的资料等）。

GEN 3.5.9　其他自动化气象服务

介绍可供使用的自动化气象情报服务（例如可以通过电话和/或电脑调制解调器取得的自动化飞行前情报服务），包括：

（1）服务名称；

（2）提供的情报；

（3）覆盖的区域、航路和机场；

（4）电话、电话传真号码、电子邮件地址和网站地址（如果有）。

GEN 3.6　搜寻与援救

GEN 3.6.1　负责的服务部门

简要介绍负责提供搜寻和援救（SAR）的服务部门，包括：

（1）服务部门/单位名称；

（2）邮政地址；

（3）电话号码；

（4）传真号码；

（5）电子邮件地址；

（6）AFS 地址；

（7）网站地址（如果有）；

（8）说明有关服务所依据的国际民航组织文件，并且注明在航空资料汇编中列出差异（如有）的所在部分。

GEN 3.6.2　责任区域

简要介绍提供搜寻和援救服务的责任区域。

GEN 3.6.3　服务种类

简要介绍并在适当时用地理图解说明所提供的服务和设施的种类，包括对 SAR 空中行动需要大量部署航空器的情况做出说明。

GEN 3.6.4　SAR 协议

简要介绍现行有效的 SAR 协议，包括有关便利其他国家的航空器入出国境参与灭失或坏损航空器的搜寻、援救、救助、修理或救护的各项规定，以及是否仅要求在升空后发出通知或是在做出飞行计划后发出通知。

GEN 3.6.5　提供服务的条件

简要介绍搜寻和援救的有关规定，包括有关服务和设施提供国际使用的一般条件，并说明提供使用的搜寻和援救设施是否是具有 SAR 专门技术和职能的专项服务，或是本来用于其他专项目的但通过培训和装备之后适应了 SAR 的要求，或者仅是偶尔可用，并未为 SAR 工作进行过特别训练或准备。

GEN 3.6.6　所用程序和信号

简要介绍搜救航空器所用的程序和信号，并附表说明幸存者将要使用的信号。

GEN 4　机场/直升机场和空中航行服务收费

对于本章没有列出的项目，可以提示查询有关实际收费细节的渠道。

GEN 4.1　机场/直升机场收费

简要介绍提供国际使用的机场/直升机场可能收取的费用种类，包括：

（1）航空器着陆费；

（2）停机费、机库费和长期存机费；

（3）旅客服务费；

（4）保安费；

（5）与噪声有关的费项；

（6）其他费项（海关、卫生、移民等）；

（7）收费减免；

（8）付费方法。

GEN 4.2　空中航行服务收费

简要介绍提供国际使用的空中航行服务可能征收的费用，包括：

（1）进近管制费；

（2）航路导航服务费；

（3）空中航行服务的成本基础和收费减免；

（4）付费方法。

第 2 部分　航路（ENR）

航空资料汇编以一卷以上的形式编制和分发，而且每卷均有单独的修订及补充服务的，每卷汇编中必须包括单独的引言、航空资料汇编修订记录、航空资料汇编补充记录、航空资料汇编活页校核单以及现行手改修订的目录。航空资料汇编以一卷本印行的，则必须在上述每一分节中加注"不适用"字样。

必须在有关分节做出提示，说明国家规章与国际民航组织的标准、建议措施和程序之间存在的差异，并必须说明有关细节见 GEN 1.7。

ENR 0.6　第 2 部分目录

第 2 部分　航路上所含各节、各分节目录。

注：各分节可按字母顺序编排。

ENR 1　一般规则和程序

ENR 1.1　一般规则

要求公布一国国内实行的一般规则。

ENR 1.2　目视飞行规则

要求公布一国国内实行的目视飞行规则。

ENR 1.3　仪表飞行规则

要求公布一国国内实行的仪表飞行规则。

ENR 1.4　ATS 空域分类

按附件 11　附录 D ATS 空域分类表的格式，介绍 ATS 空域类别，并以适当注释说明本国没有使用的空域类别。

ENR 1.5　等待、进近和离场程序

ENR 1.5.1　一般规定

要求说明确定等待、进近和离场程序的相关标准。如果其与国际民航组织的规定不同，则要求用表格形式介绍有关标准。

ENR 1.5.2　进场飞行

要求介绍进入或在同一类别空域中飞行时通用的进场飞行程序（常规程序或区域导航程序或两者兼有）。在航站空域内适用不同程序的，必须对此加以说明，并提示查询有关具体程序的渠道。

ENR 1.5.3　离场飞行

要求介绍从任何机场/直升机场作离场飞行通用的离场飞行程序（常规程序或区域导航程序或两者兼有）。

ENR 1.6　ATS 监视服务及程序

ENR 1.6.1　一次雷达

介绍一次雷达服务及程序，包括：

（1）补充服务；

（2）雷达管制服务的应用；

（3）雷达和空地通信失效程序；

（4）话音和 CPDLC 位置报告要求；

（5）雷达覆盖区图解。

ENR 1.6.2　二次监视雷达（SSR）

介绍二次监视雷达的工作程序，包括：

（1）应急程序；

（2）空地通信失效和非法干扰程序；

（3）二次监视雷达编码分配系统；

（4）话音和 CPDLC 位置报告要求；

（5）二次监视雷达覆盖区图解。

注：关于二次监视雷达的介绍对于可能发生拦截的地区或航路尤为重要。

ENR 1.6.3　广播式自动相关监视（ADS-B）

介绍广播式自动相关监视（ADS-B）的工作程序，包括：

（1）紧急程序；

（2）空地通信失效和非法干扰程序；

（3）航空器识别要求；

（4）话音和 CPDLC 位置报告要求；

（5）ADS-B 覆盖区图解。

注：关于 ADS-B 的介绍对于可能发生拦截的地区或航路尤为重要。

ENR 1.7　高度表拨正程序

要求介绍现行适用的高度表拨正程序，包括：

（1）简要介绍现用程序所依据的国际民航组织文件以及与国际民航组织规定之间的差异（如有）；

（2）基本的高度表拨正程序；

（3）介绍高度表拨正地区；

（4）适用于营运人（包括驾驶员）的程序；

（5）巡航高度层表。

ENR 1.8　地区补充程序

要求介绍影响到整个责任区的地区附加程序（SUPPS），并妥当说明国家差异（如有）。

ENR 1.9　空中交通流量管理

简要介绍空中交通流量管理（ATFM）系统，包括：

（1）ATFM 的结构、服务区域、服务内容、单位分布和工作时间；

（2）流量电文的类别及格式介绍；

（3）适用于离场飞行的程序，包含：①负责提供实行的 ATFM 措施资料的服务部门；②飞行计划要求；③进离场时间分配。

ENR 1.10　飞行计划

要求说明与飞行计划阶段有关的任何禁制、限制或咨询资料，以协助用户提交预定的飞行运行计划，其中包括：

（1）提交飞行计划的程序；

（2）重复飞行计划制度；

（3）变更已提交的飞行计划。

ENR 1.11　飞行计划电文配址

要求用表格形式说明分配给飞行计划的地址，以表明：

（1）飞行种类（IFR、VFR 或两者兼有）；

（2）航路（飞入或飞经 FIR 和/或 TMA）；

（3）电文地址。

ENR 1.12　拦截民用航空器

要求完整介绍拦截程序及拟用的目视信号，并明确说明是否适用国际民航组织的规定；如否，则完整介绍差异情况。

ENR 1.13　非法干扰

要求介绍发生非法干扰时适用的有关程序。

ENR 1.14　空中交通事故征候

介绍空中交通事故征候报告制度，包括：

（1）空中交通事故征候的定义；

（2）"空中交通事故征候报告表"的使用情况；

（3）报告程序（包括飞行中程序）；

（4）报告目的及表格处理。

ENR 2　空中交通服务空域

ENR 2.1　飞行情报区（FIR）、高空飞行情报区（UIR）、航站管制区（TMA）

详细介绍 FIR、UIR 和 TMA 的情况，包括：

（1）名称、FIR/UIR 侧向界限按度数和分钟的地理坐标，以及 TMA 侧向界限、垂直界限按度数、分钟和秒钟的地理坐标及空域等级；

（2）提供服务的单位的名称；

（3）为该单位服务的航空电台的呼号和使用的语言；如适用，说明区域范围和条件以及提供使用的时间和地点；

（4）频率，并补充说明其具体用途；

（5）备注。

空军基地周围的管制区在 AIP 中没有另作介绍的，必须包括在这一分节中。如果属于附件 2 关于飞行计划、双向通信和位置报告的要求适用于所有飞行以便消除或减少拦截的必要性的情况，和/或属于存在拦截的可能性并要求在 121.5 MHz 甚高频紧急频道上守听的情况，则必须就此对所涉及的区域或区段加以说明。

说明必须携载应急定位发射器（ELT）并要求航空器除正在使用其他甚高频频道进行通信或者由于机载设备的限制或驾驶舱职责而不允许同时守听两个频道的时段外、航空器必须守听 121.5 MHz 甚高频应急频道的指定区域。

注：有关民用机场/直升机场周围其他类别的空域，如管制区和机场起落交通区的介绍，见有关机场或直升机场一节。

ENR 2.2   其他监管空域

详细介绍已经设立的其他类别的监管空域和空域分类。

ENR 3   ATS 航路

注 1：方位、航迹和径向线通常以磁北为准。但如果主管当局确定在高纬度地区以磁北为基准不可行，则可以使用另一合适的基准，如真北或网格北。

注 2：在两个导航设备的中间点建立的转换点，或者航路在两个导航设备之间改变方向时在两条径向线的交点建立的转换点，已经对其存在做出一般说明的，则不需再按航路段逐一加以说明。

ENR 3.1   低空 ATS 航路

详细介绍低空 ATS 航路，包括：

（1）航路代号、适用于特定航段的导航规范的名称、划定航路的各重要点包括"强制"报告点或"请求"报告点的名称、编码代号或名称代码以及按度数、分钟和秒钟的地理坐标；

（2）航迹或最大精度全向信标径向线，每个相连重要点之间精确到 0.1 千米或 0.1 海里的测地距离，以及属于全向信标径向线情况时的转换点；

（3）上、下界限，或以最近似 50 米或 100 英尺表示的最低航路高度及空域分类；

（4）侧向界限和最低超障高度；

（5）巡航高度层的方向；

（6）备注，包括对管制单位、其工作频道以及适用时，其登录地址的说明和任何导航规范的限制。

注：有关附件 11 附录 A 并为飞行计划目的，不将规定的导航规范视为航路代号的组成部分。

ENR 3.2   高空 ATS 航路

详细介绍高空 ATS 航路，包括：

（1）航路代号、适用于特定航段的导航规范的名称、划定航路的各重要点包括"强制"报告点或"请求"报告点的名称、编码代号或名称代码以及按度数、分钟和秒钟的地理坐标；

（2）航迹或最大精度全向信标径向线，每个相连重要点之间精确到 0.1 千米或 0.1 海里的测地距离，以及属于全向信标径向线情况时的转换点；

（3）上、下界限和空域分类；

（4）侧向界限；

（5）巡航高度层的方向；

（6）备注，包括对管制单位、其工作频道以及适用时，其登录地址的说明和任何导航规范的限制。

注：有关附件 11 附录 A 并为飞行计划目的，不将规定的导航规范视为航路代号的组成部分。

ENR 3.3   区域导航航路

详细介绍区域导航（RNAV）航路，包括：

（1）航路代号、适用于特定航段的导航规范的名称、划定航路的各重要点包括"强制"报告点或"请求"报告点的名称、编码代号或名称代码以及按度数、分钟和秒钟的地理坐标。

（2）对于划定某一全向信标/测距台（VOR/DME）的区域导航航路的航路点，必须增加：

a）有关全向信标/测距台的识别信号；

b）如航路点和全向信标/测距台不在同一位置，标出该点距全向信标/测距台的方位和距离，计算时，分别精确到最近似的度数和最近似的 0.1 千米或 0.1 海里；

c）测距台发射天线精确到 30 米（100 英尺）的标高。

（3）划定的端点之间的测地距离和每一相连指定重要点之间的距离，计算时，精确到最近似的 0.1 千米或 0.1 海里。

（4）上、下界限和空域分类。

（5）巡航高度层的方向。

（6）备注，包括对管制单位、其工作频道以及适用时，其登录地址的说明和任何导航规范的限制。

注：有关附件 11 附录 A 并为飞行计划目的，不将规定的导航规范视为航路代号的组成部分。

ENR 3.4 直升机航路

详细介绍直升机航路，包括：

（1）航路代号、适用于特定航段的导航规范的名称、划定航路的各重要点包括"强制"报告点或"请求"报告点的名称、编码代号或名称代码以及按度数、分钟和秒钟的地理坐标；

（2）航迹或最大精度全向信标径向线，每个相连重要点之间精确到 0.1 千米或 0.1 海里的测地距离，以及属于全向信标径向线情况时的转换点；

（3）上、下界限和空域分类；

（4）用最近似 50 米或 100 英尺表示的最低飞行高度；

（5）备注，包括对管制单位及其工作时间的说明和任何导航规范的限制。

注：有关附件 11 附录 A 并为飞行计划目的，不将规定的导航规范视为航路代号的组成部分。

ENR 3.5 其他航路

要求介绍在规定区域内具有强制性的其他具体指定的航路。

注：不需要介绍机场/直升机场往返交通程序中指定的进场、过境和离场航路，因为这些航路已在第 3 部分 机场的有关章节做了介绍。

ENR 3.6 航路上等待

要求详细介绍航路上等待程序，含：

（1）等待识别（如有）和等待定位点（助航设备）或附有按度数、分钟和秒钟的地理坐标的航路点；

（2）向台航迹；

（3）程序转变的方向；

（4）最大显示空速；

（5）最小和最大等待高度层；

（6）背台飞行时间/距离；

（7）关于管制单位及其工作时间的说明。

注：关于等待程序的超障标准，见空中航行服务程序——航空器的运行（PANS-OPS，

Doc 8168 号文件）第Ⅰ卷和第Ⅱ卷。

ENR 4　无线电导航设备/系统

ENR 4.1　无线电导航设备——航路上

按电台名称字母顺序列出为提供航路上无线电导航服务而建立的电台，包括：

（1）电台名称和最大精度磁差；属于甚高频全向信标的：用于助航设备技术性对准跑道的最大精度电台磁偏角；

（2）识别信号；

（3）每一要素的频率/频道；

（4）工作时间；

（5）发射天线所在位置按度数、分钟和秒钟的地理坐标；

（6）测距台发射天线精确到最近 30 米（100 英尺）的标高；

（7）备注。

导航设施营运当局不是指定的政府机构的，必须在备注栏中说明营运当局的名称。备注栏中还必须说明设施的覆盖范围。

ENR 4.2　特种导航系统

介绍与特种导航系统（台卡、罗蓝等）有关的电台，包括：

（1）电台或电台组的名称；

（2）所提供服务的类别（主信号、仆信号、颜色）；

（3）频率（酌情列出频道号码、基本脉冲率或重复率）；

（4）工作时间；

（5）发射台所在位置按度数、分钟和秒钟的地理坐标；

（6）备注。

导航设施营运当局不是指定的政府机构的，必须在备注栏中说明营运当局的名称。备注栏中还必须说明设施的覆盖范围。

ENR 4.3　全球导航卫星系统（GNSS）

为在航路上提供所建立的导航服务目的的全球导航卫星系统（GNSS）的组成部分的目录及说明，按照组成部分名称的字母排序，包括：

（1）全球导航卫星系统组成部分的名称（GPS、GLONASS、EGNOS、MSAS、WAAS 等）；

（2）频率（视情）；

（3）以度数、分钟、秒钟表示的标称服务区域和覆盖区域的地理坐标；

（4）备注。

如果设施的运营当局不是指定的政府部门，运营当局的名称必须在备注栏中表明。

ENR 4.4　重要点名码代号

对于在无线电导航设备场地未予标示位置的重要点，按字母顺序列出为其确定的名码代号（可以读出的 5 个字母"名码"），包括：

（1）名码代号；

（2）有关位置按度数、分钟和秒钟的地理坐标；

（3）有关重要点在其所在的 ATS 航路或其他航路中的相对位置。

ENR 4.5　航空地面灯光——航路上

列出国家定为重要的、划分地理位置的航空地面灯光或其他灯标，包括：

（1）城、镇名称或灯标的其他识别标志；

（2）灯标类型及灯光强度：以 1000 烛光为单位；

（3）信号特征；

（4）工作时间；

（5）备注。

ENR 5　航行告警

ENR 5.1　禁区、限制区和危险区

介绍禁区、限制区和危险区，连同有关其设立和启用的资料，并在必要时辅以图解，包括：

（1）识别标志、名称；位于管制区/管制地带界限以内的：其侧向界限按度数、分钟和秒钟的地理坐标；位于界限以外的：其侧向界限按度数和分钟的地理坐标；

（2）上、下界限；

（3）备注，包括有关活动的时间。

备注栏中必须说明限制类别或发生穿越时的危险性质和遭遇拦截的风险。

ENR 5.2　军事演习/训练区和防空识别区（ADIZ）

介绍已建立的军事训练区和定期举行军事演习的区域，以及已建立的防空识别区（ADIZ），并在必要时辅以图解，包括：

（1）位于管制区/管制地带界限以内的：其侧向界限按度数、分钟和秒钟的地理坐标；位于界限以外的：其侧向界限按度数和分钟的地理坐标；

（2）上、下界限，宣布启用的制度和方法，附带与民用飞行有关的资料，以及适用的防空识别区程序；

（3）备注，包括有关活动的时间和穿越防空识别区时遭遇拦截的风险。

ENR 5.3　其他危险性活动和其他潜在危险

5.3.1　其他危险性活动

介绍可能影响飞行的活动，并在必要时辅以图解，包括：

（1）中心地区及其影响范围按度数和分钟的地理坐标；

（2）垂直界限；

（3）建议采取的措施；

（4）负责提供情报的主管部门；

（5）备注，包括活动的时间。

5.3.2　其他潜在危险

介绍可能影响飞行的其他潜在危险（如活火山、核电站等）并在必要时辅以图解，包括：

（1）以度和分表示的潜在危险地点的地理坐标；

（2）垂直界限；

（3）建议采取的措施；

（4）负责提供情报的主管部门；

（5）备注。

ENR 5.4　航行障碍物

在 1 区（全部国家领土）内影响空中航行的障碍物列表，包括：

（1）障碍物的标识或标志；

（2）障碍物类别；

（3）按度数、分钟和秒钟的地理坐标表示障碍物的位置；

（4）以最近似米或英尺表示的障碍物标高和高；

（5）障碍物照明（如有）的类型和颜色；

（6）如适用，说明障碍物列表可以用电子形式提供，并提及 GEN 3.1.6。

注 1：高出地面 100 米和更高的障碍物，被认为是 1 区的障碍物。

注 2：关于确定和报告（实地勘测的精确性和数据完整性）1 区障碍物的位置（经度和纬度）和标高/高的规定，分别载于附件 11 附录 E 表 1 和表 2。

ENR 5.5　空中体育运动和娱乐活动

简要介绍密集的空中体育运动和娱乐活动，连同进行这些活动的条件，并在必要时辅以图解，包括：

（1）标志；位于管制区/管制地带界限以内的：其侧向界限按度数、分钟和秒钟的地理坐标；位于界限以外的：其侧向界限按度数和分钟的地理坐标；

（2）垂直界限；

（3）承办人/用户电话号码；

（4）备注，包括活动的时间。

注：本段可以按照每种不同类型的活动再行细分，逐项说明有关细节。

ENR 5.6　鸟类迁徙和敏感动物区

介绍鸟类迁徙活动的情况，包括迁徙路线、永久栖息区和有敏感动物的地区，并在必要时辅以图解。

ENR 6　航路上图表

要求在本节收入航路上图表——国际民航组织和索引图。

第 3 部分　机场（AD）

航空资料汇编以一卷以上的形式编制和分发，而且每卷均有单独的修订及补充服务的，每卷汇编中必须包括单独的引言、航空资料汇编修订记录、航空资料汇编补充记录、航空资料汇编活页校核单以及现行手改修订的目录。航行资料汇编以一卷本印行的，则必须在上述每一分节中加注"不适用"字样。

AD 0.6　第 3 部分目录

第 3 部分　机场（AD）所含各节、各分节目录。

注：各分节可按字母顺序编排。

AD 1　机场/直升机场引言

AD 1.1　机场/直升机场可供使用的情况

简要介绍经国家指定负责机场和直升机场的当局,包括:

(1)机场/直升机场及相关设施可提供使用的一般条件;

(2)说明有关程序所依据的国际民航组织文件,并且注明在航空资料汇编中列出差异(如有)的所在部分;

(3)关于军用航空基地提供民用的规章(如有);

(4)实施适用于机场 Cat Ⅱ/Ⅲ 类运行的低能见度程序的一般条件(如有);

(5)所用的摩擦力测量装置和国家宣布跑道潮湿打滑的最低跑道摩擦力标准;

(6)其他类似性质的资料。

AD 1.2　援救、消防服务和扫雪计划

AD 1.2.1　援救和消防服务

简要介绍用以规范公用机场/直升机场设立援救和消防服务的规则,并说明国家确定的援救和消防服务等级。

AD 1.2.2　扫雪计划

简要介绍公用机场/直升机场在正常发生雪情下的一般扫雪计划内容,包括:

(1)冬季服务组织情况;

(2)对活动区的监视;

(3)测量办法和测量结果;

(4)为保持活动区可用性采取的行动;

(5)报告制度和办法;

(6)关闭跑道的情况;

(7)雪情资料的发布。

注:机场/直升机场实行不同内容的扫雪计划的,本小节可以按其内容再行细分。

AD 1.3　机场/直升机场索引

附有图形资料说明的一国国内机场和直升机场一览表,包括:

(1)机场/直升机场的名称和国际民航组织地名代码;

(2)准许使用机场/直升机场的飞行类别(国际/国内;仪表/目视;定期/不定期;私用);

(3)提引航空资料汇编第 3 部分说明机场/直升机场详细资料的分节。

AD 1.4　机场/直升机场分类情况

简要介绍国家为编制、分发和提供情报目的而将机场/直升机场进行分类所使用的标准(如国际/国内;主要/次要;大型/其他;民用/军用等)。

AD 1.5　机场许可证的状况

国家机场的清单,列明许可证的状况,包括:

(1)机场名称和国际民航组织地名代码;

(2)许可证日期以及如适用,许可证的有效期;

(3)任何说明。

AD 2　机场

注：****由国际民航组织相关地名代码取代。

****AD 2.1　机场地名代码和名称

要求说明指定机场使用的国际民航组织地名代码和机场名称。国际民航组织地名代码必须是 AD 2 节各分节之间索引系统的组成部分。

****AD 2.2　机场的地理和管理数据

要求提供机场的地理和行政数据，包括：

（1）机场基准点（以度数、分钟和秒钟表示的地理坐标）及其所在地；

（2）机场基准点处于机场服务的市、镇中心的方向和距离；

（3）以最近似米或英尺表示的机场标高和基准温度；

（4）以最近似米或英尺表示的机场标高位置的大地水准面波幅；

（5）以最近似度数表示的磁差，资料的日期和年度变化；

（6）机场运营人的名称、地址、电话号码、传真号码、电子邮件地址、AFS 地址和网站地址（如果有）；

（7）准许使用机场的飞行类别（仪表/目视）；

（8）备注。

****AD 2.3　工作时间

详细介绍机场提供各项服务的工作时间，包括：

（1）机场运营人；

（2）海关和移民；

（3）卫生和检疫；

（4）AIS 简报室；

（5）ATS 报告室（ARO）；

（6）MET 简报室；

（7）空中交通服务；

（8）加油；

（9）地面代理；

（10）保安；

（11）除冰；

（12）备注。

****AD 2.4　地面代理服务和设施

详细介绍机场可供使用的地面代理服务和设施，包括：

（1）货物代理设施；

（2）燃油和滑油种类；

（3）加油设施和容量；

（4）除冰设施；

（5）可供来访飞机使用的机库空位；

（6）可供来访飞机使用的修理设施；

（7）备注。

****AD 2.5　旅客设施

简要介绍机场可供使用的旅客设施，包括：

（1）机场或机场附近的旅店；

（2）机场或机场附近的餐馆；

（3）交通条件；

（4）医疗设施；

（5）机场或机场附近的银行和邮局；

（6）旅行社；

（7）备注。

**** AD 2.6　援救和消防服务

详细介绍机场可供使用的援救和消防服务和设备，包括：

（1）机场消防等级；

（2）援救设备；

（3）搬移损坏航空器的能力；

（4）备注。

**** AD 2.7　季节可用性——放行

详细介绍为机场活动区放行确定的设备和优先顺序，包括：

（1）放行设备的类别；

（2）放行优先顺序；

（3）备注。

**** AD 2.8　停机坪、滑行道和校核定点/位置数据

详细介绍停机坪、滑行道和校核定点/位置的物理特征，包括：

（1）停机坪的表面和强度；

（2）滑行道的宽度、道面和强度；

（3）高度表校核点的位置和以最近似米或英尺表示的标高；

（4）甚高频全向信标校核点的位置；

（5）以度数、分钟、秒钟和百分秒表示的 INS 校核点的位置；

（6）备注。

机场图标注校核定点/位置的，必须在本分节就此做出说明。

**** AD 2.9　地面活动引导及管制系统和标识

简要介绍地面活动引导及管制系统和跑道及滑行道的标识，包括：

（1）航空器停放位置识别标志、滑行道指引线和航空器停放位置目视停靠/停放指引系统的使用情况；

（2）跑道和滑行道标识和灯光；

（3）停止横排灯（如有）；

（4）备注。

**** AD 2.10　机场障碍物

详细介绍障碍物，包括：

（1）2 区障碍物：

a）障碍物的标识或代号；

b）障碍物类别；

c）以度数、分钟、秒钟和十分秒表示的地理坐标标示的障碍物位置；

d）以最近似米或英尺表示的障碍物标高和高；

e）障碍物标志，以及障碍物照明（如有）的类型和颜色；

f）如适用，说明障碍物列表可以用电子形式提供，并提及 GEN 3.1.6；

g）如适用，无障碍物（NIL）说明；

注 1：第 10 章 10.1.1 对 2 区作了说明，附录 H 图 A8-2 包含障碍物数据收集面的图解和用于确定 2 区障碍物的标准。

注 2：关于确定和报告（实地勘测的精确性和数据完整性）2 区障碍物的位置（经度和纬度）和标高的规定，分别载于附件 11 附录 E 表 1 和表 2，以及附件 14 第 I 卷附录 E 表 A5-1 和表 A5-2。

（2）机场如果缺少 2 区数据集时必须明确说明，并且必须提供以下障碍物数据：

a）穿透障碍物限制面的障碍物；

b）穿透起飞航径区障碍物标识面的障碍物；

c）被视为对空中航行有危险的其他障碍物。

（3）说明未提供 3 区障碍物的资料，或如果提供：

a）障碍物的标识或代号；

b）障碍物类别；

c）以度数、分钟、秒钟和十分秒表示的地理坐标标示的障碍物位置；

d）以最近似米或英尺表示的障碍物标高和高；

e）障碍物标志，以及障碍物照明（如有）的类型和颜色；

f）如适用，说明障碍物列表可以用电子形式提供，并提及 GEN 3.1.6；

g）如适用，无障碍物（NIL）说明。

注 1：第 10 章 10.1.1 对 3 区作了说明，附录 H 图 A8-3 包含障碍物数据收集面的图解和用于确定 3 区障碍物的标准。

注 2：关于确定和报告（实地勘测的精确性和数据完整性）3 区障碍物的位置（经度和纬度）和标高的规定，分别载于附件 14 第 I 卷附录 E 表 A5-1 和表 A5-2。

**** AD 2.11　提供的气象资料

详细介绍机场提供的气象资料，并说明由哪个气象室负责提供所列出的服务，包括：

（1）相关气象室的名称；

（2）工作时间；适用时，指定在工作时间以外时负责的气象室；

（3）负责编制 TAFs 的办公室，TAFs 的有效期和发布预报的间隔时间；

（4）机场可供使用的趋势预报和发布间隔；

（5）有关如何提供简报和/或咨询的资料；

（6）所提供的飞行文件的类别和飞行文件所用的语文；

（7）可供简报或咨询显示的或使用的图表或其他资料；

（8）可供提供气象条件资料使用的辅助设备，例如气象雷达和卫星影像接收器；

（9）供有气象资料的空中交通服务单位；

（10）附加资料（如有关任何服务限制的资料等）。

**** AD 2.12　跑道的物理特性

详细介绍每条跑道的物理特性，包括：

（1）代号。

（2）精确到百分之一度的真方位。

（3）以最近似米或英尺表示的跑道长宽度。

（4）道路铺筑面（PCN 和有关数据）和每条跑道及相关停止道道面的强度。

（5）每一着陆入口和跑道终端以度数、分钟、秒钟和百分秒表示的地理坐标，以及以下大地水准面波幅：

——以最近似的米或英尺表示非精密进近跑道入口；

——以最近似的 0.1 米或 0.1 英尺表示精密进近跑道入口。

（6）以下的标高：

——以最近似米或英尺表示的非精密进近跑道入口；

——以最近似的 0.1 米或 0.1 英尺表示的精密进近跑道入口和接地区最高标高。

（7）每一跑道和相关停止道的坡度。

（8）以最近似米或英尺表示的停止道的长宽度（如有）。

（9）以最近似米或英尺表示的净空道的长宽度（如有）。

（10）升降带的长宽度。

（11）是否存在无障碍物区。

（12）备注。

**** AD 2.13　宣布的距离

详细介绍每一跑道每一方向以最近似米或英尺表示的宣布的距离，包括：

（1）跑道代号；

（2）可用起飞滑跑距离；

（3）可用起飞距离；

（4）可用加速停止距离；

（5）可用着陆距离；

（6）备注。

由于运行禁止，跑道的某一方向不能用于起飞或者着陆，或者起落均不能用的，必须就此做出宣布，注上"不能使用"或其缩写"NU"字样。（附件 14 第 I 卷附篇 A 第 3 节）。

**** AD 2.14　进近和跑道照明

详细介绍进近和跑道照明，包括：

（1）跑道代号；

（2）进近照明系统的类型、长度和强度；

（3）跑道着陆入口的灯光、颜色和横排灯；

（4）目视进近坡度指示系统的类型；

（5）跑道接地区灯光的长度；

（6）跑道中心线灯光的长度、间隔、颜色和强度；

（7）跑道边沿灯光的长度、间隔、颜色和强度；

（8）跑道终端灯光和横排灯的颜色；

（9）停止道灯光的长度和颜色；

（10）备注。

**** AD 2.15 其他照明、二级电源

介绍其他照明和二级电源情况，包括：

（1）机场灯标/识别灯标（如有）的位置、特性和开放时间；

（2）风速表/着陆方向指示器的位置和照明（如有）；

（3）滑行道边沿和滑行道中心线灯光；

（4）二级电源，包括转接通电时间；

（5）备注。

**** AD 2.16 直升机着陆区

详细介绍机场提供的直升机着陆区，包括：

（1）着陆和起飞区（TLOF）或者（在适用时）最后进近和起飞区（FATO）每一着陆入口的几何中心以度数、分钟、秒钟和百分秒表示的地理坐标和大地水准面波幅：

——非精密进近，以最近似的米或英尺表示；

——精密进近，以最近似的 0.1 米或 0.1 英尺表示。

（2）TLOF 和/或 FATO 区的标高：

——属于非精密进近的，以最近似米或英尺表示；

——属于精密进近的，以最近似的 0.1 米或 0.1 英尺表示。

（3）TLOF 和 FATO 区以最近似米或英尺表示的面积，以及其道面类型、承重强度和标识。

（4）FATO 精确到百分之一度的真方位。

（5）以最近似米或英尺表示的可用宣布距离。

（6）进近和 FATO 照明。

（7）备注。

**** AD 2.17 空中交通服务空域

详细介绍机场组织的空中交通服务（ATS）空域，包括：

（1）空域代号和侧向界限以度数、分钟和秒钟表示的地理坐标；

（2）垂直界限；

（3）空域等级；

（4）提供服务的 ATS 单位的呼号和使用的语言；

（5）过渡高度；

（6）备注。

**** AD 2.18 空中交通服务通信设施

详细介绍机场建立的空中交通服务通信设施，包括：

（1）服务代号；

（2）呼号；

（3）频道；

（4）相关的登录地址；

（5）工作时间；

（6）备注。

**** AD 2.19　无线电助航和着陆设备

详细介绍机场与仪表进近和航站区程序有关的无线电助航和着陆设备，包括：

（1）设备类型，视情以最近似度数表示的磁差，以及由仪表着陆系统（ILS）/微波着陆系统（MLS）、基本的全球导航卫星系统、星基增强系统和地基增强系统支持运行的类型；属于甚高频全向信标（VOR）/仪表着陆系统/微波着陆系统的，还必须说明有关设备以最近似度数表示的用于技术对准跑道的台偏差；

（2）识别标志（视需要）；

（3）频率（视情）；

（4）工作时间（视情）；

（5）发射天线所在位置以度数、分钟、秒钟和十分秒表示的地理坐标（视情）；

（6）测距仪（DME）发射天线精确到 30 米（100 英尺）以内的标高；精密测距仪（DME/P）发射天线精确到 3 米（10 英尺）以内的标高；

（7）备注。

同样的设备既用于航路又用于机场目的的，还必须在 ENR 4 节中做出介绍。如果地基增强系统（GBAS）用于一个以上的机场，必须提供每个机场的设备说明。如果有关设施的运营当局不是指定的政府机构，必须在备注栏说明运营当局的名称。设施的覆盖面必须在备注栏加以说明。

**** AD 2.20　当地交通规章

详细介绍适用于机场交通的各项规章，包括供航空器滑行的标准路线、停放规章、实习和训练飞行以及类似的但是专门的飞行程序。

**** AD 2.21　减噪程序

详细介绍机场订立的减噪程序。

**** AD 2.22　飞行程序

详细介绍根据机场空域构成订立的各项条件和飞行程序，包括雷达和/或 ADS-B 程序。一经订立，详细说明机场的低能见度程序，包括：

（1）根据低能见度程序批准使用的跑道以及相关设备；

（2）确定启用、使用和终止低能见度程序的气象条件；

（3）介绍根据低能见度程序使用的地面标记/照明。

**** AD 2.23　附加资料

有关机场的附加资料，如说明机场鸟群情况，并尽量说明栖息与觅食区之间每天的重大活动情况。

**** AD 2.24　关于机场的图表

要求按照下列顺序列出与机场有关的图表：

（1）机场/直升机场图——国际民航组织；

（2）航空器停放/停靠图——国际民航组织；

（3）机场地面活动图——国际民航组织；

（4）国际民航组织 A 型机场障碍物图（包括每一条跑道）；

（5）国际民航组织机场地形和障碍物图（电子版）；

（6）国际民航组织精密进近地形图（Ⅱ、Ⅲ 类精密进近跑道）；

（7）国际民航组织区域图（离场和过境航路）；

（8）国际民航组织标准离场图——仪表；

（9）国际民航组织区域图（进场和过境航路）；

（10）国际民航组织标准进场图——仪表；

（11）国际民航组织 ATC 监视最低高度图；

（12）仪表进近图——国际民航组织（包括每一条跑道和程序类别）；

（13）目视进近图——国际民航组织；

（14）机场附近鸟群图。

如果有些图表没有绘制，必须在 GEN3.2 节航图中加以说明。

注：在 AIP 中可使用一个纸袋存放用适当电子媒介储存的国际民航组织机场地形和障碍物图（电子版）。

AD 3　直升机场

机场提供直升机着陆区的，必须仅在**** AD 2.16 节列出有关数据。

注：****由国际民航组织相关地名代码取代。

**** AD 3.1　直升机场地名代码和名称

要求说明指定直升机场使用的国际民航组织地名代码和直升机场的名称。国际民航组织地名代码必须是 AD 3 节各分节之间索引系统的组成部分。

**** AD 3.2　直升机场的地理和管理数据

要求提供直升机场的地理和管理数据，包括：

（1）直升机场基准点（以度数、分钟和秒钟表示的地理坐标）及其所在位置；

（2）直升机场基准点处于直升机场服务的市、镇中心的方向和距离；

（3）以最近似米或英尺表示的直升机场标高和基准温度；

（4）以最近似米或英尺表示的直升机场标高位置的大地水准面波幅；

（5）以最近似度数表示的磁差，资料的日期和年度变化；

（6）直升机场运营人的名称、地址、电话号码、传真号码、电子邮件地址、AFS 地址和网站地址（如果有）；

（7）准许使用直升机场的飞行类别（仪表/目视）；

（8）备注。

**** AD 3.3　工作时间

详细介绍直升机场提供各项服务的工作时间，包括：

（1）直升机场运营人；

（2）海关和移民；

（3）卫生和检疫；

（4）AIS 简报室；

（5）ATS 报告室（ARO）；

（6）MET 简报室；

（7）空中交通服务；

（8）加油；

（9）地面代理；

（10）保安；

（11）除冰；

（12）备注。

**** AD 3.4　地面代理服务和设施

详细介绍直升机场可供使用的地面代理服务和设施，包括：

（1）货物代理设施；

（2）燃油和滑油种类；

（3）加油设施和容量；

（4）除冰设施；

（5）可供来访直升机使用的机库空位；

（6）可供来访直升机使用的修理设施；

（7）备注。

**** AD 3.5　旅客设施

简要介绍直升机场可供使用的旅客设施，包括：

（1）直升机场或直升机场附近的旅店；

（2）直升机场或直升机场附近的餐馆；

（3）交通条件；

（4）医疗设施；

（5）直升机场或直升机场附近的银行和邮局；

（6）旅行社；

（7）备注。

**** AD 3.6　援救和消防服务

详细介绍直升机场可供使用的援救和消防服务和设备，包括：

（1）直升机场消防类别；

（2）援救设备；

（3）搬移损坏直升机的能力；

（4）备注。

**** AD 3.7　季节可用性——放行

详细介绍为直升机场活动区放行确定的设备和优先顺序，包括：

（1）放行设备的类别；

（2）放行优先顺序；

（3）备注。

**** AD 3.8　停机坪、滑行道和校核定点/位置数据

详细介绍停机坪、滑行道和校核定点/位置的物理特征，包括：

（1）停机坪的表面和强度，直升机停放位置；

（2）直升机地面滑行道的宽度、道面类型和编号；

（3）直升机空中滑行道和空中过境航路的宽度和编号；

（4）高度表校核点的位置和以最近似米或英尺表示的标高；

（5）甚高频全向信标校核点的位置；

（6）以度数、分钟、秒钟和百分秒表示的 INS 校核点的位置；

（7）备注。

直升机场图标有校核定点/位置的，必须在本分节就此做出说明。

**** AD 3.9 标识和标志

简要说明最后进近和起飞区及滑行道的标识和标志，包括：

（1）最后进近和起飞标识；

（2）滑行道标识、空中滑行道标志和空中过境航路标志；

（3）备注。

**** AD 3.10 直升机场障碍物

详细介绍障碍物，包括：

（1）障碍物的标识或代号；

（2）障碍物类别；

（3）以度数、分钟、秒钟和十分秒表示的地理坐标标示的障碍物位置；

（4）以最近似米或英尺表示的障碍物标高和高；

（5）障碍物标志，以及障碍物照明（如有）的类型和颜色；

（6）如适用，说明障碍物列表可以用电子形式提供，并提及 GEN 3.1.6；

（7）如适用，无障碍物（NIL）说明。

**** AD 3.11 提供的气象资料

详细介绍直升机场提供的气象资料，并说明由哪个气象室负责提供所列出的服务，包括：

（1）相关气象室的名称；

（2）工作时间；适用时，指定在工作时间以外负责的气象室；

（3）负责编制 TAFs 的办公室，预报的有效期；

（4）直升机场可供使用的趋势预报和发布间隔；

（5）有关如何提供简报和/或咨询的资料；

（6）所提供的飞行文件的类别和飞行文件所用的语文；

（7）可供简报或咨询显示的或使用的图表或其他资料；

（8）可供提供气象条件资料使用的辅助设备，例如气象雷达和卫星影像接收器；

（9）供有气象资料的空中交通服务单位；

（10）附加资料（如有关任何服务限制的资料等）。

**** AD 3.12 直升机场数据

详细介绍直升机场的面积和有关资料，包括：

（1）直升机场类型——地面式、升降式或船平台式。

（2）以最近似米或英尺表示的着陆和起飞（TLOF）区的面积。

（3）最后进近和起飞区（FATO）精确到百分之一度的真方位。

（4）FATO 以最近似米或英尺表示的面积和道面类型。

（5）TLOF 的表面和承重强度（吨、千克）。

（6）着陆和起飞区（TLOF）或者（在适用时）最后进近和起飞区（FATO）每一着陆入口的几何中心以度数、分钟、秒钟和百分秒表示的地理坐标和大地水准面波幅：

——非精密进近，以最近似的米或英尺表示；

——精密进近，以最近似的 0.1 米或 0.1 英尺表示。

（7）TLOF 和/或 FATO 区的坡度和标高：

——属于非精密进近的，以最近似米或英尺表示；

——属于精密进近的，以最近似的 0.1 米或 0.1 英尺表示。

（8）安全区的面积。

（9）以最近似米或英尺表示的直升机净空道面积。

（10）是否存在无障碍物区段。

（11）备注。

**** AD 3.13   宣布的距离

详细介绍与直升机场有关的、以最近似米或英尺表示的宣布的距离，包括：

（1）可用起飞距离；

（2）可用中断起飞距离；

（3）可用着陆距离；

（4）备注。

**** AD 3.14   进近和 FATO 照明

详细介绍进近和 FATO 照明，包括：

（1）进近照明系统的类型、长度和强度；

（2）目视进近坡度指示系统的类型；

（3）FATO 区灯光的特性和位置；

（4）瞄准点灯光的特性和位置；

（5）TLOF 照明系统的特性和位置；

（6）备注。

**** AD 3.15   其他照明、二级电源

介绍其他照明和二级电源情况，包括：

（1）直升机场灯标的位置、特性和开放时间；

（2）风向指示器（WDI）的位置和照明；

（3）滑行道边沿和滑行道中心线灯光；

（4）二级电源，包括转接通电时间；

（5）备注。

**** AD 3.16   空中交通服务空域

详细介绍直升机场组织的空中交通服务（ATS）空域，包括：

（1）空域代号和侧向界限以度数、分钟和秒钟表示的地理坐标；

（2）垂直界限；

（3）空域等级；

（4）提供服务的 ATS 单位的呼号和使用的语言；

（5）过渡高度；

（6）备注。

**** AD 3.17 空中交通服务通信设施

详细介绍直升机场建立的空中交通服务通信设施，包括：

（1）服务代号；

（2）呼号；

（3）频率；

（4）工作时间；

（5）备注。

**** AD 3.18 无线电助航和着陆设备

详细介绍直升机场与仪表进近和航站区程序有关的无线电助航和着陆设备，包括：

（1）设备类型，以最近似度数表示的磁差[属于甚高频全向信标（VOR）的，必须说明有关设备用于技术对准跑道的台偏差]，以及仪表着陆系统、微波着陆系统、基本的全球导航卫星系统、星基增强系统和地基增强系统的运行类型；

（2）识别标志（视需要）；

（3）频率（视情）；

（4）工作时间（视情）；

（5）发射天线所在位置以度数、分钟、秒钟和十分秒表示的地理坐标（视情）；

（6）测距仪（DME）发射天线精确到 30 米（100 英尺）以内的标高；精密测距仪（DME/P）发射天线精确到 3 米（10 英尺）以内的标高；

（7）备注。

同样的设备既用于航路又用于直升机场目的的，必须在 ENR 4 节中做出介绍。如果地基增强系统（GBAS）用于一个以上的直升机场，必须提供每个直升机场的设备说明。如果有关设施的运营当局不是指定的政府机构，必须在备注栏说明运营当局的名称。设施的覆盖面必须在备注栏加以说明。

**** AD 3.19 当地交通规章

详细介绍适用于直升机场交通的各项规章，包括供直升机滑行的标准路线、停放规章、实习和训练飞行以及类似的但是专门的飞行程序。

**** AD 3.20 减噪程序

详细介绍直升机场订立的减噪程序。

**** AD 3.21 飞行程序

详细介绍根据直升机场空域构成订立的各项条件和飞行程序，包括雷达和/或 ADS-B 程序。一经订立，详细说明直升机场的低能见度程序，包括：

（1）根据低能见度程序批准使用的着陆和起飞（TLOF）区以及相关设备；

（2）确定启用、使用和终止低能见度程序的气象条件；

（3）介绍根据低能见度程序使用的地面标记/照明。

**** AD 3.22 附加资料

有关直升机场的附加资料，如说明直升机场鸟群情况，并尽量说明栖息与觅食区之间每天的重大活动情况。

**** AD 3.23　关于直升机场的图表

要求按照下列顺序列出与直升机场有关的图表：

（1）机场/直升机场图—国际民航组织；

（2）区域图—国际民航组织（离场和过境航路）；

（3）标准离场图—仪表—国际民航组织；

（4）区域图—国际民航组织（进场和过境航路）；

（5）标准进场图—仪表—国际民航组织；

（6）国际民航组织 ATC 监视最低高度图；

（7）仪表进近图—国际民航组织（包括每一程序类别）；

（8）目视进近图—国际民航组织；

（9）直升机场附近鸟群图。

如果有些图表没有绘制，必须在 GEN3.2 节航图中加以说明。

附录B 中国民航国内航空资料汇编（NAIP）的内容

航路 3.2　空中交通服务航路—区域导航航路

航路 3.3　航路等待

航路 4　无线电导航设施

航路 4.1　无线电导航设施表

航路 4.2　特殊导航系统

航路 5　报告点

航路 6　特殊区域

航路 6.1　禁区、危险区和限制区

航路 6.2　空中禁区表

航路 6.3　危险区表

航路 6.4　限制区表

航路 6.5　其他危险性活动

航路 7　航路图

第三部分　机场

机场 1　机场简介

机场 1.1　机场可用性

（1）机场及相关设施使用的一般条件；

（2）机场的 ILS Ⅱ/Ⅲ 类运行；

（3）机场的平行跑道同时运行；

（4）所使用的摩擦系数测量仪器和跑道最低摩擦等级；

（5）机场范围内使用的辅助指挥、联络的符号和信号；

（6）区域导航。

机场 1.2　援救、消防服务和除雪计划

（1）援救和消防服务；

（2）残损航空器的搬移；

（3）除雪计划。

机场 1.3　飞行程序

机场 1.4　机场运行最低标准

机场 1.5　机场索引

（1）机场索引表；

（2）全国机场分布示意图。

机场 2　机场使用细则

各机场包含以下资料：

AD 2.1　机场地名代码（ICAO/IATA）和名称

AD 2.2　机场地理位置和管理资料

AD 2.3　地勤服务和设施

AD 2.4　援救与消防服务

AD 2.5　可用季节——扫雪

机场 3　航图手册

介绍

航空情报服务出版物中所使用的简缩字

航图符号

地名代码

数据换算表

气象符号

机场一览表

航图

各机场包含以下航图种类（ZXXX 代表该机场的 ICAO 四字地名代码）：

ZXXX-1 区域图、空中走廊图、放油区图等

ZXXX-2 机场图、停机位置图

ZXXX-3 标准仪表离场图

ZXXX-4 标准仪表进场图

ZXXX-5 仪表进近图（ILS）

ZXXX-6 仪表进近图（VOR）

ZXXX-7 仪表进近图（NDB）

ZXXX-8 目视进近图

ZXXX-9 进近图（RADAR、RNAV、RNP、GPS、GNSS）

附录 C 航空资料通报（AIC）示例

TELEGRAPHIC ADDRESS	**PEOPLE'S REPUBLIC OF CHINA**	**AIP CHINA**
AFTN: ZBBBYOYX	*CIVIL AVIATION ADMINISTRATION OF CHINA*	**AIC**
COMM: CIVIL AIR BEIJING	AERONAUTICAL INFORMATION SERVICE	**Nr.**09/19
FAX: 8610 68348230	*P. O. BOX 2272, BEIJING*	*OCT. 1, 2019*

实施 ADS-B 管制服务
Implementation of ADS-B control services

1. 简介

1.1 中国民航根据空域的监视覆盖能力，分区域、分阶段推动 ADS-B 服务，提高空中交通服务能力。

1.2 管制区实施 ADS-B 管制服务的具体程序和要求由相应管制单位确定并公布。

2. 实施阶段

2.1 第一阶段：从 2019 年 10 月 10 日起

（a）不具备雷达管制条件的各进近管制区实施 ADS-B 管制；

（b）8400 m（含）以上不具备雷达管制条件的各管制区实施 ADS-B 管制；

（c）8400 m（含）以上具备雷达管制条件的各管制区，使用雷达和 ADS-B 监视信号融合形成综合航迹，提供雷达管制服务。

2.2 第二阶段：从 2020 年 12 月 31 日起

1. Introduction

1.1 CAAC promote ADS-B services in phases and areas according to the airspace surveillance coverage capabilities, aiming at improving the ATS.

1.2 The requirements and procedures of ADS-B control services implementation in control areas will be identified and published by relevant ATC unit.

2. Implementation Phases

2.1 Phase I: from October 10, 2019

(a) ADS-B control services will be provided in APP where radar control services are not provided;

(b) ADS-B control services will be provided in control areas above 8400 m (inclusive) where radar control services are not available;

(c) Radar control services will be provided, using integrated surveillance data of ADS-B and radar, in control areas above 8400 m (inclusive) where radar control services are available.

2.2 Phase II: from December 31, 2020

（a）不具备雷达管制条件的进近和区域管制区实施 ADS-B 管制；

（b）具备雷达管制条件的进近和区域管制区，使用雷达和 ADS-B 监视信号融合形成综合航迹，供雷达管制服务；

（c）运输机场塔台使用 ADS-B 设备，显示航空器飞行动态。

3. ADS-B 机载设备要求

3.1　涉及实施 ADS-B 管制空域的飞行活动，其机载设备应达到国际民用航空公约附件 10 第四卷第三章及国际民航组织 9871 文件扩展电文版本 0（Extended Squitter Version 0）（含）以上或等同标准。

3.2　达到 RTCA DO-260（含）以上标准被认为符合上述要求。

4. 运行要求

4.1　第一阶段:

4.1.1　从 2019 年 10 月 10 日起，航空器进入 ADS-B 管制空域，应具备 3 要求的 ADS-B 机载设备。

4.1.2　执行搜寻救援、医疗救助、抢险救灾和国外及港澳台地区航空公司无需满足 4.1.1 的要求。

4.1.3　不符合 4.1.1 要求且不属于 4.1.2 的，应在飞行前向相应管制单位提出申请并获得同意。

(a) ADS-B control services will be provided in APP and ACC where radar control services are not available;

(b) Radar control services will be provided, using integrated surveillance data of ADS-B and radar, in APP and ACC where radar control services are available;

(c) ADS-B equipment will be used at the tower of transport airports to display flight movements.

3. ADS-B equipage requirements

3.1　All aircraft flying within ADS-B control airspace shall be installed with ADS-B equipment complying with standards equivalent to or above ES Version 0 as specified in ICAO Annex 10, Volume IV, Chapter 3 and ICAO Doc 9871.

3.2　Equipment of *RTCA DO-260 Minimum Operational Performance Standards* or above is deemed to be complying with the requirements of paragraph 3.1.

4. Operation requirements

4.1　Phase I:

4.1.1　From October 10, 2019, aircraft flying within ADS-B control airspace shall be installed with ADS-B equipment complying with the requirements of paragraph 3.

4.1.2　The requirements of paragraph 4.1.1 are exempted for aircraft engaging in search and rescue, medical assistance, and disaster relief; and aircraft being operated by foreign airlines or by Hong Kong, Macao, Taiwan airlines.

4.1.3　For aircraft not complying with paragraph 4.1.1 and out of the scope of paragraph 4.1.2, an application for ATC authorization must be filed and the approval shall be obtained prior to operation.

（a）如需进入实施 ADS-B 管制的进近管制区，飞行前应向相应进近管制单位申请；

（b）如需进入其他实施 ADS-B 管制的空域，飞行前应向民航局空管局运行管理中心申请。具体联系方式参见 AIP 总则 3.3。

4.2　第二阶段：

4.2.1　从 2020 年 12 月 31 日起，航空器进入 ADS-B 管制空域，应具备 3 要求的 ADS-B 机载设备。

4.2.2　执行搜寻救援、医疗救助、抢险救灾无需满足 4.2.1 的要求。

4.2.3　不符合 4.2.1 要求且不属于 4.2.2 的，应在飞行前向民航局空管局运行管理中心申请并获得民航局特殊豁免后飞行。但仅在低空空域活动的通用航空可在征得相应管制单位的同意后进入。

4.3　航空器运营人应在飞行计划编组 10 中对航空器的 ADS-B 能力进行正确标示。

4.4　飞行过程中当 ADS-B 机载设备不能正常工作时，飞行人员应及时告知管制单位。

(a) If it is planned to enter APP where ADS-B control services are available, an application for authorization form APP control unit must be filed;

(b) If it is planned to enter airspace other than APP, where ADS-B control services are available, an application for authorization from the Operations Management Center of ATMB of CAAC must be filed. For contacts, please refer to GEN 3.3 in the AIP China.

4.2　Phase II:

4.2.1　From December, 31, 2020, aircraft flying within ADS-B control airspace shall be installed with ADS-B equipment complying with the requirements of paragraph 3.

4.2.2　The requirements of paragraph 4.2.1 are exempted for aircraft engaging in search and rescue, medical assistance, and disaster relief.

4.2.3　For aircraft not complying with paragraph 4.2.1 and out of the scope of paragraph 4.2.2, an application for authorization from the Operations Management Center of ATMB of CAAC must be filed, and a waiver from CAAC shall be obtained prior to the operation. For general aviation aircraft operating only in low altitude airspace, the agreement obtained from relevant ATC unit may suffice.

4.3　Aircraft operator complying with the ADS-B equipage requirements shall indicate the correct ADS-B designator in item 10 of the flight plan.

4.4　When the aircraft airborne ADS-B equipment become unserviceable during flight, the pilot-in-command must notify ATC as soon as possible.

HONG KONG SPECIAL ADMINISTRATIVE REGION
PEOPLE'S REPUBLIC OF CHINA
AERONAUTICAL INFORMATION SERVICE

PHONE +852 2910 6174	**(ISO 9001 CERTIFIED)**	
FAX +852 2910 1180	AIR TRAFFIC MANAGEMENT DIVISION	AIC
AFS VHHHYOYX	CIVIL AVIATION DEPARTMENT	23 / 14
EMAIL aic@cad.gov.hk	HONG KONG INTERNATIONAL AIRPORT	29 August 2014

Use of Correct Altimeter Setting Procedures

1. Altimeter setting errors are a common cause for level busts. The prevalence of crossing tracks inside the busy terminal area around Hong Kong International Airport requires that pilots maintain a high degree of vertical profile awareness and adherence to correct altimeter procedures. This circular serves to remind pilots of the altimeter procedures specific to the Hong Kong Flight Information Region (FIR).

2. ICAO PANS-OPS requires that the altimeter pressure setting should be changed to the new reference when crossing the transition altitude/level. In the Hong Kong FIR, the transition altitude is 9,000 feet and the transition level is to be determined in the following QNH value at Hong Kong International Airport:

    (a)　980 hPa or above - FL110

    (b)　979 hPa or below - FL120

3. Within the Hong Kong FIR, aircraft operating beyond 50 NM from Hong Kong International Airport at or above the transition level will use the standard altimeter setting of 1013.2 hPa. Aircraft operating within 50 NM at or below the transition altitude will use the local QNH setting supplied by ATC.

4. Arriving aircraft may be instructed by ATC to change from the standard altimeter setting to local QNH setting at the time descent clearance is issued provided that level flight above the transition altitude is not anticipated. If the aircraft has to level off above the transition altitude at any level, the standard pressure setting must be reset.

5. Departing aircraft will change from local QNH setting to an altimeter setting of 1013.2 hPa when vacating the transition altitude on climb.

6. For further details please refer to; AIP Hong Kong ENR 1.7 Altimeter Setting Procedures.

This Circular is issued for information, guidance and necessary action
By direction of the Director-General of Civil Aviation
Norman LO

HONG KONG SPECIAL ADMINISTRATIVE REGION
PEOPLE'S REPUBLIC OF CHINA
AERONAUTICAL INFORMATION SERVICE

PHONE +852 2910 6174	**(ISO 9001 CERTIFIED)**	AIC
FAX +852 2910 1180	AIR TRAFFIC MANAGEMENT DIVISION	08 / 19
AFS VHHHYOYX	CIVIL AVIATION DEPARTMENT	13 March 2019
EMAIL aic@cad.gov.hk	HONG KONG INTERNATIONAL AIRPORT	

SUSPENSION OF BOEING 737 MAX AIRCRAFT OPERATIONS IN AIRSPACE OVER HONG KONG

1. This AIC is made following the accident of an Ethiopian Airlines Boeing 737 MAX aircraft on 10 March 2019. At this stage the cause of the accident is not known as investigation into its cause is still underway.

2. In light of the Lion Air accident on 29 October 2018 and the aforementioned accident, which happened in less than five months apart and both involved Boeing 737 MAX aircraft, the Director-General of Civil Aviation ('DGCA') deems it necessary in the public interest to stop the Boeing 737 MAX operations in Hong Kong while pending further information. The aim is to ensure aviation safety and protect the public.

3. In this connection, DGCA, being a person authorised pursuant to Article 98(1) of the Air Navigation (Hong Kong) Order 1995 ('the Order'), in exercise of its powers under Article 69(1) of the Order, hereby prohibits any Boeing 737 MAX aircraft, whether or not registered in Hong Kong, from operating in any airspace over Hong Kong with effect from 1000 UTC (1800 Hong Kong Time) on 13 March 2019 until further notice.

4. In the meantime, CAD will continue monitoring the situation closely and the prohibition will be reviewed as relevant information becomes available from the accident investigators, the US Federal Aviation Administration and other aviation authorities, as appropriate, and the Boeing Company.

This Circular is issued for information, guidance and necessary action
by direction of the Director-General of Civil Aviation
Simon LI

HONG KONG SPECIAL ADMINISTRATIVE REGION
PEOPLE'S REPUBLIC OF CHINA
AERONAUTICAL INFORMATION SERVICE

PHONE +852 2910 6174	**(ISO 9001 CERTIFIED)**	AIC
FAX +852 2910 1180	AIR TRAFFIC MANAGEMENT DIVISION	25 / 19
AFS VHHHYOYX	CIVIL AVIATION DEPARTMENT	29 October 2019
EMAIL aic@cad.gov.hk	HONG KONG INTERNATIONAL AIRPORT	

EXAMINATIONS FOR THE ISSUE OF PROFESSIONAL AIRCREW LICENCES

1. The above examinations will be held in the first half of 2020 on the following dates. The examination dates are available for both AM and PM session for professional pilot's licences examinations.

Subject / Date / Month	➢ Flight Planning and Flight Monitoring ➢ Instruments ➢ Radio Aids	➢ Navigation ➢ Meteorology – Theory ➢ Meteorology – Practical	➢ Aviation Law (Paper A) Aviation Law (Paper B) ➢ Aircraft (Type) Performance (Type) ➢ Performance Transport	➢ Airframe Systems ➢ Electrics and Automatic Flight ➢ Engines ➢ Human Performance ➢ Loading ➢ Principle of Flight ➢ Radiotelephony ➢ Signals
January	2	3	2/9/16/23/30	3/10/17/24/31
February	6	7	6/13/20/27	7/14/21/28
March	5	6	5/12/19/26	6/13/20/27
April	2	3	2/9/16/23	3/17/24
May	7	8	7/14/21/28	8/15/22/29
June	4	5	4/11/18	5/12/19/26

(*Due to time constraints, Aircraft (Type) & Performance (Type) examinations will only be available in the AM session.)

2. Accommodation in the examination room is limited; therefore booking will be taken on a "first come, first served" basis. Examinations normally start at 9:30 am and 2:00 pm unless otherwise notified.

3. Examinations booking forms (DCA601(0)) can be obtained from the Civil Aviation Department Personnel Licensing Office (PELO) / CAD homepage (www.cad.gov.hk/english/applications.html). Telephone bookings cannot be accepted. Completed forms, together with the appropriate fee, should be sent to the following address at least **7 working days** before the examination date:-

Personnel Licensing Office
Civil Aviation Department Headquarters
1 Tung Fai Road
Hong Kong International Airport
Lantau
HONG KONG

4. The fee for taking examination is stipulated in the Hong Kong Air Navigation (Fees) Regulation. Cheques should be made payable to "The Government of the Hong Kong Special Administrative Region" and crossed "A/C payee". DO NOT SEND CASH.

5. A copy of examination advice with the scheduled examination start time will be sent to the candidate when the booking is confirmed. Candidates are required to present the examination advice to the invigilator before the examination commences.

6. Examinations will be cancelled when tropical cyclone warning signal No. 8 or above or black rainstorm warning is in force. Candidates will be notified of alternative dates later.

7. Morning session examinations will be resumed if tropical cyclone warning signal No. 8 or above or black rainstorm warning is cancelled before 7:00 am; afternoon session will be resumed if tropical cyclone warning signal No. 8 or above or black rainstorm warning is cancelled before 11:00 am.

8. Examination results are normally published within 5 working days of the examination date. Results are either dispatched by post or available for personal collection from the PELO. Examination results will not be disclosed over the telephone.

9. This AIC will expire on 30 June 2020.

This Circular is issued for information, guidance and necessary action
by direction of the Director-General of Civil Aviation
Simon LI

附录 D 航行通告限定行中的 Q 代码

每一个航行通告 Q 代码由 5 个英文字母组成。第一个字母为 Q，表示航行通告代码的开始，选用 Q 字母是为了避免与任何一个分配的无线电呼号冲突。第二、三字母表示所报告事物的主题，第四、五字母表示所报告事物的状况。

Q 代码分为机场、通信、空中规则和空中交通服务、航行警告以及其他等几类，其第一字母和第四字母的含义分别见表 D-1 和表 D-2。

表 D-1 Q 代码的第一字母及其含义

类　别	字　母	含　义	
机场	L	lighting facilities	灯光设施
	M	movement and landing area	运行和着陆区
	F	facilities and services	设施和服务
通信导航设施	C	communication and radar facilities	通信和雷达设施
	I	ILS and MLS	仪表和微波着陆系统
	N	terminal & enroute Navigation facilities	航站和航路导航设施
	G	GNSS service	全球卫星导航系统
空中规则和空中交通服务	A	airspace organization	空域组织
	S	air traffic and VOLMET services	空中交通及供飞行用的气象服务
	P	air traffic procedures	空中交通规则
航行警告	R	airspace restrictions	空域限制
	W	warnings	警报
其他	O	other information	其他

表 D-2 Q 代码的第四字母及其含义

字　母	含　义	
A	availability	可用性
C	changes	更改、改变
H	hazard conditions	危险情况
L	limitations	限制
XX	other	其他

1. Q 代码第二、三字母组合及其含义

（1）机场。

AGA Lighting Facilities (L)

Code	Signification	Uniform Abbreviated Phraseology
LA	Approach lighting system (specify runway and type)	APCH LGT
LB	Aerodrome beacon	ABN
LC	Runway centerline lights (specify runway)	RWY CENTRELINE LGT
LD	Landing direction indicator lights	LDI LGT
LE	Runway edge lights (specify runway)	RWY EDGE LGT
LF	Sequenced flashing lights (specify runway)	SEQUENCED FLG LGT
LH	High intensity runway lights (specify runway)	HIGH INTST RWY LGT
LI	Runway end identifier lights (specify runway)	RWY END ID LGT
LJ	Runway alignment indicator lights (specify runway)	RWY ALIGNMENT INDICATOR LGT
LK	Category II components of approach lighting system (specify runway)	CATEGORY II COMPONENTS APCH LGT
LL	Low intensity runway lights (specify runway)	LOW INTST RWY LGT
LM	Medium intensity runway lights (specify runway)	MEDIUM INTST RWY LGT
LP	Precision approach path indicator (PAPI) (specify runway)	PAPI
LR	All landing area lighting facilities	LDG AREA LGT FAC
LS	Stopway lights (specify runway)	SWY LGT
LT	Threshold lights (specify runway)	THR LGT
LU	Helicopter approach path indicator	
LV	Visual approach slope indicator system (specify runway)	VASIS
LW	Heliport lighting	HELIPORT LGT
LX	Taxiway centreline lights (specify runway)	TWY CENTRELINE LGT
LY	Taxiway edge lights (specify runway)	TWY EDGE LGT
LZ	Runway touchdown zone lights (specify runway)	RWY TDZ LGT

AGA Movement and Landing Area (M)

Code	Signification	Uniform Abbreviated Phraseology
MA	Movement area	MOV AREA
MB	Bearing strength (specify part of landing area or movement area)	BEARING STRENGTH
MC	Clearway (specify runway)	CWY
MD	Declared distances (specify runway)	DECLARED DIST
MG	Taxiing guidance system	TAX GUIDANCE SYSTEM
MH	Runway arresting gear (specify runway)	RWY ARST GEAR
MK	Parking area	PRKG AREA
MM	Daylight markings (specify threshold, centreline, etc.)	DAY MARKINGS
MN	Apron	APRON
MP	Aircraft stands (specify)	ACFT STAND
MR	Runway (specify runway)	RWY
MS	Stopway (specify runway)	SWY
MT	Threshold (specify runway)	THR
MU	Runway turning bay (specify runway)	RWY TURNING BAY
MW	Strip (specify runway)	STRIP
MX	Taxiway(s) (specify)	TWY
MO	Stop bar (specify taxiway)	STOP BAR
MY	Rapid exit taxiway (specify)	RAPID EXIT TWY

AGA Facilities and Services(F)

Code	Signification	Uniform Abbreviated Phraseology
FA	Aerodrome	AD
FB	Braking action measurement equipment (specify type)	BA MEASUREMENT EQPT
FC	Ceiling measurement equipment	CEILING MEASUREMENT EQPT
FD	Docking system (specify AGNIS.BOLDS.etc.)	DCKG SYSTEM
FE	Oxygen(specify type)	
FF	Fire fighting and rescue	FIRE AND RESCUE
FG	Ground movement control	GND MOV CTL
FH	Helicopter alighting area/platform	HEL ALIGHTING AREA
FI	Aircraft deicing (specify)	ACFT DE-ICING
FJ	Oils(specify type)	OIL
FL	Landing direction indicator	LDI
FM	Meteorological service (specify type)	MET
FO	Fog dispersal system	FOG DISPERSAL
FP	Heliport	HELIPORT
FS	Snow removal equipment	SNOW REMOVAL EQPT
FT	Transmissometer (specify runway and, where applicable, designator(s) of transmissometer(s))	TRANSMISSOMETER
FU	Fuel availability	FUEL AVBL
FW	Wind direction indicator	WDI
FZ	Customs	CUST

（2）通信导航设施。

COM Communications and Radar Facilities (C)

Code	Signification	Uniform Abbreviated Phraseology
CA	Air/ground (specify service and frequency)	A/G FAC
CE	En route surveillance radar	RSR
CG	Ground controlled approach system(GCA)	GCA
CL	Selective calling system (SELCAL)	SELCAL
CM	Surface movement radar	SMR
CP	Precision approach radar (PAR)(specify runway)	PAR
CR	Surveillance radar element of precision approach radar system (specify wavelength)	SRE
CS	Secondary surveillance radar (SSR)	SSR
CT	Terminal area surveillance radar (TAR)	TAR
CB	Automatic dependent surveillance-broadcast	ADS-B
CC	Automatic dependent surveillance-contract	ADS-C

COM Instrument and microwave Landing System (I)

Code	Signification	Uniform Abbreviated Phraseology
IC	ILS(specify runway)	ILS
ID	DME associated with ILS	ILS DME
IG	Glide path (ILS)(specify runway)	ILS GP
II	Inner marker (ILS)(specify runway)	ILS IM
IL	Localizer (ILS) (specify runway)	ILS LIZ
IM	Middle marker (ILS)(specify runway)	ILS MM
IO	Outer marker (ILS) (specify runway)	ILS OM
IS	ILS Category I (specify runway)	ILS I
IT	ILS Category II (specify runway)	ILS II
IU	ILS Category III (specify runway)	ILS III
IW	Microwave landing system (MLS) (specify runway)	MLS
IX	Locator, outer (ILS) (specify runway)	ILS LO
IY	Locator, middle (ILS) (specify runway)	ILS LM

COM Terminal and En Route Navigation Facilities(N)

Code	Signification	Uniform Abbreviated Phraseology
NA	All radio navigation facilities (except…)	ALL RDO NAV FAC
NB	Non-directional radio beacon	NDB
NC	DECCA	DECCA
ND	Distance measuring equipment (DME)	DME
NF	Fan marker	FAN MKR
NG	Global navigation satellite system(specify type)	GNSS
NL	Locator (specify identification)	L
NM	VOR/DME	VOR/DME
NN	TACAN	TACAN
NO	OMEGA	OMEGA
NT	VORTAC	VORTAC
NV	VOR	VOR
NX	Direction finding station (specify type and frequency)	DF

COM GNSS Service (G)

Code	Signification	Uniform Abbreviated Phraseology
GA	GNSS airfield-specific operation	GNSS-AIRFIELD
GW	GNSS area-wide operation	GNSS-AREA

（3）飞行规则和空中交通服务。

RAC Airspace Organization (A)

Code	Signification	Uniform Abbreviated Phraseology
AA	Minimum altitude (specify en route/crossing/safe)	MNM ALT
AC	Class B,C,D,or E Surface Area	CTR
AD	Air defense identification zone (ADIZ)	ADIZ
AE	Control area (CTA)	CTA
AF	Flight information region (FIR)	FIR
AH	Upper control area (UTA)	UTA
AL	Minimum usable flight level	MNM USABLE FL
AN	Area navigation route	RNAV ROUTE
AO	Oceanic control area (OCA)	OCA
AP	Reporting point (specify name or Coded designator)	REP
AR	ATS route (specify)	ATS ROUTE
AT	Class B Airspace	TMA
AU	Upper flight information region (UIR)	UIR
AV	Upper advisory area (UDA)	UDA
AX	Intersection (INT)	INT
AZ	Aerodrome traffic zone (ATZ)	ATZ
AX	Significant point	SIG POINT

RAC Air Traffic and VOLMET Services (S)

Code	Signification	Uniform Abbreviated Phraseology
SA	Automatic terminal information service (ATIS)	ATIS
SB	ATS reporting office	ARO
SC	Area control centre (ACC)	ACC
SE	Flight information service (FIS)	FIS
SF	Aerodrome flight information service (AFIS)	AFIS
SL	Flow control centre	FLOW CTL CENTRE
SO	Oceanic area control centre (OAC)	OAC
SP	Approach control service (APP)	APP
SS	Flight service station (FSS)	FSS
ST	Aerodrome control tower (TWR)	TWR
SU	Upper area control centre (UAC)	UAC
SV	VOLMET broadcast	VOLMET
SY	Upper advisory service (specify)	ADVISORY SER

RAC Air Traffic Procedures (P)

Code	Signification	Uniform Abbreviated Phraseology
PA	Standard instrument arrival (STAR)(specify route designator)	STAR
PB	Standard VFR arrival	STD VFR ARR
PD	Standard instrument departure (SID) (specify route designator)	SID
PE	Standard VFR departure	STD VFR DEP
PF	Flow control procedure	FLOW CTL PROC
PH	Holding procedure	HLDG PROC
PI	Instrument approach procedure (specify type and runway)	INST APCH PROC
PK	VFR approach procedure	VFR APCH PROCEDURE
PM	Aerodrome operating minima (specify procedure and amended minimum)	OPR MINMA
PO	Obstacle clearance altitude (height)	OCA (OCH)
PR	Radio failure procedure	RADIO FAILURE PROC
PT	Transition altitude or Transition level	TA or TL
PU	Missed approach procedure (specify runway)	MISSED APCH PROC
PX	Minimum holding altitude (specify fix)	MNM IILDG ALT
PZ	ADIZ procedure	ADIZ PROZ
PC	Contingency	CONTINGENCY
PL	Flight plan processing,filing and related contingency	FLIGHT PLAN PROCESSING, FILING AND RELATED CONTINGENCY
PN	Noise operating restrictions	NOISE OPERATING RESTRICTIONS

（4）航行警告。

Navigation Warnings: Airspace Restrictions (R)

Code	Signification	Uniform Abbreviated Phraseology
RA	Airspace reservation (specify)	AIRSPACE RESERVATION
RD	Danger area (specify national prefix and number)	..D..
RM	Military operating area	
RO	Over-flying of ... (specify)	OVERFLYING
RP	Prohibited area (specify national prefix and number)	..P..
RR	Restricted area (specify national prefix and number)	..R..
RT	Temporary restricted area	TEMPO RESTRICTED

Navigation Warnings: Warnings (W)

Code	Signification	Uniform Abbreviated Phraseology
WA	Air display	AIR DISPLAY
WB	Aerobatics	AEROBATICS
WC	Captive balloon or kite	CAPTIVE BALLOON OR KITE
WD	Demolition of explosives	DEMOLITION OF EXPLOSIVES
WE	Exercises (specify)	EXER
WF	Air refueling	AIR REFUELING
WG	Glider flying	GLIDER FLYING
WJ	Banner/target towing	BANNER/TARGET TOWING
WL	Ascent of free balloon	ASCENT OF FREE BALLOON
WM	Missile, gun or rocket firing	FRNG
WP	Parachute jumping exercise (PJE)	PJE
WR	Radio-active materials or toxic chemicals(specify)	
WS	Burning or blowing gas	BURNING OR BLOWING GAS
WT	Mass movement of aircraft	MASS MOV OF ACFT
WV	Formation flight	FORMATION FLT
WZ	Model flying	MODEL FLYING
WH	Blasting	BLASTING
WU	Unmanned aircraft	UNMANNED ACFT

Other Information (O)

Code	Signification	Uniform Abbreviated Phraseology
OA	Aeronautical information service	AIS
OB	Obstacle (specify details)	OBST
OE	Aircraft entry requirements	ACFT ENTRY RQMNTS
OL	Obstacle lights on … (specify)	OBST LGT
OR	Rescue coordination centre	RCC

2．Q 代码第四、五字母组合及其含义

Availability (A)

Code	Signification	Uniform Abbreviated Phraseology
AC	Withdrawn for maintenance	WITHDRAWN MAINT
AD	Available for daylight operation	AVBL DAY OPS
AG	Operating but ground checked only, awaiting flight check	OPR AWAITING FLTCK
AH	Hours of service are now	HR SER
AK	Resumed normal operations	OKAY
AL	Operative(or re-operative)subject to previously published limitations/conditions	
AM	Military operations only	MIL OPS ONLY
AN	Available for night operation	AVBL NIGHT OPS
AO	Operational	OPR
AP	Available. prior permission required	AVBL PPR
AR	Available on request	AVBL O/R
AS	Unserviceable	U/S
AU	Not available (specify reason if appropriate)	NOT AVBL
AW	Completely withdrawn	WITHDRAWN

Changes (C)

Code	Signification	Uniform Abbreviated Phraseology
CA	Activated	ACT
CC	Completed	CMPL
CD	Deactivated	DEACTIVATED
CE	Erected	ERECTED
CF	Operating frequency (ies) changed to	FREQ CHANGE
CG	Downgraded to	DOWNGRADED TO
CH	Changed	CHANGED
CI	Identification or radio call sign changed to	IDENT CHANGE
CL	Realigned	REALIGNED
CM	Displaced	DISPLACED
CR	Temporarily replaced by	TEMPO RPLCD BY
CS	Installed	INSTALLED
CT	On test, do not use	ON TEST, DO NOT USE
CN	cancel	CANCEL

Hazard Conditions (H)

Code	Signification	Uniform Abbreviated Phraseology
HW	Work in progress	WIP
HX	Concentration of birds	BIRD CONCENTRATION
HV	Work completed	WORK COMPLETED
HG	Grass cutting	GRASS CUTTING

Limitations (L)

Code	Signification	Uniform Abbreviated Phraseology
LB	Reserved for aircraft based therein	RESERVED FOR ACFT BASED
LC	Closed	CLSD
LD	Unsafe	UNSAFE
LE	Operating without auxiliary power supply	OPR WITHOUT AUX PWR
LF	Interference from	INTERFEERENCE FROM
LG	Operating without identification	OPR WITHOUT IDENT
LH	Unserviceable for aircraft heavier than	U/S ACFT HEAVIER THAN
LI	Closed to IFR operations	CLSD IFR OPS
LK	Operating as a fixed light	OPR AS F LGT
LL	Usable for length of … and width of …	USABLE LENGTH/WIDTH
LN	Closed to all night operations	CLSD NIGHT OPS
LP	Prohibited to	PROHIBITED TO
LR	Aircraft restricted to runways and taxiways	ACFT RESTRICTED TO RWY AND TWY
LS	Subject to interruption	SUBJ INTRP
LT	Limited to	LIMITED TO
LV	Closed to VFR operations	CLSD VER OPS
LW	Will take place	WILL TAKE PLACE
LX	Operating but caution advised due to	OPR BUT CAUTION DUE

Other (MX)

Code	Signification	Uniform Abbreviated Phraseology
XX	Where 4th and 5th letter Code does not cover the situation, use XX and supplement by plain language	(plain language following the NOTAM Code)

附录 E 我国机场地名代码

附录 F 简 缩 字

附录 G 明语摘要示例

附录 H 飞行前资料公告（PIB）示例
（提取自 CNMS 系统）

附录 I 飞行前资料公告（PIB）示例
（提取自航空公司 NOTAM 系统）

参 考 文 献

[1] ICAO.International Standards and Recommended Practices: Annex 15 to the Convention on International Civil Aviation, Aeronautical Information Services: 2018[S]. 16th ed.

[2] ICAO.International Standards and Recommended Practices: Annex 4 to the Convention on International Civil Aviation, Aeronautical Charts: 2009[S], 11th ed.

[3] ICAO.International Standards and Recommended Practices: Annex 14 to the Convention on International Civil Aviation, Aerodromes-Volume Ⅰ – Aerodromes Design and Operations: 2018[S]. 8th ed.

[4] ICAO. Aeronautical Information Services Manual, Doc 8126: 2003[S]. 6th ed.

[5] ICAO. Aeronautical chart manual, Doc 8697:1987[S].2nd ed.

[6] ICAO. Aeronautical Information Management: Doc 1006: 2018[S]. 1st ed.

[7] ICAO. Manual of Electronic Flight Bags (EFBs): Doc 1020: 2018[S]. 2nd ed.

[8] ICAO.Manual on Volcanic Ash,Radioactive Material and Toxic Chemical Clouds,Doc 9691: 2015[S]. 3rd ed.

[9] ICAO. Global Air traffic Management Operational Concept, Doc 9854:2005:[S]. 1st ed.

[10] AEEC. NAVIGATION SYSTEM DATABASE ARINC SPECIFICATION 424-20[S]: 2011.20th ed.

[11] 中华人民共和国交通运输部. 民用航空情报工作规则[S]. 北京：中华人民共和国交通运输部，2017.

[12] 中华人民共和国交通运输部. 运输机场运行安全管理规定[S]. 北京：中华人民共和国交通运输部，2019.

[13] 中国民用航空局. 民用航空航行通告编写规范（MH/T 4030—2011）.

[14] 中国民用航空局. 民用航空航行通告代码选择规范（MH/T 4031—2011）.

[15] 中国民用航空局. 中国民航国内航空资料汇编编写规范（MH/T 4044—2015）.

[16] 中国民用航空局机场司，中国民用航空局空管行业管理办公室，中国民用航空局空中交通管理局. 民用机场原始资料提供及上报规程，AP-175-TM-2009-01.

[17] 中国民用航空局空管行业管理办公室，中国民用航空局空中交通管理局. 中国民航航空情报管理（AIM）实施指南，IB-TM-2018-01.

[18] 中国民用航空局空中交通管理局. 民用航空情报航行通告代码选择指南，IB-ATMB-2017-004.

[19] 中国民用航空局空中交通管理局. 民用航空情报航行通告 E 项要素编写指南，IB-ATMB-2017-005.

[20] 中国民用航空局飞行标准司. 电子飞行包（EFB）运行批准指南[S]. AC-121-FS-2018-031R1, 2018,8.

[21] 中国民用航空局飞行标准司. 航空运营人导航数据库管理规范[S]. AC-91-FS-2014-21,2014,3.

[22] 中国民用航空局飞行标准司. 民用航空机场运行最低标准制定与实施准则[S]. AC–97–FS–2011–01，2011.

[23] 杨舟.浅析规范我国 C 系列航行通告发布内容的积极影响[J]. 科技风, 2019（10）：239–245.

[24] 赵谊，李永生等. 火山灰云在航空安全领域研究进展[J]. 矿物岩石地球化学通报，2014, 33（4）：531–539.

[25] 周浩.电子飞行包在民用航空的应用[J]. 黑龙江交通科技，2019(9) :200–203.

[26] 孙仲翔.浅析电子飞行包[C]. 2018（第七届）民用飞机航电国际论坛论文集，2018.

[27] 石勇，刘雪涛，张序. 基于航行通告的"拉萨—北京"航班运行分析[J]. 长沙航空职业技术学院学报，2016, 13(1):81–86.